CONSEILS SUR L'ART D'ÉCRIRE

par

GUSTAVE LANSON

Historien de la Littérature et Critique littéraire

— 1890 —

Copyright © 2017 - FV Éditions

Image de la Couverture : Pixabay.com

Tous Droits Réservés

Avertissement

Cet ouvrage a paru d'abord dans une collection destinée aux jeunes filles. Il était précédé d'une introduction, dont voici les premières lignes :

« Ce livre s'adresse aux jeunes filles, puisqu'il fait partie d'une collection à l'usage des jeunes filles. On y trouvera quelques remarques sur des défauts de pensée et de style, auxquels les femmes paraissent enclines par leur nature ou par les vices ordinaires de leur éducation. Au reste, elles n'en ont pas le privilège, et je sais, comme dit La Fontaine,

Bon nombre d'hommes qui sont femmes, quand il s'agit d'écrire mal de certaines manières.

« C'est donc plutôt par l'occasion qui l'a fait composer que par sa nature et son contenu que ce livre est dédié aux jeunes filles. Et la chose se conçoit : il n'y a pas d'art d'écrire qui appartienne spécialement, exclusivement, à l'un ou à l'autre sexe. Si j'avais eu à donner des conseils aux collégiens, je ne les aurais point donnés différents, ni même en général différemment. En écrivant pour les jeunes filles, j'ai écrit pour tout le monde, car je me suis adressé au jugement, à la raison, qui sont en elles comme en nous.

« Bien écrire, c'est penser ou sentir quelque chose qui vaille la peine d'être dit, et le dire précisément comme on le pense ou comme on le sent. Les conseils qu'on peut donner pour atteindre ce but sont les mêmes pour tous : car, à moins d'être des procédés et des artifices de rhéteur, ils font connaître la méthode et les moyens qui aident tous les esprits à se développer librement, selon la diversité naturelle de leurs aptitudes et de leurs puissances. »

Ces lignes rendent compte de la transformation que le livre subit dans la présente édition. On ne s'étonnera point que, l'ayant écrit pour les jeunes filles, je le présente aujourd'hui aux jeunes gens de l'autre sexe. Il n'y avait rien, en effet, dans ces conseils qui ne fût pour eux, avant qu'ils leur fussent dédiés, et c'est à peine si, pour en changer l'adresse, j'ai dû faire quelques retouches et quelques suppressions.

Au reste, comme je donnais aux jeunes filles le conseil de ne point s'enfermer dans l'étude des œuvres des femmes, je recommanderais au contraire volontiers aux jeunes hommes de la pratiquer assidûment. Dans le commerce des femmes les plus distinguées que la société française ail produites, au contact de ces esprits ex quis qui ont mis, sans y penser, le meilleur d'eux-mêmes dans des œuvres légères et charmantes, nos écoliers compenseront en quoique sorte le défaut de notre système d'éducation qui, jusqu'à l'âge d'homme, les soustrait aux influences féminines. Ils assoupliront la rudesse de leurs esprits masculins ; ils dépouilleront leur logique d'une certaine âpreté sèche et brutale ; ils comprendront ce qu'a d'efficace pour persuader et convaincre cette force subtile qui ne s'analyse pas, la sincérité d'un cœur ému ; capables de poursuivre méthodiquement la vérité, ils acquerront de plus le sens de ces choses insaisissables, que nulle méthode ne révèle, et qui sont presque toute la beauté, dans la littérature comme dans l'art ; enfin, ils gagneront insensiblement cette politesse de l'esprit, qui ne se rencontre pas toujours avec la culture, et qui rend la science aimable.

Sur l'objet de ce livre, et l'usage qu'il en faut faire, je ne puis que répéter ce que je disais dans la précédente édition.

Les préceptes que je donne ici ne sont pas tout à fait pour les commençants. À ceux-là, il n'y a qu'un conseil à donner : *Cherchez, trouvez n'importe quoi, ramassez tout ce que vous trouverez.* Il faut les laisser aller à la pente de leur nature, les abandonner à leur instinct, à leur goût naturel. Ils pourront apporter bien du fatras : ce sera au maître de le trier, de faire dans chaque cas particulier la part du bien et du mal, et de leur faire comprendre pourquoi chaque chose, en chaque lieu, est bonne ou mauvaise.

La méthode qu'il convient alors d'appliquer est celle de Mme de Maintenon, qui ne s'embarrassait point de théories ni de principes généraux. « Elle nous raconta, dit une élève de Saint-

Cyr, que, lui ayant dit un jour (*au petit duc du Maine, qu'elle élevait*) d'écrire au roi, il lui avait répondu, fort embarrassé, qu'il ne savait point faire de lettres. Mme de Maintenon lui dit : Mais n'avez-vous rien dans le cœur pour lui dire ? — Je suis bien fâché, répondit-il, de ce qu'il est parti. — Eh bien ! écrivez-le, cela est fort bon. Puis elle lui dit : Est-ce là tout ce que vous pensez ? N'avez-vous plus rien il lui dire ? — Je serais bien aise qu'il revînt, répondit le duc du Maine. — Voilà votre lettre faite, lui dit Mme de Maintenon, il n'y a qu'à le mettre simplement comme vous le pensez, et si vous pensiez mal, on vous redresserait. C'est de cette manière, ajouta-t-elle, que je lui ai montré, et vous avez vu les jolies lettres qu'il a faites. » Ainsi conduit et dirigé, en effet, l'enfant, après plusieurs épreuves, sentira, tirera lui-même cette conclusion, « que le principal, pour bien écrire, est d'exprimer clairement et simplement ce que l'on pense ». Il le saura d'autant mieux, et s'y conformera d'autant plus aisément, que cette connaissance viendra toute de son expérience, et que sa mémoire n'y sera pour rien.

À mettre entre les mains des débutants un livre de théorie, on risquerait de gêner, d'entraver leurs esprits, encore gauches et lents à se mouvoir. Ils apprennent à marcher : contentons-nous de ce qu'ils marchent ; n'exigeons pas qu'ils aillent bien droit, et ne nous inquiétons point de quelques faux pas. Laissons-les acquérir de la facilité, une certaine adresse empirique, une certaine habitude de trouver et de rendre des pensées ; n'imposons des lois à ce qu'ils font que quand ils sont en état de faire quelque chose. Jusqu'à ce que leur intelligence ait acquis un peu de force et de fécondité, permettons-leur les écarts et l'irrégularité, ou plutôt redressons les fautes quand elles se produisent, aux occasions particulières ; n'essayons pas de les prévenir par un règlement universel qui paralyserait les esprits et les empêcherait de remuer.

Évitons surtout, par des préceptes ou des exemples en apparence élémentaires, d'offrir à, leur mémoire des formules et des types, qui deviendraient, dans l'application, des *ficelles* et des *recettes*. On pourrait leur communiquer par ce procédé une espèce d'habileté et de correction hâtives, mais on compromettrait leur progrès pour l'avenir, et ils auraient peine ensuite à secouer la tyrannie des puériles pratiques qu'on leur aurait enseignées.

Pour ceux qui commencent à écrire, nul livre ne vaut la voix du maître, et nul exemple n'est bon que celui qu'ils se donnent à eux-mêmes. Ce sont leurs compositions mêmes qui les instruisent ; c'est sur les matières mêmes qu'ils auront traitées que le maître leur apprendra à féconder, à développer, à ordonner un sujet, c'est par leurs propres trouvailles de pensée et de style, bonnes ou méchantes, qu'il éclairera leur jugement et redressera leur goût.

Quand ils auront acquis ainsi une certaine habitude de composer et d'écrire, alors il sera bon de leur mettre un livre entre les mains. Ils auront aussi plus de réflexion et seront plus aptes à saisir l'esprit des préceptes, pour les appliquer avec fruit.

On ne trouvera guère, dans celui-ci, de formules analogues aux règles de grammaire et d'orthographe, sèches, rigoureuses, absolues, qui se déposent aisément dans la mémoire et qui aident à ne pas penser. Beaucoup de jeunes gens ont trop de pente à laisser leur mémoire faire la tâche de leur intelligence, pour qu'on leur offre encore ici cette tentation. Peut-être l'absence de formules les obligera-t-elle à comprendre, à réfléchir, pour s'assimiler le fond des choses.

On ne devra pas non plus étudier ces remarques, pour y dérober le secret de la composition, au moment de composer. Elles ne contiennent pas des secours immédiats pour les intelligences nécessiteuses et pour les bonnes volontés chancelantes. Qu'on n'espère point y rencontrer de quoi se faciliter la besogne et se dispenser de l'effort, de merveilleuses recettes qui mettent toutes les ignorances et toutes les paresses à l'aise dans tous les sujets.

Le but que j'ai poursuivi est le but général de toute l'éducation : former la raison et le jugement. Mais je n'ai dû considérer ici la raison et le jugement que dans une de leurs applications particulières, lorsqu'on les emploie à la composition littéraire. J'ai voulu fournir à de jeunes esprits l'occasion de réfléchir sur les moyens par lesquels ils pourront donner à leurs écrits la bonté qu'ils ont dû rêver souvent et désespérer d'atteindre, sur les meilleures et plus courtes voies par où ils pourront se diriger à leur but et nous y mener ; leur inspirer des doutes, des scrupules, des soupçons d'où leur méditation pourra tirer ensuite des principes et des certitudes, sur toutes les plus importantes questions que l'écrivain doit résoudre et résout, bon gré mal gré, sciemment ou non, par cela seul qu'il écrit d'une certaine façon ; donner le branle enfin à leur pensée, pour que, s'élevant au-dessus de l'empirisme, ils cherchent et conçoivent la nature et les lois générales de l'art d'écrire, pour qu'ils développent en eux le sens critique, et que, mettant la conscience à la place de l'instinct, ils arrivent à bien faire en le voulant et en le sachant. Ils trouveront ici de quoi méditer à l'occasion de ce qu'ils écriront, et aussi de ce qu'ils liront. C'est, en effet, en vérifiant ces remarques et ces conseils sur les œuvres de la littérature, qu'ils en embrasseront le sens et se rendront capables de les appliquer à leurs propres compositions. Tout traité sur l'*art d'écrire*, s'il est autre chose qu'un recueil de recettes et d'artifices, contient la *manière de bien penser sur les ouvrages de l'esprit*, comme disait le P. Bouhours, c'est-à-dire qu'il enseigne à juger les écrivains et à faire la critique des livres. On forme son style en formant son goût. L'essentiel est de lire les réflexions développées dans ce volume, d'une manière désintéressée, sans le vulgaire désir d'y apprendre des *procédés rapides et mécaniques* ; si l'on y prend des points de départ, des matériaux, une direction, un stimulant, pour penser par soi-même, pour comprendre comment les écrivains bâtissent leurs ouvrages, ordonnent et expriment leurs conceptions, et comment on doit soi-même travailler, insensiblement l'esprit, familiarisé avec les grandes lois de l'art d'écrire, dont il aura pénétré la vérité et mesuré la portée, s'y conformera en composant, et il conduira, disposera, traduira ses pensées selon des règles qui ne seront plus logées dans la mémoire, mais feront partie de lui-même et auront passé dans sa substance.

Voilà le caractère de ce livre, et voilà son utilité — si on le lit comme je veux qu'on le lise, et si je l'ai fait tel que j'ai voulu le faire.

PRINCIPES DE COMPOSITION ET DE STYLE

PREMIÈRE PARTIE.
PRÉPARATION GÉNÉRALE

Chapitre premier.
De la stérilité d'esprit et de ses causes

Oui, j'écris rarement, et me plais de le faire,

Non pas que la paresse en moi soit ordinaire,

Mais, sitôt que je prends la plume à ce dessein,

Je crois prendre en galère une rame à la main.

Qui de nous n'a éprouvé plus d'une fois, pour son compte, ce dont se plaint notre vieux Régnier ? À qui n'est-il pas arrivé de trouver sa plume lourde, sa tête vide, et de rester désolé en face de ce papier qui ne se noircit pas, dans l'ennui et dans l'impatience ? Et ce n'est pas seulement à l'école ou au lycée, quand on fait ses devoirs par obligation, qu'on ne trouve rien à dire : plus tard, dans le inonde, on aime à causer, on veut écrire à de chers amis, on fait le projet de noter ses impressions dans un journal intime. On s'attend à s'épancher : on se trouve à sec, si l'on ne veut nourrir ses causeries et ses lettres de commérages et de niaiseries, ou remplir son journal du détail extérieur et insignifiant de sa vie. À peine réussit-on à faire la table des matières de ses impressions. On ferait volontiers comme cette femme du XVIIIe siècle, qui écrivait bravement à son mari ce rare billet : « Je vous écris parce que je n'ai rien à faire. Je finis parce que je n'ai rien à vous dire. » On se fâche de cette stérilité : on s'en étonne surtout. Car enfin on a passé par tant d'examens et de concours, on a étudié de si vastes programmes, qu'on doit savoir bien des choses ; et l'on ne se croit pas sot. Comment donc, avec tant de connaissances et de l'esprit, ne peut-on tirer de soi deux pages sans sueurs et sans agonies ?

On ne trouve pas, parce qu'on ne cherche pas : on ne sait pas chercher. Passer des heures les yeux collés sur le papier, comme pour en faire surgir des idées par une magique évocation, cela n'avance à rien, et c'est léthargie plutôt qu'activité d'esprit. Il n'y a point d'effort dans cette attente passive du dieu qui souffle les pensées et les phrases : et rien ne s'obtient sans effort. Mais on s'est tant de fois entendu recommander d'être naturel, vanter le charme de l'abandon, qu'on a peur de se guinder en s'efforçant. On tâche donc au contraire de suspendre son activité ; on arrête en soi la vie, comme si de ce calme et de cette langueur allait soudain jaillir la pensée comme l'eau parmi les sables du désert. On fait table rase de tout ce qu'on avait dans l'âme, et on la présente blanche et nette de toute empreinte, â la main mystérieuse de la nature qui y gravera son caractère. C'est se défaire de soi-même, pour être mieux soi-même, comme si le *moi* faisait obstacle au moi. On arrête les battements de son cœur, pour mieux l'écouter, et on s'étonne de ne pas l'entendre. C'est là vraiment l'état de paralysie volontaire où l'on se met par le désir de laisser parler en soi la nature, et, loin de s'inquiéter de produire si peu, il faudrait plutôt s'émerveiller de produire encore quelque chose.

Il faut donc une réelle activité d'esprit pour écrire, de quoi qu'il s'agisse, au collège ou dans le monde, pour remplir une tâche, ou pour se satisfaire soi-même. Et il n'y a pas d'activité qui aille sans effort : il n'y a naturel ni abandon qui tienne. Il faut vouloir, et la volonté amène l'effort. À mesure du reste que cette activité vous deviendra plus ordinaire, l'effort aussi deviendra moindre, et l'on fera plus et mieux avec moins de peine.

Chapitre II.

De la sensibilité considérée comme source du développement littéraire

Un des plus grands obstacles à l'effort intellectuel est la croyance qu'il nuit à la sincérité du sentiment ; on s'applique à ne pas employer son esprit, afin que le cœur parle tout seul. Ainsi son langage ne sera point fardé, et notre âme transparaîtra pure et sincère dans toutes nos expressions.

Le malheur est que, quoi qu'on en dise, le cœur ne peut se passer de l'esprit. On a trop répété le mot de Vauvenargues : « Les grandes pensées viennent du cœur ». Mais soyez sûrs que le cœur des gens d'esprit a seul de ces trouvailles-là. En fait d'idées, le cœur est stérile ou fécond, selon que l'esprit est riche ou pauvre. Saint Vincent de Paul, sainte Thérèse, tous les héros de l'amour de Dieu et de la charité qu'on a vus avant et depuis eux, étaient gens d'esprit, croyez-le bien Beaucoup furent des simples d'esprit : cela ne veut pas dire des bêtes. Ne les confondez pas avec les saints pouilleux ou loqueteux : être sale pour l'amour de Dieu ne demande pas d'esprit, il est vrai ; mais il en faut, et du meilleur, pour fonder, sans argent parfois et sans appui, des écoles, des hospices et des refuges. La bonté du cœur, la pitié, la soif de sacrifice peuvent agrandir, élargir brusquement, violemment l'esprit, et en faire jaillir quelque soudaine lumière, comme sortit un cri désespéré de la bouche de ce prince muet qui vit son père menacé d'un coup mortel. On citera des traits surprenants, des inventions ingénieuses d'enfants, de pauvres d'esprit, d'idiots même, dont un grand amour a peu à peu éclairé, parfois illuminé soudainement l'obscure intelligence.

Il arrive qu'un sentiment violent, agitant toute l'âme, ébranlant à la fois tous les ressorts de l'intelligence et du cœur, arrache à un homme un cri sublime, qui fait l'admiration des âges et justifie le célèbre dicton. Mais ces mots éclatants, historiques, cités, sont de rares trouvailles, sur lesquelles il ne faut pas trop compter pour soi. Au reste la critique de notre siècle a fait une rude guerre il toutes ces belles paroles ; elle nous a appris qu'il fallait les imputer plus souvent à l'homme d'esprit qui racontait, qu'à homme de cœur qui avait senti. L'admirable mot du confesseur de Louis XVI : « Fils de saint Louis, montez au ciel », n'a jamais été dit que par M. de Lacretelle, historien. Le fier et laconique billet de François Ier, défait et pris à Pavie : « Tout est perdu, fors l'honneur », a été laborieusement extrait d'une lettre peu héroïque du roi par un historien qui a voulu jeter un peu de gloire sur la honte de la monarchie française. Encore un prêtre, d'esprit délicat, de foi ardente, un roi, brave et d'humeur chevaleresque, eussent-ils pu trouver ces belles paroles. Mais je me méfie surtout des mots sublimes que la passion a, dit-on, arrachés à des natures vulgaires ou incultes. Ce qui arrive ordinairement, c'est que, dans ces bouleversements de l'âme entière, le fond de la nature apparaît, et le mot est ce que le caractère primitif et les habitudes invétérées le font. Que de fois est-il arrivé qu'un sentiment généreux, même héroïque, n'a trouvé qu'une locution triviale, une grossière injure pour s'exprimer ! Est-ce la faute du cœur, ou de l'esprit ?

Le langage naturel de la passion, c'est le cri, l'exclamation, l'interjection. La colère étrangle l'homme, et l'enthousiasme le suffoque. On dit que les grandes douleurs sont muettes. C'est dans les moments où l'on sentie plus, qu'on a souvent le moins d'envie de parler.

Surtout quand on veut séparer l'esprit du cœur et ne pas faire appel à son intelligence pour traduire ses sentiments, on est vite à court, et très embarrassé de parler ou d'écrire. Quand on a nommé l'émotion qu'on éprouve, qu'ajouter de plus ? Le cœur plein d'une ardente amitié, on écrit ; quand on a mis : *je vous aime bien*, que reste-t-il, qu'à le répéter ? Une fois le mot écrit, qui est la notation exacte du sentiment, le cœur qui déborde ne trouve plus rien à dire. Deux lignes épuisent cette plénitude qui semblait vouloir s'épancher en interminables effusions. « C'est drôle, dit un ami à son ami dans une des plus joyeuses comédie de Labiche, c'est drôle, quand on ne s'est pas vu pendant vingt-sept ans et demi, comme on n'a presque rien à se dire. » Les cœurs sont restés unis ; mais la vie a séparé les esprits : ils n'ont plus d'idées communes, partant plus de conversation. On a remarqué souvent que rien n'est plus malaisé au théâtre que de montrer le parfait contentement : les scènes de désir contrarié, de passion désespérée, abondent, et les talents médiocres y réussissent sans trop de peine. C'est que l'âme contente ne lutte pas, ne désire pas ; absorbée dans le présent, toute repliée sur soi, elle ne contient que le sentiment pur, infini, inexprimable, et, à vouloir le rendre, on court le risque de verser dans le radotage on la fadeur. Si une passion est contrariée, mille *idées*, regrets du passé, espérances et craintes de l'avenir, délibérations et projets, viennent le soutenir et comme donner un corps au sentiment vague et flottant de sa nature.

L'émotion s'exprime spontanément par le cri inarticulé, la physionomie, le geste, l'action réflexe : pour la traduire en mots, en phrases intelligibles à tous, pour la développer visiblement par le langage, il faut un esprit qui l'analyse ; et plus l'esprit aura d'étendue naturelle, plus il aura acquis de pénétration et de finesse par l'activité habituelle, plus les sentiments se manifesteront avec clarté, avec intensité, avec nuances.

Je n'en veux pour exemple que les plus fameuses pages où l'on voit le cœur à nu, pleurant ou saignant devant nous, où l'on croit n'entendre que le cri de l'âme qui prie ou qui souffre. Même dans ces *purs sanglots* dont parle le poète, j'entends l'esprit qui parle et qui met sans y songer toute sa puissance au service du cœur, qui ne s'en doute pas. Des lettres intimes sont parvenues jusqu'à nous, où nous trouvons exprimée, avec la plus déchirante éloquence, la douleur d'un père dont la fille est morte, d'une mère que sa fille a quittée.

Mais ce père est Cicéron, cette mère est Mme de Sévigné, et c'est pour cela que leur douleur est immortelle. De tout temps des pères ont pleuré la mort d'un enfant ; de tout temps des mères ont senti les déchirements de la séparation, quand elles ont marié leurs filles : et ces pères, ces mères aimaient autant leurs enfants, étaient aussi dignes de pitié que l'orateur romain et que notre marquise. Mais ils n'ont pas peint leur souffrance en traits impérissables : c'est la faute de leur esprit et non pas de leur cœur. Plus de génie, et non plus de passion, voilà ce qui a fait que, sur des malheurs communs, quelques-uns ont écrit des plaintes non communes. Le langage du cœur donne la mesure de l'esprit.

Pour rendre toute l'intensité du sentiment qu'on éprouve, pour lui garder sa couleur originale, pour en noter les degrés, les phases et les nuances, pour dire enfin exactement tout ce que l'on sent, comme on le sent, il faut de l'esprit infiniment, du plus exercé et du plus pénétrant. Pour décrire son mal, il faut être un peu médecin : le vulgaire sent qu'il souffre ; où, de quoi, il ne le dit que confusément ; il ne sait que crier.

Notre littérature contemporaine a recherché avec complaisance les expressions naïves et triviales du senti ment et de la passion dans les âmes simples et populaires. Le plus souvent cela prouve moins la sincérité et l'intensité de l'émotion que la vulgarité et l'inculture de celui qui la ressent. Elle n'est pas plus vraie, plus forte, plus naturelle, pour être exprimée gauchement, puérilement, par des images étranges, par des symboles ridicules, mêlés de niaiseries inattendues et de plats coq-à-l'âne. Hurler et se rouler ne prouve pas qu'on souffre plus qu'un autre, mais qu'on sait moins souffrir.

Les Grecs faisaient pleurer, crier leurs héros tragiques, mais parmi les sanglots et les convulsions ils plaçaient des couplets où la souffrance, cause de tout ce désordre, s'expliquait avec la plus délicate précision. Ces grands artistes, si épris de vérité, mais si fermes de sens, avaient, par une ingénieuse convention, associé les signes physiques de la passion, confus et déréglés, aux expressions intellectuelles, nettement déduites et bien claires. Shakespeare, au fond, a procédé de même ; à la peinture extérieure des émotions il mêle des mots, des traits, des couplets qui nous font pénétrer au-delà du trouble grossier et confus des sens, qui organisent ce désordre, nous le débrouillent et nous font comprendre le jeu régulier de ces ressorts que le hasard seul semblait d'abord mettre en branle.

On ne saurait donc trop se défaire de ce préjugé si commun, que l'esprit qu'on a nuit aux effusions du cœur, qu'il faut pour ainsi dire en faire abstraction et s'en détacher pour laisser le cœur tout seul parler son pur et naturel langage. Cette erreur accréditée est une des causes les plus actives de la stérilité d'invention dont tant de personnes s'affligent. Elles ont des impressions fortes, des émotions vives, et elles ne trouvent rien à dire, rien à écrire. Le remède est dans l'esprit : il faut l'élargir, le remplir, lui donner des habitudes de réflexion active, affiner ses pénétrations, son sens critique. Et, quand l'esprit sera agile, fin, éveillé, quand l'exercice incessant de toutes ses puissances lui sera une seconde nature, et que, se mêlant partout, il ne se désintéressera de rien, alors sans qu'on y songe, sans qu'on l'appelle, sans effort et sans affectation, il prêtera sa richesse et toute sa force aux effusions de la sensibilité ; alors on croira que le cœur parle tout seul.

Chapitre III.

De la sécheresse des impressions. —

Du vague dans les idées et le langage. —

Hyperboles et lieux communs. —

Diffusion et bavardage

Dans l'état ordinaire des choses, l'esprit sommeille les trois quarts du temps. Comme dans ces pays d'Orient où une armée de serviteurs assiège le maître, l'un ôtant son manteau, l'autre ayant soin des bottes, un troisième allumant la pipe, et où celui qui présente la pipe ne cirerait pas les bottes pour tous les trésors du monde, nous sommes habitués, par une abstraction maladroite, à isoler nos facultés et à les prendre pour autant de serviteurs qui font chacun leur besogne sans se prêter jamais appui. Quand travaille l'intelligence, la sensibilité se repose, et l'esprit s'endort dès que le cœur s'éveille. L'âme n'est jamais tout entière active, et il semble que la vie s'y ramasse toujours en un seul point. Nous avons fixé les moments et les œuvres où il faut appeler l'intelligence ; le reste du temps, dans nos autres occupations, nous n'en usons point ; il nous semble naturel de ne rien lui demander : c'est comme un outil que l'on serre après le travail pour lequel il a été fait. On ne porte point sa fourchette aux champs, ni sa bêche à table ; mais l'esprit a-t-il cette adaptation rigoureuse et exclusive ? N'est-ce pas l'outil universel, l'outil à tout faire, bon pour tous les travaux, pour tous les jeux, qu'il ne faut pas quitter dans le repos même et l'inactivité ? On dirait vraiment que nous ne nous en doutons pas.

Aussi voyez les effets : cet esprit léthargique ne s'éveille pas quand vous l'appelez. L'outil est rouillé quand on en a besoin ; il n'est plus de service, et l'on s'en passe.

On a des impressions confuses, qu'on ne sait ni ne peut débrouiller. De là les jugements sommaires, les mots vagues, dont on remplit ses discours et ses écrits. Il y a, dans la langue française, dans celle que parlent les trois quarts des gens, tout un vocabulaire qui sert à ne pas penser ; ce sont ces mots mal définis, qui s'adaptent à tout, qui n'empruntent leur sens que de l'objet auquel on les applique, et qui signifient plus ou moins selon l'esprit de l'auditeur ou du lecteur. Ce sont comme de vagues indications qu'on donne au prochain de la direction qu'il doit prendre pour atteindre notre pensée : s'il a plus d'esprit que nous, il ira plus loin, et il verra dans nos paroles tout ce que nous n'y avons pas mis. Vous vous rappelez le marquis de la *Critique de l'École des femmes*.

> Le Marquis. — Il est vrai, je la trouve détestable, morbleu ! détestable, du dernier détestable, ce qu'on appelle détestable,
>
> Dorante. — Et moi, mon cher Marquis, je trouve le jugement détestable.
>
> Le M. — Quoi ? Chevalier, est-ce que tu prétends soutenir cette pièce ?
>
> D. — Oui, je prétends la soutenir.
>
> Le M. — Parbleu ! Je la garantis détestable
>
> D. — La caution n'est pas bourgeoise. Mais, Marquis, par quelle raison, de grâce, cette comédie est-elle ce que tu dis ?
>
> Le M. — Pourquoi elle est détestable ?
>
> D. — Oui.
>
> Le M. — Elle est détestable parce qu'elle est détestable.
>
> D. — Après cela il n'y a plus rien à dire : voilà son procès fait. Mais encore instruis-nous, et nous dis les défauts qui y sont.

Le M. — Que sais-je, moi ? je ne me suis pas seulement donné la peine de l'écouter. Mais enfin je sais bien que je n'ai jamais rien vu de si méchant, Dieu me damne ; et Dorilas, contre qui j'étais, a été de mon avis.

Que de gens ressemblent au marquis de Molière ! Ils ont trois ou quatre mots précieux qui résument toutes leurs émotions esthétiques, et qui peuvent encore traduire toutes leurs impressions sur tout le monde physique et moral. Voici quelques-uns de ces mots magiques : *cela n'est pas mal* ; *c'est bien* ; *c'est joli* ; *c'est drôle. Joli* sert de préférence aux jugements artistiques et littéraires. Il s'applique à Corneille et à Michel-Ange, comme à Lecoq et Grévin. *Drôle* a fait une fortune singulière : toute grandeur qu'on ne comprend pas, *c'est drôle* ; tonte beauté qu'on ne sent pas, *ce n'est pas drôle.*

Souvent cependant on ne se contente pas de ces mots trop simples. On les trouve faibles, et on veut faire croire qu'on sent fortement. On veut paraître transporté, on singe l'enthousiasme ou l'horreur, cela dispense de donner les raisons de son goût. De là ces expressions si fort à la mode, qui sont aussi des dispenses de penser : *étonnant, merveilleux, délicieux, superbe, inouï, prodigieux, adorable, divin* ; *c'est un bijou* ; *c'est une merveille* ; *c'est une passion* ; *j'en raffole*, et, par contre, *exécrable, affreux, horrible, atroce, dégoûtant, assommant, abominable* ; *c'est une horreur* ; *je ne peux pas le sentir.* Grâce à ce merveilleux vocabulaire, une dizaine de mots suffisent à tout. En réalité ces mots sont des étiquettes sur des fioles vides. On n'a pas d'idées : on fait semblant d'en exprimer. Jamais on n'a mieux donné tort au mot hardi de Condillac, que le langage est un merveilleux instrument d'analyse.

Cependant, si l'on se réduisait à de si sèches notations, on aurait vite fait de dire et d'écrire, et l'on croit de son honneur d'empêcher les autres de parler pendant un temps notable, de noircir ses quatre pages de papier. Alors on fait appel à sa mémoire ; on répète ce qu'on a entendu dire à ses maîtres, lu dans les manuels, plus tard ce qu'on a entendu dire dans le monde, lu dans la revue ou le journal. On ramasse chaque jour ses idées du lendemain ; dès l'enfance on s'est habitué à ne rendre au public que ce qu'on lui a pris. On se passe ainsi de main en main des lieux communs, qu'on ne modifie ni dans leur forme, ni dans leur contenu, comme la monnaie qu'on reçoit et qu'on donne sans en altérer le titre ni l'empreinte. Doudan a spirituellement raillé dans une de ses lettres ce commerce de banalités qui se fait dans le monde :

> Nous avons fait, M. d'Haussonville et moi, le complot d'accueillir Mlle de Pomaret par une suite de lieux communs débités d'un air tranquille et consciencieux, à l'effet de voir si elle s'apercevrait que nous avions baissé d'intelligence. Nous lui avons dit que l'imagination était la folle du logis ; que les maximes de La Rochefoucauld étaient désolantes ; que Montesquieu avait fait de l'esprit sur les lois ; que Delille n'avait vu la nature que dans les décorations de l'Opéra ; que *la Henriade* n'était pas un poème épique, qu'il n'y avait en France qu'un poème, le *Télémaque*. Mais elle s'en est supérieurement tirée, et nous a répondu franchement que les prédicateurs devaient prêcher la morale et point le dogme ; que l'esclavage avilissait l'homme jusqu'à s'en faire aimer ; que Louis XIV devait plus aux grands génies de son temps que Racine et Pascal ne devaient à Louis XIV, et que, d'ailleurs, Bonaparte était fils de la liberté, et qu'il avait tué sa mère.

Voilà ce qui fait le fond de nos conversations et de nos lettres, et nous prenons dès le collège l'habitude d'appliquer ainsi sur tous les sujets qu'on nous propose des pensées reçues, des phrases faites, où nous n'avons aucun intérêt de cœur ni d'esprit. Si grande est notre paresse, inaccoutumés que nous sommes à chercher des idées ou des mots, que souvent nous aurions quelque inclination à penser d'une manière : nous parlons d'une autre, non par modestie, non par timidité, mais parce qu'il est plus commode de répéter une phrase apprise que de créer pour une pensée personnelle une forme originale.

Peut-être est-ce là le secret de l'influence immense qu'exercent les journaux et les critiques. Ce n'est ni l'ascendant de l'esprit, ni la force du raisonnement qui séduisent le public : mais ils fournissent, toute préparée pour l'usage, la formule qui juge le dernier événement politique, la dernière œuvre littéraire. Eût-on quelque velléité de sentir autrement, fût-on convaincu même que la vérité des faits y oblige, la phrase est là, si tentante, si facile à prendre ; il est si commode de la ramasser ; on a si peu le loisir, si peu l'habitude de sentir sa propre pensée et d'en chercher l'exacte formule, qu'on se laisse aller ; et l'on dit blanc quand on eût pensé noir si l'on n'avait pas lu son journal. Le pis est qu'on ne s'en aperçoit pas et que l'on croit bien véritablement exprimer son sentiment personnel ; on s'y affermit, on en conçoit la vérité en le voyant partagé par tant d'autres, qui lisent aussi le journal.

Si la mémoire ne fournit pas assez, si l'on veut étoffer les lieux communs qu'on a ramassés, on pratique l'art de *délayer* : on apprend à répéter en dix lignes ce qu'on a dit en deux, sans y ajouter l'ombre d'une idée ; et quelquefois on y acquiert une malheureuse facilité. Que. de narrations, que de discours et de dissertations d'écoliers où coule le développement, gris et mou, où les mots suivent les mots, ternes et flasques, avec une désespérante insignifiance ! Çela donne l'impression d'un dimanche pluvieux en Angleterre. Cette facilité-là est pire que la stérilité : car il faut désapprendre ce style et retourner à l'ignorance primitive avant de faire aucun réel progrès.

Plus tard cette facilité s'accompagne volontiers du goût pour les puérilités et les niaiseries, et l'on remplit les pages qu'on envoie à ses amis de riens insipides, de menus faits et de plates réflexions où le cœur ni l'esprit n'ont aucune part. Si l'on sent encore le vide des propos et que l'on aspire à l'esprit, on arrive vite aux méchancetés, à la médisance. Mme de Sévigné trouvait le prochain plaisant à Vitré, et le daubait volontiers, là et ailleurs. Il ne faut pas croire qu'on lui ressemble, parce qu'on déchire ses amis et connaissances ; sentez comme elle Molière et La Fontaine : on vous donnera ensuite le droit de relever les ridicules. Mais que de fois, par indigence d'esprit, ne s'applique-t-on pas à chercher les défauts du prochain, à lui en donner libéralement qu'il n'a pas, à travestir méchamment ses actes et ses paroles ! Au fond, on n'est pas méchant, ni même sot, on n'est que pauvre d'idées ; et, comme il faut parler, on médit. La vie des autres est une matière inépuisable, et l'on croit obtenir un brevet d'esprit en déchirant les réputations à belles dents. Mais comme on laisserait le prochain en repos si l'on pouvait tirer ses pensées du dedans et de son propre fonds ! que l'on serait moins méchant si l'on savait user de son esprit !

Chapitre IV.

Le développement général de l'esprit est nécessaire pour bien écrire, avant toute préparation particulière

Tout revient donc là : habituer l'esprit à réfléchir, à penser sans cesse, lui donner de la pénétration : de sorte que rien ne lui soit insignifiant, que tout ce qu'il aperçoit éveille en lui quelque idée ; que ses idées soient dans un perpétuel mouvement, au lieu de se déposer dans un coin de la mémoire, pour y dormir comme de vieux papiers dans la poudre des archives ; qu'elles se heurtent, s'associent, se groupent, se multiplient par leur incessante activité ; qu'elles se renouvellent au contact des impressions récentes, s'agrandissent, se modifient. Il faut pour cela une volonté ferme et constante, une attention soutenue, une réflexion laborieuse : mais, par le temps et l'habitude, l'effort disparaît ; les idées restent dans l'esprit vivantes, actives, efficaces et fécondes ; rien ne s'y perd, tout y germe. Si on a été attentif à regarder en soi comme au dehors, si on a essayé de noter ses émotions, d'en saisir les causes, les effets, les nuances, les degrés, la communication ira se resserrant chaque jour entre la sensibilité et l'intelligence ; les émotions multiplieront les idées, l'esprit affinera le cœur, et la subtilité du jugement s'augmentera avec la délicatesse du sentiment. Alors on pourra bien écrire, et l'on écrira bien naturellement, sans s'embarrasser des règles de la rhétorique. Il suffira de quelques conseils bien simples, bien évidents pour former le style ; quand l'esprit saisit bien, quand le cœur sent bien, quand on a échappé à la tyrannie paresseuse de la mémoire, on n'écrit jamais mal et l'on est tout près de bien écrire.

L'art d'écrire s'apprend donc en même temps qu'on apprend la littérature, l'histoire, les sciences, par cela même qu'on les apprend, en même temps qu'on avance dans la vie, par cela même qu'on vit : l'étude et l'expérience sont les vraies sources de l'invention et du style. Si l'on a bien appris, si l'on a bien vécu, c'est-à-dire comme un être actif et conscient, toutes les connaissances et toutes les émotions antérieures concourront insensiblement dans tout ce qu'on écrira, et, sans qu'on puisse marquer précisément l'empreinte d'aucune, elles se mêleront dans toutes nos pensées et dans toutes nos paroles, comme on ne saurait dire quelle leçon de gymnastique ou quel aliment entre tous a donné au corps la force dont il fait preuve un certain jour au besoin.

Cette, richesse d'impressions antérieures est ce qui fait le prix du naturel et de l'abandon dans les lettres de Mme de Sévigné. Il n'en est point où les anciennes lectures, les conversations d'autrefois, la réflexion habituelle sur soi-même, et les méditations intimes ne collaborent à l'émotion présente. Si elle écrit au courant de la plume une page qui est un chef-d'œuvre, c'est qu'elle avait au cours de toute sa vie lu, pensé, causé ; c'est que dans son intelligence toujours active les sentiments, les idées circulaient incessamment comme le sang dans son corps et entretenaient la vie ; que toute son âme était toujours debout, prête au service, et que chaque mot, chaque phrase était le produit et l'expression de toute son existence intellectuelle et morale.

N'allez pas croire qu'il lui suffise de connaître la mythologie et le poème du Tasse pour écrire la fameuse lamentation sur ses arbres abattus ; une mémoire d'écolier aurait teinté le sentiment de pédantisme, et tout était gâté. Mais il a fallu un esprit pénétré de poésie, une imagination excitable et prompte à transfigurer ses impressions, et, par-dessus tout, cette pudeur des âmes délicates qui voile l'émotion d'un sourire et élude parla fantaisie l'expression trop poignante de la réalité.

Pour écrire six lignes sur la mort de Louvois, ce n'a pas été trop d'avoir entendu Bossuet et Bourdaloue, d'avoir médité sur Pascal et sur saint Augustin ; mais, ainsi préparée, elle a vu l'inexorable main de Dieu qui renversait Louvois et sa grandeur, elle l'a dit tout bonnement, et ce qu'elle a dit tout bonnement est sublime.

Vous pouvez aimer votre vieux jardinier, sans être capable d'écrire ces simples mots : « Maître Paul vient de mourir ; notre jardin en est tout triste ». Mais une âme fine et philosophique qui ait senti ce que la présence de l'homme met d'intérêt dans les choses inanimées, ce que l'indifférente sérénité de la nature a de navrant, quand disparaît ce bonhomme qui allait, venait, bêchait, taillait, introduisant le mouvement, la variété, la vie, peuplant ce désert à lui seul, âme de ce petit inonde ; une imagination imbue de poésie païenne, qui exprime la tristesse de cette impassibilité même, et mette en deuil pour le vieux jardinier les fleurs éternellement belles et souriantes, peuvent seules dicter cette brève parole, où l'on entend un écho d'Homère et de Virgile.

La plénitude expressive du style est l'effet naturel d'une masse d'impressions accumulées. Le mot spirituel, ému, pittoresque, sublime, germe sans effort et s'épanouit sur le riche fond de la vie morale : c'est le prolongement extérieur et le dernier terme d'une longue série île sentiments intimes et d'idées inexprimées.

Chapitre V.

De la lecture. —Son importance pour le développement général des facultés intellectuelles. —Comment il faut lire

La lecture est le remède souverain à la stérilité d'esprit. Par elle il s'ouvre, se remplit ; tout le monde moral et physique trouve un accès en lui. Pour apprendre à écrire surtout, il faut lire : c'est ainsi qu'on recueille des idées pour les exprimer à son tour. Parfois, quand on est jeune, on se pique d'originalité et l'on prétend penser des choses qu'aucune intelligence humaine n'ait encore pensées. Les idées neuves sont rares en ce monde : on pourrait n'en pas rencontrer une seule dans l'œuvre de plus d'un grand écrivain, qui n'en vaut pas moins. Vouloir penser hors du lieu commun, c'est s'obliger à penser hors du sens commun : si l'on n'y réussit pas, on n'a rien à dire ; si l'on y réussit, c'est pire, on dit des sottises. Ce qui peut arriver de plus heureux, c'est qu'on prenne pour nouveautés des vieilleries hors d'usage, qu'on- répare et qu'on revernit, ou des banalités publiques, dont on obscurcit ou force l'expression.

Je ne sais si la prétention à l'originalité ne couvre pas souvent un bon fond de paresse, et si l'on ne veut pas penser par soi-même pour se dispenser d'apprendre les pensées des autres. Mais, avant de découvrir, il faut être arrivé au terme de la course de nos devanciers : il faut repasser sur leurs traces et prendre notre point de départ à leur point d'arrêt. Sinon on court risque d'explorer des chemins frayés et de refaire après quatre siècles la découverte de Christophe Colomb. Il n'est permis qu'aux enfants de prendre le bois de Boulogne pour une forêt vierge et d'y ressentir les émotions des trappeurs de Cooper et de Gustave Aymard.

Je voudrais donc que les jeunes gens, écartant toutes les suggestions de l'orgueil et de la paresse, lussent beaucoup, et un peu de tout. Qu'ils parcourent l'antiquité. S'ils ignorent le grec et le latin, qu'ils n'en prennent pas prétexte pour s'endormir dans l'*incuriosité* et l'ignorance. Car il y a dans les littératures anciennes des œuvres d'un intérêt humain, d'une beauté universelle, où l'intérêt et la beauté ne sont pas indissolublement liés à la langue et au mètre, et dont l'intelligence n'exige pas une forte préparation archéologique. Qu'ils prennent donc des traductions, celles plutôt qui sont fidèles à l'esprit et à la couleur qu'au sens littéral. Le jour où ils s'intéresseront à Homère sans grimace et de bonne foi, ils auront beaucoup gagné : ils auront compris l'extrême simplicité, et qu'en art comme en morale la perfection est dans l'abnégation, dans l'entier oubli de soi-même. Qu'ils lisent les tragiques, Hérodote, Thucydide, quelques dialogues de Platon, quelques discours de Démosthène, Plutarque, Epictète, Marc-Aurèle. Je n'oserais conseiller Pindare : sans la connaissance de la langue ils pourraient l'admirer, mais le comprendre, non.

Les Latins nous donneront Lucrèce, et surtout son admirable Cinquième Livre, quelques discours de Cicéron, son *Traité des Devoirs* et ses *Lettres*, quelques traités de Sénèque et ses *Lettres à Lucilius*, Tite-Live, Tacite, Virgile, les beaux épisodes de Lucain, quelques morceaux d'Ovide et de Catulle. Horace traduit n'est plus Horace : on ne saurait pourtant s'abstenir tout à fait de pratiquer cet esprit charmant. Juvénal ne sera point laissé de côté : mais il y faut un bon commentaire et beaucoup de coupures.

Je ne voudrais point qu'on négligeât la littérature chrétienne, grecque et latine. La religion mise à part et le respect du caractère sacré des œuvres, c'est une lecture exquise et charmante que celle des *Évangiles*, des *Actes des Apôtres* et de quelques *Épîtres* de saint Paul. On y joindra quelques homélies des Pères grecs, et la *Cité de Dieu* de saint Augustin avec ses admirables *Confessions*.

Aux anciens se joindront les étrangers : les Anglais, avec Shakespeare, Milton, Macaulay, quelques romanciers et poètes du XIXe siècle ; les Allemands, avec quelques œuvres de Goethe et de Schiller, et sans Klopstock. On demandera aux Italiens *l'Enfer* et *le Purgatoire* de Dante, quelques discours de Machiavel, quelques pièces de Leopardi ; aux Espagnols, deux ou trois pièces de Calderón et de Lope, et leur *Don Quichotte*, qui vaut seul une bibliothèque pour qui sait lire.

Cette liste n'est pas longue : mais qui se serait assimilé la substance de ces ouvrages aurait la tête déjà bien meublée. Et, comme on ne s'embarrasserait pas de tout lire, il deviendrait inutile de s'approvisionner de dates et de jugements sur ce qu'on ne lirait point : l'histoire de la littérature en serait considérablement abrégée, et l'on épargnerait bien du temps. À quoi sert-il de pouvoir mettre deux dates et une formule d'appréciation sous le nom d'un écrivain dont on n'a pas lu et dont on ne lira jamais une ligne ? L'utilité intellectuelle est nulle, ou plutôt il y a dommage manifeste ; il est meilleur à tous égards d'entretenir soigneusement sur ces choses l'ignorance naturelle : au moins la curiosité reste-t-elle aussi.

Quelques bons ouvrages de critique féconde et d'érudition sans vétilles aideront à comprendre les anciens et les étrangers, comme aussi à s'orienter dans la littérature française. On ne craindra pas les systématiques : ce sont les esprits puissants, qui ont eu la vision et comme l'hallucination d'une idée juste. On en sait plus sur la Grèce, quand on a lu cent pages de M. Taine sur l'art grec, que si l'on a feuilleté, extrait, appris un manuel exact et complet, où il y a tout, mais où l'on ne voit rien. Peu d'objets, vigoureusement éclairés, la lumière fût-elle un peu crue, voilà ce qu'il faut d'abord à de jeunes esprits, dont le défaut ordinaire est de regarder sans voir. Les œuvres fines, nuancées, complexes, où l'on apprend à corriger les vérités absolues par des vérités contraires, qui forment le sens du relatif, si rare chez tous les hommes, devront venir ensuite. Ces écrivains, les hommes à système et les hommes à contradictions, ont l'avantage, étant très personnels et marquant toutes leurs pensées à leur empreinte, d'être rebelles au plagiat et de décourager les prodigieux efforts que la paresse de l'esprit impose à la mémoire : on s'en nourrit, on s'en assimile ce qu'on peut ; on ne les apprend pas par cœur, on ne les découpe pas en formules, on ne les plaque point sur ses compositions.

On ne s'embarrassera pas de lire les prétendus critiques pour qui le sujet annoncé n'est qu'un prétexte à tirer le beau feu d'artifice de leurs phrases, ni ceux que leurs matériaux écrasent et qui ne savent point dominer leur érudition. Ceux pour qui la forme est tout ne sont guère plus dangereux, guère plus inutiles que ceux qui la comptent pour rien.

Depuis quelques années, l'étude du français a été mise au premier plan dans l'éducation des jeunes gens. Les jeunes gens de nos écoles et de nos lycées commenceront naturellement par faire une courte excursion dans le moyen Age. On ne leur pardonnerait pas d'ignorer la *Chanson de Roland* : mais ici, plus encore que pour les littératures anciennes, on leur saura gré d'ignorer absolument ce qu'ils ne pourraient point lire eux-mêmes, c'est-à-dire ce qui n'a point été traduit. Car de prétendre qu'ils apprennent l'ancien français, c'est chimère, dans l'état actuel de nos programmes.

Quand les écoliers ont appris et répété les déclinaisons, les conjugaisons, la syntaxe de l'ancien français, quand ils ont mené jusqu'au bout un cours de grammaire historique, il ne leur en reste qu'un grand ennui, beaucoup de confusion dans l'esprit, et un peu plus de penchant à faire des fautes d'orthographe : quant à lire vingt vers de la *Chanson de Roland* dans le texte après un an de ce labeur, il n'en faut pas parler. Si l'on visait à donner une connaissance pratique de l'ancienne langue, si l'on avait aussi de bons textes appropriés aux nécessités scolaires, ce ne serait pas une grande affaire, et ce serait un plaisir de lire couramment quelques vieux auteurs. Des chapitres de Villehardouin, presque tout Joinville, — toujours au moyen des traductions — les grands épisodes de Froissart, un peu de Comines s'ajouteront à la *Chanson de Roland,* tout sera bon, hormis le faux et l'ennuyeux. Sous prétexte de correction et de sagesse, on a fréquemment offert en exemple aux élèves les pseudo-classiques du XVIIIe siècle et du premier Empire. Qu'ils ne s'y arrêtent point. Ce n'est point l'affaire des écoliers d'étudier le rôle et l'esprit de Le Franc de Pompignan, de Saint-Lambert et de Delille, ni même de J.-B. Rousseau ; je consens qu'ils ignorent les tragédies de Voltaire, sauf une ou deux, autant que celles de Lemierre. Ils écarteront tous les rhétoriqueurs, versificateurs, imitateurs, déclamateurs : ceux qui ont dit quelque chose, quoi qu'ils aient dit, et qui l'on dit excellemment, voilà les auteurs où ils doivent s'appesantir. Ils trouveront plus de matière dans le XVIe et dans le XVIIe siècle que dans le XVIIIe ; de ces deux premiers, il n'est presque rien à proscrire, sauf les exigences de la moralité ; de l'autre, il n'est presque rien qu'on puisse lire sans défiance : trois ou quatre ouvrages peut-être, de trois ou quatre écrivains. Pascal, La Bruyère, Fénelon sont de meilleurs maîtres de style et en donnent mieux la théorie que Buffon et Marmontel, où l'on vous ramène sans cesse. Enfin je voudrais ouvrir largement le XIXe siècle aux jeunes gens, sans exclure aucun genre et sans craindre d'accueillir des œuvres que la postérité ne recueillera pas ; ils y trouveront, sous une forme nouvelle et appropriée à leur façon de sentir, de penser et de parler, la plupart des idées qu'ils auront précédemment tirées des anciens, des étrangers et des classiques. Ils y saisiront surtout avec plus de facilité le rapport du livre et de la vie, l'étroite liaison de l'idée et de la réalité : ils sentiront que ce ne sont point des fantaisies en l'air dont on les entretient ; ils apercevront dans ces mots, ces éternels mots, dont tant de siècles ont fatigué leurs oreilles, toute la vie de l'humanité et leur propre vie.

Ce qui importe surtout, c'est la façon dont on lit. Il n'est pas de mauvais livre pour un bon liseur, et le meilleur ne vaut rien si on ne sait pas l'exploiter. Dévorer des volumes n'est rien : on pourrait savoir tout Larousse par cœur et n'avoir pas une idée dans la tête. Si l'on s'offre passivement à l'impression du livre, la lecture n'est pas profitable. Elle entre dans la mémoire, non dans l'intelligence. Il faut se mêler pour ainsi dire à sa lecture, jeter tout ce qu'on a d'esprit et d'idées acquises à la traverse des raisonnements de l'auteur, le contrôler par sa propre expérience, et contrôler la sienne par lui. Une lecture, en un mot, est une lutte, et n'est féconde qu'à ce prix. Même vaincu, on emporte les dépouilles du vainqueur.

Le défaut que je signale est fréquent chez les femmes, il n'est pas rare non plus chez les hommes. Il ne vient pas d'infirmité d'intelligence, ni de paresse. Il a sa source dans les sentiments les plus respectables : humilité candide, conscience de sa propre ignorance, respect du maître, confiance aux lumières de ceux qui sont établis pour savoir et pour instruire, soif de savoir, qui saisit avidement toutes les connaissances qu'on lui présente et n'en veut rien laisser tomber. Ceux en qui ces sentiments ont germé, écoulent dévotement avec une paisible assurance la parole qui convient la science. Ils ne contredisent pas le maître, ils ne doutent pas de lui. Ils croient tout ce qu'il dit, et ils le serrent précieusement au fond de leur mémoire. Mais ils ne l'augmentent pas ; ils ne fécondent pas l'enseignement qu'ils reçoivent, ils n'en tirent pas de quoi se nourrir et se développer : c'est un dépôt qu'ils gardent, non un aliment substantiel qu'ils s'assimilent et dont ils feront de la force.

L'écrivain qui se fait lire est un inconnu : l'amitié, le respect n'insinuent point ses doctrines dans l'esprit du lecteur ; il n'a pas même l'avantage si puissant de la simple présence et l'autorité physique de la voix et du regard. Mais il se présente par le livre, et les jeunes gens, comme nous en rencontrons encore dans nos lycées et plus encore dans l'enseignement primaire, dont l'intelligence est restée naïve et comme vierge, ont un respect en quelque sorte religieux pour le livre, dépositaire de la science, qu'ils vénèrent, à laquelle ils aspirent. Ils ont dans le livre une confiance touchante : ils n'oseraient le soupçonner de mensonge ni d'erreur ; la pensée imprimée, devenue comme impersonnelle, et n'ayant plus pour leurs oreilles le son de la voix humaine, prend par ce détachement l'apparence d'une vérité qui tombe du ciel. Plus d'examen : les yeux fermés, on croit ; c'est une révélation. Demain, un autre livre dira autre chose : mais c'est encore le *livre* ; c'est écrit : on croit. Ces esprits-là ne connaissent pas l'impossibilité de croire aux propositions contradictoires ; si les choses ne se concilient pas, c'est un mystère : ils le respectent, et leur repos n'en est pas troublé.

De cette facilité dont les âmes jeunes croient à la parole enseignée ou écrite, il résulte un autre inconvénient. Elles ne croient pas savoir à demi. Si le libre examen leur est inconnu, à plus forte raison la demi-croyance, le doute et toutes ces mille nuances qui séparent la certitude de l'ignorance. Tout est vérité ou erreur absolue : je pourrais dire orthodoxie ou hérésie. Sur ce qui est une fois admis, nulle ombre de doute ne peut se projeter. Elles ne croient pas savoir tout : mais elles croient savoir le tout de ce qu'elles savent, et elles traduisent volontiers leur science en formules de *credo* ou de catéchisme, raides, massives, intraitables. Elles ne soupçonnent point les difficultés : tout est clarté sans ombre, ou nuit sans lueurs dans leur esprit. De là le ton tranchant, dogmatique, hautain ; de là ces vérités assénées comme des coups de massue, chez des écoliers, qui sont en effet modestes et réservés : mais ils croient sur Boileau et sur Fénelon, comme on croirait sur la Trinité et sur l'Incarnation. Cet orgueil, cette suffisance sont une forme de l'esprit, non un vice du cœur.

Tout ce qu'on accepte ainsi sans examen, tout ce qu'on traduit ainsi en formules absolues, n'entre pas vraiment dans l'âme, ne se mêle pas à sa substance, ne s'y fond pas. Les idées, prises par autorité, comme des dogmes, ne sont plus à l'usage que de creuses banalités. Quand on veut s'en servir, on ne trouve dans sa mémoire que des phrases de commande et des jugements de convention.

Comment donc la lecture sera-t-elle féconde ? Comment n'y sera-t-on point passif ? Comment la fera-t-on vraiment passer dans son intelligence ?

M. Brunetière, dans un remarquable morceau[1], a fait voir que les lieux communs étaient la condition même de la pensée et le fondement de l'invention en littérature ; que tous les chefs-d'œuvre étaient bâtis sur des lieux communs, qui ne sont an fond que les vérités universelles, éternellement vraies et reconnues pour telles. Il faudrait donc que les jeunes gens, dans toutes leurs lectures, s'habituassent à rechercher le lieu commun qui en fait le fond. Ils s'efforceraient de dégager la pensée, le sentiment de toutes les circonstances personnelles et locales. Leur goût se développerait et s'affinerait, à faire ainsi la part du tempérament de l'artiste et du génie de son siècle, à reconnaître la couleur et la forme accidentelles que peut prendre une vérité universelle. Mais ils se mettraient surtout en possession d'une idée générale, pour la soumettre au contrôle de leur expérience personnelle.

Une idée générale, quand elle n'est pas seulement une idée vague, est un résumé d'expériences nombreuses ; elle embrasse et dégage les caractères communs d'une collection d'êtres et d'une série de faits. C'est comme le cadre qui assemble les fragments de la réalité. Eh bien, dans ce cadre que vous fournit votre lecture, faites rentrer la réalité que vous connaissez, votre vie intime, le monde qui vous entoure : déformez-le, s'il le faut ; agrandissez, resserrez ; en un mot adaptez-le à votre usage, et moulez le contenant sur le contenu. L'idée sera vôtre alors ; elle aura pour vous une valeur réelle et propre ; quand vous l'exprimerez, elle ne sonnera pas creux, et vous en trouverez sans peine l'expression énergique et précise. « En traversant le milieu d'une pensée sincère, dit M. Brunetière, les lieux communs s'y dépouillent de ce qu'ils ont de banal, et ne conservent de tout ce que l'on confond sous le nom de banalité que l'universalité seule, pour en ressortir originaux et vrais d'une vérité toute nouvelle. »

Mais, dira-t-on, notre expérience est bien petite, et notre prétention ne serait-elle pas ridicule de vouloir réformer les pensées des grands hommes sur les petits événements de la famille et du collège, avec des souvenirs enfantins ? Non, si vous le faites avec conscience, avec sincérité, sans orgueil. La modestie peut tout oser. « Chacun de nous, dit encore M. Brunetière, n'a l'expérience directe que d'un petit nombre de faits ; mais chacun de nous, par compensation, a cette faculté de discerner, je ne dirai pas tout à fait le vrai d'avec le faux, mais le particulier d'avec le général et l'exception d'avec l'universalité. » De lointaines analogies, de secrètes affinités nous permettent de comprendre ce que nous n'avons jamais senti ; il s'agit de conclure du petit au grand. Et puis il n'est pas question de reformer les pensées d'autrui : il est question de former les vôtres, et dans l'étoffe commune il faut tailler à votre mesure.

Au reste, c'est l'honneur singulier, c'est l'immortel mérite des classiques, que, si élevée que soit leur œuvre au-dessus de la médiocre réalité, vous ne vous y sentirez jamais tout à fait dépaysé. Ils ont si peu cherché, si constamment fui tout ce qui est singularité ou exception, que, dès le jeune âge, on peut les goûter sans idolâtrie, autrement que sur parole, par une claire intelligence de leur profonde vérité. Toujours par quelque côté on peut les aborder. « Le sublime, dit Michelet, n'est point hors nature ; c'est, au contraire, le point où la nature est le plus elle-même, en sa hauteur, profondeur naturelles. »

Vous avez lu *Andromaque*, et vous avez une mère qui vous aime ; vous savez ce que vous êtes pour elle ; vous le sentez, et que par votre amour de fils vous ne lui rendez pas encore tout ce qu'elle vous donne. Descendez en vous-même après votre lecture : interrogez votre propre sentiment sur les traits qu'a marqués le poète ; éclairez votre instinct obscur à la lumière de cette poésie si nette. Votre cœur vous fera comprendre la pièce qui, par réaction, vous fera mieux lire dans votre cœur. Vous prendrez donc une idée de l'amour maternel, où Racine fournira beaucoup, mais où il entrera un peu de vous-même. Et s'il vous faut jamais en parler, vous ne le ferez point avec puérilité — Racine vous en sauvera — ni avec banalité — vous y échapperez par le sentiment personnel. La lecture aura développé le germe qui était en vous ; le retour sur vous-même aura vivifié la lecture, et vous direz après Racine, d'après lui, je le veux bien, des choses qui pourtant seront vous-même.

Les lectures ainsi faites ont cet avantage, de nous fournir en quelque sorte des idées centrales autour desquelles se grouperont et se conserveront nos impressions fugitives, nos émotions d'un moment. C'est un point essentiel. Si notre expérience est petite, ce n'est pas que nous éprouvions peu, c'est que nous ne retenons rien. Nous vivons au jour le jour : les événements passent sur nous, et les émotions s'effacent. Rien ne subsiste de nous en nous, que des habitudes inconscientes et des actions mécaniques. C'est que nous sentons brutalement, passivement. Les faits nous frappent, nous flattent, nous blessent : nous jouissons, nous souffrons ; nous n'en savons pas plus. Le pourquoi, le comment, le lieu même du plaisir ou de la douleur, nous n'en avons cure. La cause de la sensation supprimée, la sensation disparaît, ne laissant qu'un vague souvenir, une obscure image, qui disparaîtra bientôt refoulée dans les profondeurs de l'être par la masse des impressions ultérieures. Si l'on appelait ses lectures à l'aide de ses sentiments, si l'on se provoquait ainsi à la réflexion, si l'on essayait de dégager ses émotions de l'inconscience, de les accrocher pour ainsi dire à ses idées, les unes et les autres, enseignements du livre et leçons de la vie, subsisteraient longuement en nous et ne s'écouleraient pas sans cesse comme un monceau de sable ou comme l'eau d'un vase fendu.

Rien de plus utile surtout que de lire les moralistes, si l'on essaye d'appliquer leurs observations et de les rapprocher de la réalité. Le livre de La Bruyère est inestimable par le fond comme par la forme : il apprend à penser autant qu'il apprend à écrire. Il y a là un trésor de notions sur l'homme et sur le monde, qu'on peut contrôler par soi-même et réduire à son usage. Quand on lira comme il faut, c'est-à-dire sans tenir les yeux collés au livre, mais en cherchant sans cesse en soi et autour de soi la vérité de ce qu'il contient, on amassera un riche fonds de connaissances morales, et l'on aura acquis pour le reste de ses jours le don si rare de voir les faits moraux. On pourra parler de l'homme : on ne sera jamais pris au dépourvu sur ce chapitre.

On ne saurait manquer d'associer La Fontaine dans cet éloge. Cet admirable poète est singulièrement suggestif dès qu'on s'y prête et qu'on ne le lit plus puérilement. Mieux encore que La Bruyère, La Fontaine enseignera à saisir ces rapports secrets et sûrs qui unissent le moral et le physique, à deviner un caractère dans un geste, à entendre une âme dans l'accent d'une phrase.

On s'exercera ainsi à penser par le secours des grands écrivains. On s'allumera à leur feu, et l'on tâchera de glaner où ils ont récolté. On leur prendra des idées, qui serviront à diriger nos expériences et à les classer. Voilà le véritable *art de la lecture*.

La pratique, à coup sûr, n'en est pas facile. Ce n'est qu'à la longue, après une suite continue de pénibles efforts, que l'esprit se dégagera de l'inertie et acquerra toute son agilité. Aussi ne faut-il pas se décourager, ni rien mépriser. En fait d'idées, la moindre trouvaille a son prix. Si incomplète, si superficielle que soit une pensée, si elle est une conquête de notre intelligence, elle est précieuse : car elle crée une habitude, elle prépare la voie à d'autres découvertes, et insensiblement la vue s'exercera à embrasser de plus larges espaces comme à pénétrer au-delà des surfaces.

Pour se faciliter la tâche, il ne serait pas mauvais de prendre de ces livres comme il y en a — et d'admirables parfois — qui choquent, irritent, exaspèrent, et qui donnent envie de penser autrement que l'auteur. Mais il ne faut les choisir que si l'on est bien prêt à les contredire. Dans cette continuelle opposition, votre personnalité se formera, se reconnaîtra, votre esprit s'habituera à tenir tête aux pensées d'autrui, à chercher les raisons de ses jugements, à débrouiller la masse confuse de ses sentiments, à secouer le joug de la chose écrite. L'impatience de sentir la vérité heurtée et défiée vous suggérera bientôt les moyens de la défendre et de la rétablir.

Vous venez de lire *le Misanthrope* : vous ne sauriez que dire, si on vous demandait d'en parler. Eh bien, n'allez pas chercher dans un dévot à Molière les formules des jugements et des louanges qu'on peut appliquer à la pièce : lisez dans la *Lettre à Dalembert* la critique si fine et si fausse de J.-J. Rousseau. Ce mélange continuel de vérité et d'erreur, cette délicatesse de vue brouillée à chaque instant par le parti pris, vous contraindront à une réflexion attentive : il faut prendre le morceau phrase par phrase pour démêler cet écheveau de vérités entrevues et d'erreurs systématiques ; il faut regarder de près les jointures des idées pour apercevoir par quelle fausse liaison l'injustice et l'inexactitude s'insinuent dans cet assemblage si logique et si serré. Vous vous formerez ainsi un jugement personnel sur *le Misanthrope*, vous accorderez à Rousseau qu'Alceste est ridicule avec sa vertu, et par sa vertu. Mais vous nierez que Molière ait conçu le dessein immoral de ridiculiser en général la vertu. Vous nierez que la sympathie, l'admiration dont on ne peut se défendre pour Alceste aillent contre le but de l'auteur, et vous reconnaîtrez au contraire que c'est un des plus merveilleux effets du génie de Molière, d'avoir su unir dans un même caractère la sympathie et le ridicule, comme il a su associer dans don Juan la souveraine grâce et l'odieux. Vous conclurez alors que Molière n'a voulu en somme que montrer combien le monde s'accommode peu de la parfaite vertu, qui le gêne, et dont il se venge par le ridicule, et combien aussi l'humaine faiblesse en est peu susceptible, puisque dans la plus belle âme elle s'exagère, s'aigrit et s'attache à des riens. Est-ce donc là prêcher le mépris de la vertu ? et quelle leçon enfin tirer de là, sinon que le monde est mauvais et l'homme faible ? Bossuet se fait-il l'avocat du vice, quand il défend à des religieuses la recherche de la perfection, et leur recommande le terre à terre des petites vertus et des devoirs journaliers ? Voilà ce que peut suggérer Rousseau, l'ennemi de Molière : en apprendrait-on autant chez les enthousiastes, qui débordent d'idolâtrie et de tendresse ?

Que Lamartine et J.-J. Rousseau vous aident ainsi à préciser votre admiration pour La Fontaine, à la fonder. Que Malebranche et Pascal vous éclairent sur Montaigne ; que Bossuet vous fasse comprendre Corneille et Racine, et la nature du poème dramatique ; anathème à part, il y a peu de critiques qui aient mieux entendu le théâtre que Bossuet. La préface de *Cromwell*, les chapitres littéraires du *Génie du christianisme*, les critiques de Lessing, de Schlegel sur nos classiques, sont d'excellents appuis pour l'intelligence, qui en tirera des principes pour penser autrement, et qui, pour échapper à des conclusions blessantes, apprendra à raisonner.

S'il est excellent de se mesurer avec certaines opinions hautaines, extrêmes, injustes, proclamées par des esprits puissants et sincères en un bon style, on ne saurait trop éviter l'erreur terne et sans relief, capable de s'insinuer parce qu'elle n'a pas la force de choquer, les demi-vérités dont les esprits vulgaires et laborieux, cherchant la gloire du paradoxe, font de pleines et plates erreurs.

Chapitre VI.

Utilité possible de la conversation

La conversation peut être un grand auxiliaire de la lecture dans l'entreprise que nous poursuivons. Jadis c'était le plus grand plaisir de la société et l'occupation favorite de tout ce qu'il y avait d'éminent par la naissance, les emplois ou les talents. On ne mettait point de bornes à l'utilité qu'on croyait en tirer, et des érudits pensaient que *de dix choses qu'ils avaient, ils en avaient appris neuf par la conversation*. Un grand changement s'est fait en France depuis cent ans. On parle beaucoup ; on ne cause guère. N'accusons pas trop notre génération : elle subit les conséquences d'un nouvel ordre de choses. On a moins de loisirs, plus d'affaires et de soucis, une instruction plus spéciale ; on porte dans le monde la fatigue du jour et l'inquiétude du lendemain. Le temps qu'on lui donne est une détente dont on jouit, ou une interruption qu'on écourte. Mais enfin si l'on cherche dans l'entretien d'autrui autre chose qu'une distraction sans effort, une occasion de sommeil pour l'intelligence accablée, autre chose que la satisfaction de bavarder, de manifester et d'assouvir une curiosité frivole ou une malignité irréfléchie, si l'on veut penser tout haut, et écouter penser les autres, il y a encore beaucoup à tirer de la conversation.

En formulant ses idées, on les précise ; ce qu'on a dit, on le sent mieux. L'expression, en donnant un corps à la pensée, en fait apercevoir le faible ; on la corrige, on l'étend, on l'approfondit ; parfois on l'abandonne, mais pour en prendre une autre dont la vérité s'est révélée à nous en parlant. On pourrait retourner le mot de Boileau : ce qu'on a une fois énoncé se conçoit plus clairement, et s'énoncera mieux une autre fois. La parole est ainsi la meilleure épreuve de l'idée, qu'elle fait sortir des régions vagues et obscures de l'intelligence : elle la crée autant qu'elle en est créée.

On a profit aussi à écouter les autres, et plus sans doute qu'à parler soi-même. Mais l'essentiel ici est de démêler ce qui, chez eux, est lieu commun, phrase apprise, provision de la mémoire, et ce qui est sentiment intime, émotion personnelle, éclosion spontanée de l'âme : ce qui est *sifflé* et ce qui est vécu. Tâchez d'attraper l'art de tirer votre interlocuteur du lieu commun : faites-le parler de ce qu'il sait le mieux, de ce qu'il a pu sentir ; forcez-le d'évoquer son expérience personnelle : dépouillez-le. Les hommes pour la plupart, sauf les pédants et les fats, y résistent : quelquefois c'est modestie, pudeur, timidité ; souvent il y a dés-accord entre les prétentions et les talents, et ce qu'on fait excel-lemment n'est pas ce dont on se pique et qu'on étale. Mais il n'est que de savoir presser le bouton ; on peut toujours amener les gens à vider leur sac. Il n'y a rien qui attire la confidence au-tant que le plaisir sensible de celui qui l'écoute. Mais à l'ordinaire on ne songe guère à cela : la plupart des gens ne sont occupés qu'à dégorger ce qu'ils croient savoir, à tirer la conversation du côté par où ils pensent briller, à faire les honneurs de leur infor-mation ou de leur esprit. On ne s'écoute pas réciproquement, chacun songe à ce qu'il va dire et épie le moment de saisir la parole. Une conversation souvent donne l'idée d'un étrange pot-pourri musical où tous les chanteurs exécuteraient des airs d'opéras différents, où Faust donnerait la réplique à Valentine, où Vasco de Gama ferait sa partie à côté de Rachel.

Dans la jeunesse on regarde volontiers les idées comme er-reurs ou vérités absolues, les personnes comme des êtres sim-ples, sans alliage, bons ou mauvais absolument. Le vrai, c'est ce qui plaît ; le bon, c'est ce qu'on aime. On accepte toute parole de ceux qu'on aime, et on n'en limite point la portée. Il faut se défier de cette inclination :il faut ne recevoir ou ne rejeter rien pour la personne qui le dit, et regarder la chose en soi ; mais en même temps se demander pourquoi celui qui parle parle ainsi, à quel sentiment il cède, à quel intérêt, si un autre parlerait de même, si lui-même n'a jamais parlé, ne parlera jamais autrement. En un mot, au lieu de se persuader qu'on a affaire à de purs esprits et à des axiomes universels, on croira qu'on a devant soi un individu vivant, en qui tout est borné et relatif, chez qui les affections, les habitudes, la disposition physique font échec à la vérité ; on prendra la parole qu'on entend pour le signe de l'âme qu'on ne voit ni n'entend ; on tâchera par elle de deviner ce qu'est l'invisible personne qui ne se laisse jamais atteindre que par le dehors. Liez donc entre elles toutes les idées de la personne à qui vous parlez ; confrontez-les avec ses actes ; classez-les, faites-en un système ; formez-vous une conception de l'homme. Vous y gagnerez qu'il ne dira plus rien d'insignifiant ; il n'y aura plus de conversation ennuyeuse pour vous. Vous saurez aussi ce qui est à votre usage dans son esprit, ce qu'il vous convient de vous approprier ou de lui laisser dans les idées qu'il exprime.

Chapitre VII.

Éducation de la sensibilité

Il peut arriver que des natures brutes et incultes, dans une violente agitation, rendent avec facilité ce qu'elles éprouvent, mais cela est rare. Pour bien dire ce qu'on sent, il faut le savoir, et presque toujours on le sait mal. Il y a toute une éducation de la sensibilité, qui met de l'ordre et des nuances dans le chaos des émotions, qui surtout rend nettes et perceptibles les impressions confuses et faibles, qui développe le tact de l'âme, et fait qu'au plus léger attouchement elle frémit de joie et de peine, enregistrant les moindres phénomènes comme un instrument délicat.

Sans doute c'est l'affaire à la réflexion de lire dans l'âme les émotions ; et c'est en appliquant à l'observation intérieure la même attention qu'à la réalité externe, qu'on s'habituera à démêler ses sentiments. Ce retour sur soi-même, on le fera sans cesse, si on lit de la façon que j'ai dit, et chacune de ces études soutiendra l'autre et s'y alimentera.

On tâchera de se surveiller soi-même à tout moment, de se prendre sur le fait dans les accès de passion et de vive sensibilité, de voir où l'on est, où l'on va dans ses emportements : en un mot de se dédoubler, et d'être le spectateur infatigable et impartial de soi-même. Sans doute la chose a ses dangers : par cette incessante critique de soi-même, on risque de tuer en soi la spontanéité, de supprimer le premier mouvement, de détruire cette énergie primesautière, qui a tant de grâce. Mais il faudrait pousser la réflexion à un degré où elle va rarement, et peu d'hommes ont souffert de cette double vie morale, où l'on s'empêche d'agir à force de se regarder faire. Surtout je ne crains guère ce danger pour les jeunes gens, et c'est par l'aveuglement sur soi, par l'entraînement, par l'inconscience, qu'ils pêchent presque toujours.

En demandant souvent à la sensibilité ce qu'elle sent, on la forcera à sentir. Nous sommes sujets à la léthargie du cœur comme à celle de l'esprit. Ce n'est pas impuissance ou grossièreté de nature, mais rudesse et manque de culture, qui fait que devant une œuvre d'art, un poème, un paysage, on reste morne et muet, sans émotion, que factice, sans idée, que convenue, sans parole, que banale.

Par cet effort de conscience, on contraindra les sentiments à se préciser : le nuage confus des émotions se divisera, et de l'obscure vapeur qui bout dans l'âme surgiront des couleurs et des formes, de plus en plus nettes et délicates. Que l'on vous demande si vous aimez de même façon votre mère, votre chien, votre bel habit, et votre poète favori, vous direz *non* sans doute : mais quant à dire la différence de ces affections et de ces goûts, quant à en distinguer la nuance et la portée, vous en seriez bien empêché, n'est-il pas vrai ? Et c'est pourtant où il faut parvenir, et c'est où la réflexion vous mènera sans trop de peine.

Vous vous proposerez surtout de reconnaître votre tempérament propre et vos aptitudes spéciales. Vous vous pénétrerez de votre nature, pour ne pas la contrarier et pour la diriger au contraire plus sûrement dans le sens où elle se porte : on n'écrit bien qu'à ce prix.

On vous recommande d'être naturels, et on a raison. Au moment d'écrire, vous vous dites : Soyons naturels, et vous vous imaginez l'être quand vous vous abstenez de réfléchir et que vous faites courir la plume sur le papier. N'y a-t-il pas des jeunes gens qui s'étudient à rencontrer quelque tour bizarre, quelque incorrection qu'ils croient pittoresque ? On pense que ce négligé volontaire donnera l'air naturel au style.

C'est une erreur : la propreté, qui exige l'attention et l'effort, est essentielle à la simplicité. De même l'attention et l'effort dans les productions de l'esprit ne détruisent pas plus le naturel, que l'irréflexion et la négligence ne le manifestent. Si l'on connaît sa nature, et si l'on s'applique à n'en pas altérer la pure et franche expression, on n'en a que plus de naturel. Mme de Sévigné laissait trotter sa plume, mais elle l'avait bien en main, et ne la quittait pas de l'œil : elle pesait ses mots avec une décision rapide et sûre qu'elle tenait de son goût naturel et d'un fréquent exercice.

La Fontaine, le plus abandonné des écrivains, travaillait durement ses vers charmants.

Que de fois arrive-t-il que, faute de se connaître, on écrit d'un style qui ne représente pas la personne qu'on est ! On confond sa mémoire avec soi-même. Surtout on ne fait pas ce qu'on peut faire. On décrit, on peint, on colore les choses d'épithètes flamboyantes, quand on a l'esprit sec et délié. On poursuit les métaphores musicales, quand on n'entend rien à la musique. On affecte la sobriété nerveuse, quand on a la conception vaste, un peu grossière, et ardente. Les myopes contemplent l'infiniment grand, et les presbytes se penchent sur l'infiniment petit. On subit le joug d'une lecture récente ou favorite : on fait du Pascal, du Bossuet ou du La Bruyère, du Taine, du Renan ou du Daudet ; et, si réussi que soit le pastiche — les plus médiocres y excellent, — mieux vaudrait rester et exprimer l'humble *soi-même*.

Essayez de démêler les principaux traits de votre caractère et de votre esprit, et ne prenez que ce qui en vient directement. Vous écrirez ainsi naturellement et expressivement. N'allez point, bien entendu, affecter de dire : *je suis tel* ; il faut que cela se voie sans le dire. Il en de si peu naturel aussi que de vouloir mettre toute son âme, tout son esprit dans chaque mot. Ce jugement qu'on porte sur soi doit servir de règle et d'épreuve dans la recherche des idées et des expressions, mais sans étroitesse et sans minutie : il en est du style comme des mines et des gestes ; vouloir faire transparaître son Ame à tous moments est le comble de l'affectation et l'antipode du naturel.

Surtout ne prenez pas à tâche de vous épancher, ne poursuivez pas les effusions. Il arrive souvent que les jeunes gens s'imaginent que les démonstrations prolixes de sentiments, les abondantes confidences sont le devoir et le signe de l'amitié. De là tant de diffusion, d'emphase, de bavardage, de fausseté dans ce que beaucoup d'entre eux écrivent. Mais il est des natures sobres, réservées, qui ne peuvent pas ouvrir leur intime pensée et qui aiment en silence, toutes concentrées dans leur profondeur : que ceux-là ne se donnent pas une forme de sensibilité qui ne pourrait être en eux qu'un mensonge. Ils sauront, sans effusions, peindre l'énergie de leurs sentiments, et, sans confidences, se confier à ceux qu'ils aiment.

Quelques-unes de ces réflexions paraîtront peut-être singulières, et ces procédés artificiels : ils le sont en effet, mais à la façon des exercices de gymnastique. Il faut inventer des difficultés et des obstacles, imposer à son activité des conditions restrictives, se lier par des conventions, sauter le fossé quand le pont est à deux pas, se hisser à la force du bras sans autre objet que de redescendre dès qu'on sera en haut : tout cela est artificiel, mais cela développe toutes les énergies physiques. De même il faut enlever son intelligence sur des obstacles choisis, ou même imaginaires. Le résultat utile, ce ne sera pas d'avoir passé, ce sera d'avoir sauté, et ramassé sa force dans un effort qui l'accroît.

Je ne pouvais trop insister sur la nécessité de l'éducation générale qui prépare à bien écrire. Sans elle, on aura beau s'abreuver de toutes les rhétoriques, se consumer sur les sujets particuliers qui s'offriront, on n'arrivera jamais qu'à se souvenir et à amplifier ; on n'aura jamais une façon d'écrire naturelle et personnelle.

Autrefois tout y préparait l'homme : c'était la plupart du temps hors du collège qu'il acquérait le meilleur de sa science, et le plus cultivé n'était pas toujours celui qui avait le plus étudié. La lecture et la conversation le formaient. Les lettres lui offraient dans la prose, dans la poésie, au théâtre, dans la chaire, des réflexions sur l'âme humaine, exactement liées et logiquement déduites. Il était impossible de lire distraitement même un roman, de tourner les pages avec une langueur somnolente, en sautant tout ce qui prend l'air sérieux : dans ces formidables romans en dix tomes, diffus, interminables, bourrés de conversations et de dissertations, débordant de distinctions et d'analyses, l'histoire, les faits étaient peu de chose, et s'ils offraient à la curiosité frivole l'attrait de l'actualité et des allusions, c'était par les caractères finement dessinés, dont il fallait regarder de près les ressemblances. Plus sévère était la tragédie, avec sa fable le plus souvent banale et rebattue, la comédie avec son éternelle intrigue éternellement nouée et dénouée de même façon, plus sévères enfin les dessins sobres et nets du moraliste, les raisonnements vigoureux et serrés du prédicateur. Quelle activité d'esprit ne fallait-il pas pour goûter de tels livres qui provoquaient encore à observer en soi-même la vérité qu'ils annonçaient ! Au siècle suivant, en dépit de la suprême clarté dont se piquaient les philosophes, et des polissonneries facétieuses dont ils paraient leur matière, il fallait de l'attention et de la pénétration pour les suivre, et on ne sentait point tout l'agrément de la forme, si l'on ne comprenait le sérieux du sujet. Et avec cela, comme au siècle précédent, la conversation, où toute matière était touchée, où, devant les femmes et par elles, jamais avec pesanteur, parfois avec profondeur, étaient agitées les plus sérieuses questions de morale et de religion, de politique et d'économie. En somme, la société de l'ancien régime, qui n'avait qu'à se divertir, a toujours eu, quelles qu'aient été ses faiblesses, le goût des divertissements qui tiennent l'esprit en éveil. Enfin je ne sais si, au XVIIe siècle, les habitudes religieuses, le souci de la perfection intérieure, l'obligation de déclarer ses fautes, entretenant dans l'âme une inquiétude qui la ramenait sans cesse en elle-même, ne contribuaient pas fortement à donner à l'esprit une vue nette et fine des faits moraux et le don de les exprimer aisément avec précision. Depuis, les assauts qu'a subis la religion ayant tourné vers les dogmes et les pratiques l'attention de l'âme croyante, l'influence qu'a exercée malgré tout sur elle la philosophie, ayant fait passer au premier rang l'exercice des vertus bienfaisantes et la poursuite du bien extérieur, la dévotion n'est plus aussi fréquemment qu'autrefois accompagnée d'un progrès intellectuel.

Aussi voyait-on autrefois que des femmes à qui l'on n'avait appris que le catéchisme et des révérences, des gentilshommes qui ne savaient que danser et se battre, mettaient fort mal l'orthographe, mais avaient plus d'idées et un meilleur style que bien des académiciens de notre temps. L'insuffisance de leur éducation première tournait à leur avantage : on ne leur avait pas mâché la besogne. Il fallait se former soi-même : dans le monde, dans les lectures, au théâtre, payer de sa personne, et ne pas s'endormir ; hors de soi, ni en soi, on n'avait de souffleur, qui dispensât de la peine. Aussi quand on avait à écrire, comme lorsqu'on parlait, on y allait de tout son cœur et de tout son esprit ; on faisait donner toutes ses forces, et par cet élan vigoureux et spontané, on trouvait naturellement les mots qui représentaient les choses.

Aujourd'hui, l'on a tant de choses à apprendre qu'on ne remplit que la mémoire. On y emmagasine, tout comme dans un vaisseau, le plus de choses dans le moindre espace qu'on peut : il ne s'agit pas de mettre en usage cette lourde cargaison, mais seulement de l'amener au port où l'on s'en décharge pour jamais : je veux dire à l'examen, après lequel on se hâte d'oublier ce qu'on s'était hâté d'apprendre. Les maîtres *préparent* les élèves qui ne se préparent pas eux-mêmes. On les gave de science, somnolents, inertes, passifs. Puis on a prôné l'éducation agréable, qui instruit en amusant ; les enfants se laissent amuser, ils ne s'instruisent pas. Dans les livres de Jules Verne on lit le roman : combien y en a-t-il qui ne sautent pas les explications scientifiques ? On tient en grande estime la grammaire et l'orthographe : les candidats aux diplômes écrivent correctement les mots dont ils ne comprennent pas le sens, et analysent très exactement toutes les proportions qui composent une phrase : il n'y a que l'idée, dont ils ne savent que dire, ni si elle est juste ni si elle est fausse, ni même quelle elle est. Les programmes sont vastes, on n'en peut parcourir l'étendue que par les manuels faits pour dégoûter de la science et de la lecture à tout jamais. Aussi, hors de l'école, hommes ou femmes, on ne lit guère en France. S'il n'y a pas un homme sur mille qui relise de sa vie, après le baccalauréat, une page de grec ou de latin, combien y en a-t-il même qui, bacheliers ou brevetés, ouvriront un volume de Bossuet, de Corneille on même de Molière pour se divertir ? Je vais plus loin : combien y en a-t-il qui liront V. Hugo, Leconte de Lisle, ou Sully-Prudhomme ? Michelet, Taine ou Renan ? des romans même, autres que les succès bruyants du jour, par mode, ou les histoires intriguées, fades et fausses, par goût ?

Il faut donc résister à l'éducation, et résister ensuite au monde. Le temps présent est dur pour la culture délicate de l'esprit.

DEUXIÈME PARTIE.

INVENTION

Chapitre premier.

De l'invention dans les sujets particuliers

J'ai indiqué jusqu'ici comment on accumule en soi-même les ressources qui mettent en état d'écrire. Mais, le jour où l'on écrit, il ne s'agit pas de dégorger confusément sur le papier tout ce qu'on a dans l'esprit et dans le cœur. Il faut trouver ce qui convient à la circonstance particulière, au sujet limité. C'est là que s'exercera l'invention, qui n'est, comme on le voit, qu'une appropriation à un certain objet des idées et des sentiments qu'on a antérieurement acquis, un fragment de la vie intérieure qu'on détache et qu'on produit au dehors.

Ceux qui n'écrivent pas pour être auteurs n'ont pas à se préoccuper d'inventer des sujets : le maître les impose dans l'enfance ; plus tard le besoin ou l'occasion les proposent. Il s'agit pour eux d'en tirer ce qu'ils contiennent, et de développer ce qui y est impliqué.

Ce travail, hors du collège, se fait rapidement : le temps manque pour réfléchir longuement; on improvise presque toujours. Il faut donc s'être habitué de bonne heure à faire d'un coup d'œil le tour d'un sujet, à le pénétrer d'une brève réflexion, à ramasser d'un seul effort toutes ses idées et à les disposer en un moment. Au collège on a en général tout loisir : on peut défaire et recommencer son travail, et le mettre lentement au point. Comment procédera-t-on ?

L'essentiel est de démêler les idées et les sentiments qui constituent le sujet et y sont renfermés comme en bloc. L'invention en somme, c'est l'analyse, qui distingue toutes les parties dans l'unité brute de la matière.

Cette analyse mène à en concevoir l'unité essentielle et intime, à y dégager l'idée générale, le sentiment universel, c'est-à-dire le lieu commun, élément fondamental de tout sujet. Si relatif, si particulier qu'il soit, description, portrait ou fait historique, quelles que soient les circonstances de lieu, de temps et de personne qui le limitent, il y a toujours au fond quelque intérêt universel. C'est ce qu'il faut en extraire d'abord, pour en bien concevoir la nature et la portée.

C'est ce qu'on appelle comprendre un sujet. Que les mots ne vous effrayent pas, et ne croyez pas que l'on propose à vos efforts un but inaccessible. L'invention s'exerce de même pour l'écrivain qui fait un chef-d'œuvre par une nécessité de son génie et pour l'enfant qui fait un devoir par obéissance : les objets diffèrent, mais le procédé est essentiellement identique, et cc n'est pas ambition présomptueuse, mais sûreté de jugement que de l'appliquer à une modeste composition. Il s'agit, quelle que soit l'œuvre, immortelle ou enfantine, d'évoquer un certain ordre de sentiments et d'idées, à l'exclusion de tout autre : on doit donc, avant tout autre soin, reconnaître quel est cet ordre. Quelles doivent être la pensée maîtresse, la couleur fondamentale, l'impression dominante du développement à faire, voilà ce que tout élève doit savoir distinguer d'abord dans la matière qu'on lui propose, et cela consiste précisément à en extraire l'idée générale.

Si vous avez l'esprit suffisamment meublé, au premier contact de cette idée générale, des idées, des sentiments qui ont de l'affinité avec elle, s'éveilleront en vous. Le cadre vide se remplira. Vos goûts, vos croyances, vos sympathies et vos antipathies s'agglutineront en quelque sorte autour du noyau primitif. La question ne vous sera plus indifférente et étrangère : une partie de vous-même témoignera pour ou contre la thèse à soutenir, et vous ne saurez exposer froidement une idée qui représentera pour vous toute une collection de faits intimes et personnels. Le lieu commun sera entré dans votre expérience : il y aura pris la couleur et la vie.

Un exemple montrerait bien la chose. Mais un exemple en ces matières est toujours délicat à imaginer : on a beau faire, on sent que tout est convenu, factice, arrangé pour le besoin de la démonstration. Mieux vaut justifier ce que je dis par quelque page d'un grand écrivain.

Vous connaissez *Cinna*, et la grande délibération d'Auguste avec ses deux conseillers. Corneille avait trouvé dans un historien, Dion Cassius, qu'Auguste avait consulté un jour Agrippa et Mécène sur ce qu'il devait faire : rétablir l'ancien gouvernement républicain, ou organiser définitivement l'empire ? S'inspirant de Dion Cassius, Corneille n'a pas traité la scène en historien, ni en rhéteur. Dégageant des circonstances particulières la thèse générale, il n'a pas examiné la question historique et la situation de Rome. Il s'est demandé ce qui fondait le droit de la monarchie, quels services la légitimaient : il est descendu en lui-même, et il a interrogé son âme française. La question particulière d'histoire romaine a fait place à une question générale, qui de nouveau a reçu une forme particulière des idées et des sentiments personnels du poète. Il a revu avec l'émotion d'un bon Français les guerres religieuses et civiles, les désastres et les ruines du temps où le pouvoir royal était humilié, et le grand bienfait de la paix et de l'ordre suivant la restauration de l'autorité absolue : il a vu la souveraineté d'un seul procurant la sécurité de tous. De là la chaleur émue, la conviction contagieuse des discours de Cinna : dans la bouche du Romain, par les exemples de l'histoire romaine, un cœur français professe le culte de la monarchie, gardienne de l'ordre. Et c'est ce sentiment monarchique, si peu romain, si peu conforme à la vérité historique, qui, dans la tragédie, commence à relever Auguste aux yeux du spectateur, et à faire oublier Octave.

Éclairé par l'idée générale, on sait dans quelle catégorie d'idées et de sentiments il faut chercher le développement. Une direction à suivre, des limites où se contenir sont fixées à l'imagination. L'idée générale guide la pensée dans l'invention du détail particulier, par lequel elle s'exprime et prendra corps. Elle est le fil qui empêche l'esprit de s'égarer dans le labyrinthe des idées particulières, de suivre au hasard la série infinie des associations qui se croisent et se traversent, qui le retient toujours sur la véritable trace.

De l'étendue de l'idée générale dépend la profondeur du détail particulier qui s'y rapporte. Un Espagnol, Tirso de Molina, veut peindre l'égarement du libertin qui se damne en comptant trop sur les délais de la justice divine : il crée d'après une vieille légende le type de don Juan, qui donne le jour présent au plaisir, pensant toujours avoir plus tard le temps de se repentir. Derrière cette vérité, notre Molière en aperçoit une autre, plus universelle, plus humaine, moins étroitement chrétienne : les dons isolément les plus précieux, naissance, beauté, amour, grâce, courage, esprit, intelligence, corrompus par leur assemblage même, tournés eu monstrueuse scélératesse par le dérèglement et l'impunité, et portant pour fruits l'égoïsme féroce, le scepticisme insolent, le libertinage capricieux. Aussi le don Juan français offre-t-il des traits nouveaux qui l'éloignent du type primitif et manifestent la pensée originale du poète : la scène du pauvre, celle de M. Dimanche, les discussions philosophiques avec Sganarelle, l'hypocrisie. La valeur de chaque scène, de chaque mot vient de son rapport direct au type idéal qu'avait conçu Molière et sur lequel il dessinait le personnage.

Autre exemple. Certains faiseurs de romans et de comédies de nos jours ont dépensé la moitié de leur invention à décrire des mobiliers ou à établir une mise en scène. Au contraire, nos classiques, n'apercevant dans les passions qu'ils représentent que des mouvements de l'âme, se soucient peu des corps qui enferment ces âmes et des *milieux* où s'agitent ces corps. Profondément incapables, ainsi que Descartes, de comprendre la communication de l'esprit et de la matière, ils ont étudié avec une incroyable finesse l'action et les réactions d'une âme sur une âme, d'une idée sur un sentiment, d'une passion sur une raison : jamais, ou à peu près, l'influence du tempérament, ou du monde sensible. Aussi ne s'inquiètent-ils pas de loger ces âmes qu'ils décrivent. Ils ne se demandent pas si Pauline est brune ou blende, si Phèdre a le nez aquilin ou retroussé ; ils n'imaginent pas le mobilier, ni ne précisent le décor.

L'invention est ainsi déterminée : elle consiste dans les cas particuliers à évoquer les idées et les images qui sont liées au sujet, à modifier des idées et des images étrangères de façon qu'elles puissent s'y lier. En un mot on cherche ce qu'on sait, ce qu'on a vu sur la chose en question ; ou bien ce qu'on sait, ce qu'on pense, ce qu'on a vu sur les choses analogues. On la conçoit selon son expérience, ou on l'imagine d'après elle.

Mais les idées ne se présentent pas toutes seules au besoin ;
les images n'accourent pas complaisamment au premier signe. Il
faut forcer à se les montrer, les faire lever : c'est une chasse où il
n'y a pas de repos. Le bon Régnier s'en allait distraitement par
les rues, rêveur et absorbé en lui-même,

> Comme un poète qui prend les vers à la pipée.

Le scrupuleux Boileau suait et soufflait à pourchasser la rime
capricieuse, comme le chasseur de Beauce qui court une journée par les guérets mous et les chaumes piquants pour prendre
une caille.

Il faut fouiller son esprit et son cœur, se poser pour ainsi dire
en face de soi-même, comme un juge d'instruction qui veut arracher la vérité à un accusé muet.

Chapitre II.

Définition. — Énumération.

— Description

Quel que soit le sujet qui vous occupe, vous avez à considérer un objet physique ou moral, une idée concrète ou abstraite, à représenter un être, un fait, un état, un acte, à porter un jugement de bonté, d'utilité ou de vérité.

Sur chacune de ces catégories, dont on pourrait étendre la liste, vous pouvez vous poser un certain nombre de questions. Elles auront pour objet de donner plus de précision et de clarté aux choses : elles vous forceront à ne rien laisser dans le vague, à imaginer le détail le plus particulier, le plus individuel qu'il vous sera possible. Les réponses que vous ferez, ce seront précisément les idées qu'il fallait inventer ; ce seront les membres du développement dont il faudra faire un corps. Une fois l'esprit habitué à ce procédé, vous n'aurez plus besoin de faire les demandes : les réponses précéderont les questions ; vous penserez naturellement selon la méthode que vous vous serez imposée, et votre réflexion conformera sa marche à l'ordre accoutumé.

La première question qui se pose sur quelque objet que ce soit, est : *Qu'est-ce que c'est* ? La réponse est une définition, qui fait connaître l'objet. Je ne parle pas des définitions de mots, dont ce n'est pas le lieu de parler ici. Mais, les mots bien compris dans leur sens littéral, il s'agit d'en connaître l'application et, substituant au signe la chose signifiée, de rechercher ce qu'elle est en son essence. Ainsi quand Bourdaloue commande impérieusement l'aumône aux riches, il exige d'eux l'abandon de leur superflu. Tout le monde s'entend sur le mot : le superflu, c'est ce qu'on a de trop. Mais la difficulté commence sur la chose : quand a-t-on de trop ? Si le prédicateur ne dit pas en quoi consiste le superflu, à quel point on a plus que le nécessaire, chacun étendra ou resserrera le sens du mot selon son intérêt et son

égoïsme ; les pauvres prétendront à tout, et les riches ne donneront rien. Il faut donc que Bourdaloue détermine exactement son
objet ; il ne manque pas de le faire, et voici comme il s'y prend :

> N'entrons point, je le veux, chrétiens, dans la dis-
> cussion de vos états ; supposons-les tels que vous
> les imaginez, tels que votre présomption vous les
> fait envisager ; voyons seulement ce qu'il y a dans
> ces états ou de nécessaire pour vous ou de super-
> flu. Or j'appelle au moins superflu ce qui vous est, je
> ne dis pas précisément inutile, mais même évi-
> demment préjudiciable. Car, pour ne rien exagérer,
> je ne prends de ces états que ce qui sert à en fo-
> menter les dérèglements, tes excès, les crimes, et
> cela me suffit pour y trouver du superflu. J'appelle
> superflu ce que vous donnez tous les jours à vos
> débauches, à vos plaisirs honteux ; renoncez à
> cette idole dont vous êtes adorateurs, et vous aurez
> du superflu. J'appelle superflu, femmes mondaines,
> ce que vous dépensez, disons mieux, ce que vous
> prodiguez en mille ajustements frivoles, qui entre-
> tiennent votre luxe, et qui seront peut-être un jour le
> sujet de votre réprobation : retranchez une partie de
> ces vanités, et vous aurez du superflu. J'appelle
> superflu ce que vous ne craignez pas de risquer à
> un jeu qui ne vous divertit plus, mais qui vous atta-
> che mais qui vous passionne, mais qui vous dérè-
> gle, mais surtout qui vous ruine et qui vous damne :
> sacrifiez ce jeu et vous aurez du superflu. Quoi
> donc ? vous avez de quoi fournir à vos passions, et
> à vos passions les plus déréglées, tout ce qu'elles
> demandent : et vous prétendez ne point avoir de
> superflu ? Vous avez du superflu pour tout ce qu'il
> vous plaît, et vous n'en avez point pour les pau-
> vres ?

Les termes abstraits, généraux, collectifs, ne disent pas grand'chose souvent à des esprits jeunes et peu habitués à la contemplation de l'universel. Et pourtant, par un jeu mécanique de la mémoire, ces mêmes esprits pensent avec des mots abstraits, généraux, collectifs : les ayant pensés et exprimés, ils semblent avoir épuisé du coup leur puissance d'invention, et ne peuvent passer outre. De là la stérilité d'imagination, la sécheresse d'élocution. Brisez ces mots où l'idée est pétrifiée, videz-les de leur contenu. Ramenez l'abstraction aux réalités concrètes ; défaites la généralisation, et décomposez la collection : regardez les faits et les individus. Votre langue se déliera en face du particulier : vous aurez un jugement à porter, une raison à produire, une émotion à noter.

Souvent cette analyse sera le développement même que vous cherchez: et par le seul fait que vous aurez substitué le concret, le phénomène ou l'individu, à l'abstrait, à la loi ou au genre, vous aurez touché votre but, vous aurez peint, prouvé, ému.

Bossuet veut faire sentir son auditoire ce qu'il y a de merveilleux et de divin dans l'industrie humaine : que fait-il ? il en énumère simplement les principaux effets : domestication des animaux, invention de l'agriculture, de la médecine, applications du feu, de l'eau, découvertes astronomiques et mesure du temps. Ces faits enfoncent dans l'esprit de l'auditeur la vérité à laquelle l'orateur s'attache, bien mieux que ne sauraient faire les plus hyperboliques épithètes.

Le même procédé, dans un genre bien différent, a fourni à V. Hugo une scène fameuse du drame d'*Hernani*. Le roi Carlos somme don Ruy Gomez de Silva de livrer son hôte, le bandit mis hors la loi et traqué de toutes parts. Le gentilhomme castillan mène le roi devant les portraits de ses aïeux : d'abord

C'est l'aîné, c'est l'aïeul, l'ancêtre, le grand homme,

Don Silvius, qui fut trois fois consul de Rome ;

puis Galceran, Blas, Christoval, Jorge, Ruy Gomez, Gil, Gaspard, Vasquez dit le Sage. Jayme dit le Fort, puis son aïeul, puis son père. Enfin il s'arrête au dernier portrait :

Ce portrait, c'est le mien. Roi don Carlos, merci !

Car vous voulez qu'on dise en le voyant ici :

« Ce dernier, digne fils d'une race si haute,

Fut un traître et vendit la tête de son hôte ! »

Cette scène, qui saisit l'imagination à la lecture, se réduit à cette pensée : « Vous me demandez, Sire, de déshonorer le nom que mes aïeux m'ont transmis glorieux et pur. » À l'idée des aïeux, de la race, le poète s'est contenté de substituer celle des individus : il a mis les unités à la place du groupe.

On rencontre souvent des pièces entières dont la genèse s'explique ainsi. Pour peindre la grandeur de la victoire de Navarin, V. Hugo, dans cette orientale prodigieuse, n'a fait qu'une énumération de toutes les formes de bâtiments que le vocabulaire lui a fournis : au terme général, *flotte*, il a substitué les mots particuliers, dont l'inépuisable succession écrase l'esprit et donne la sensation de l'immense désastre des Turcs.

De cette pensée vulgaire parmi les apologistes du christianisme : « tous les prophètes de l'Ancien Testament ont annoncé le Christ », un prédicateur anonyme tire tout un sermon par l'énumération de ces prophètes ; le moyen âge, à son tour, agrandissant le cadre, fait sortir du sermon le drame des Prophètes du Christ, où jusqu'à vingt-sept personnages défilèrent successivement en annonçant le Sauveur. Il avait suffi de se demander *qui étaient ces prophètes*, sans entrer autrement en frais d'imagination.

Ce procédé est dangereux par sa simplicité même. Il faut résister à la tentation et ne l'employer qu'à propos. On peut s'en servir comme moyen d'inspiration, mais rarement comme forme de développement. On ne doit en user que lorsque l'effet que l'on cherche en est la conséquence immédiate et nécessaire : sinon, c'est de la vaine rhétorique.

Quand vous êtes en présence d'une idée particulière ou concrète, il est bon de regarder l'objet, d'en étudier les caractères essentiels, en un mot de s'en faire à soi-même la description. Saint Bernard, dit Bossuet, a renoncé an monde à vingt-deux ans, en pleine jeunesse ! Mais qui connaîtra la force de cc mot la *jeunesse*, qui saura les entraînements et les passions de cet âge, celui-là seul pourra juger le mérite du renoncement. L'orateur se demande donc, demande à son public ce que c'est qu'un jeune homme de l'âge qu'avait saint Bernard, quand il quitta tout pour s'enfermer dans un cloître.

> Vous dirai-je en ce lieu ce que c'est qu'un jeune homme de vingt-deux ans ? Quelle ardeur, quelle impatience, quelle impétuosité de désirs ! Cette force, cette vigueur, ce sang chaud et bouillant, semblable à un vin ruineux, ne leur permet rien de rassis ni de modéré. Dans les âges suivants on commence à prendre son pli, les passions s'appliquent a quelques objets, et alors celle qui domine ralentit du moins la fureur des autres : au lieu que cette verte jeunesse n'ayant rien encore de fixe ni d'arrêté, en cela même qu'elle n'a point de passion dominante par-dessus les autres, elle est emportée, elle est agitée tour à tour de toutes les tempêtes des passions, avec une incroyable violence. Là les folles amours, là le luxe, l'ambition et le vain désir de paraître exercent leur empire sans résistance. Tout s'y fait par une chaleur inconsidérée ; et comment accoutumer à la règle, à la solitude, à la discipline, cet âge qui ne se plaît que dans le mouvement et dans le désordre, qui n'est presque jamais dans une action composée, « et qui n'a honte que de la modération et de la pudeur » ?

Une description n'est pas un inventaire, où les objets de rebut sont notés avec le même soin que les plus précieux. Elle comporte un choix de tout ce qui est capable de faire connaître la chose décrite : l'insignifiant en doit être éliminé. Dans les degrés divers et les mille formes dont elle est susceptible, elle oscille entre deux limites : la recherche du caractère général, qui remet l'objet dans une série, dans un genre, et la recherche du trait particulier, qui l'isole et le pose seul, dans son individualité distincte, en face de tous les objets analogues.

Voici une description de Buffon :

> Qu'on se figure un pays sans verdure et sans qu'au, un soleil brûlant, un ciel toujours sec, des plaines sablonneuses, des montagnes encore plus arides, sur lesquelles l'œil s'étend et le regard se perd sans pouvoir s'arrêter sur aucun objet vivant ; une terre morte et. pour ainsi dire, écorchée par les vents, laquelle ne présente que des ossements, des cailloux jonchés, des rochers debout ou renversés, un désert entièrement découvert, où le voyageur n'a jamais inspiré sous l'ombrage, où rien ne l'accompagne, rien ne lui rappelle la nature vivante : solitude absolue, mille fois plus affreuse que celle des forêts ; car les arbres sont encore des êtres pour l'homme qui se voit seul ; plus isolé, plus dénué, plus perdu dans ces lieux vides et sans bornes, il voit partout l'espace comme son tombeau : la lumière du jour, plus triste que l'ombre de la nuit, ne renaît que pour éclairer sa nudité, son impuissance, et pour lui présenter l'horreur de sa situation, en reculant à ses yeux les barrières du vide, en étendant autour de lui l'abîme de l'immensité qui le sépare de la terre habitée : immensité qu'il tenterait en vain de parcourir ; car la faim, la soif et la chaleur

brûlante pressent tous les instants qui lui restent
entre le désespoir et la mort.

C'est l'Arabie Pétrée : ce pourrait être le Sahara, ou quelque
vaste solitude d'Asie, d'Afrique ou d'Amérique. En un mot, c'est
le désert ; Buffon saisit le trait général, il l'appuie, l'enfonce, faisant abstraction de tout le reste.

Mais lisez maintenant cette page de Fromentin, d'un art absolument contraire :

C'est une terre sans grâce, sans douceurs.... Un
grand pays de collines expirant dans un pays plus
grand encore, et plat, baigné d'une éternelle lumière ; assez vide, assez désolé pour donner l'idée de
cette chose surprenante qu'on appelle le désert ;
avec un ciel toujours à peu près semblable, du silence, et de tous côtés des horizons tranquilles. Au
centre, une sorte de ville perdue environnée de solitude ; puis un peu de verdure, des îlots sablonneux,
enfin quelques récifs de calcaires blanchâtres, ou
de schistes noirs, au bord d'une étendue qui ressemble à la mer ; dans tout cela, peu de variété,
peu d'accidents, peu de nouveautés, sinon le soleil
qui se lève sur le désert et va se coucher derrière
les collines, toujours calme, dévorant sans rayons ;
ou bien des bancs de sable qui ont changé de place
et de forme aux derniers vents du sud. De courtes
aurores, des midis plus longs, plus pesants
qu'ailleurs, presque pas de crépuscule ; quelquefois
une expansion soudaine de lumière et de chaleur,
des vents brûlants qui donnent momentanément au
paysage une physionomie menaçante et qui peuvent produire alors des sensations accablantes ;
mais, plus ordinairement, une immobilité radieuse,
la fixité un peu morne du beau temps, enfin une
sorte d'impassibilité qui du ciel semble être descen-

due dans les choses, et des choses avoir passé
dans les visages.

La première impression qui résulte de ce tableau
ardent et inanimé, composé de soleil, d'étendue et
de solitude, est poignante et ne saurait être compa-
rée à aucune autre. Peu à peu cependant l'œil s'ac-
coutume à la grandeur des lignes, au vide de l'espace, au dénûment de la terre, et si l'on s'étonne
encore de quelque chose, c'est de demeurer sensible à des effets aussi peu changeants, et d'être
aussi vivement remué par les spectacles en réalité
les plus simples.

Cette description est aussi particulière que celle de Buffon était
générale ; elle est faite des mêmes éléments, elle n'ajoute presque aucun trait : mais c'est un désert, ce n'est pas le désert ;
c'est le Sahara vu d'El-Aghouat. Dans la sensation particulière
que le morceau me donne, j'isolerai pourtant de quoi former
l'idée générale du désert (*assez vide, assez désolé*, etc. ; *soleil,
étendue, solitude*). Mais j'aurai de plus, au lieu de l'image indécise et illimitée que me suggérait Buffon, la vue intérieure, nette
et lumineuse, d'un paysage où se localisent avec précision les
caractères généraux du désert. Enfin dans les deux descriptions
j'apercevrai, non pas deux procédés seulement, ni deux arts,
mais deux siècles et deux hommes : d'un côté, l'esprit lettré,
l'orateur, qui raisonne sa sensation et ne conçoit rien que de
triste hors des conditions du monde civilisé et de la vie de société ; de l'autre, le critique, l'artiste, capable de prendre tour à tour
l'âme de tous les peuples, acceptant la sensation étrange et
même illogique, habile à saisir la beauté dans les moins riants
aspects de la nature, dans l'égalité monotone de la lumière.
Quand la description est faite ingénument, sincèrement, ce n'est
pas son moindre intérêt que de peindre celui qui décrit, avec ce
qu'il décrit.

Le grand danger dans la description, c'est qu'on ne la fasse de
tête. Le premier venu peut décrire un paysage, dire si le ciel est

bleu, les arbres verts, et quels arbres, s'il y a à droite un chemin, à gauche une colline. L'inventaire à la façon de Delille, qui épuise le ciel, puis la terre, puis l'eau, est un procédé facile, mais de nul effet. Quoiqu'il s'agisse de décrire, ce n'est pas en présence de la chose elle-même qu'il faut se mettre. Entendons-nous : il faut l'avoir vue, mais il n'est pas toujours bon de l'avoir sous les yeux, au moment d'écrire : la volonté de la peindre vous gênerait, vous verriez tout, rien ne se détacherait.

L'œil de l'artiste exercé peut seul s'offrir à l'impression directe de la nature, sans que la préoccupation du travail à faire altère en lui la sincérité de la sensation. Pour vous, si vous avez vu l'objet, n'allez pas le revoir ; si vous ne l'avez pas vu, voyez-le, et attendez. Après un intervalle de temps, vous le regarderez en vous-même, vous en évoquerez l'image : incomplète, fragmentée, déformée, elle ramènera l'émotion, l'idée, que la vue involontaire, le choc inattendu de la réalité vous avaient imposées : ce lambeau d'image qui s'est accroché inconsciemment dans votre esprit, c'est précisément ce qu'il y a pour vous de caractéristique dans l'objet, c'est ce que la description doit éclairer.

Maintes fois, vous n'aurez pas vu, vous ne pouvez voir l'objet qu'il vous faudra décrire : il vous restera à l'imaginer, c'est-à-dire à adapter, à joindre des fragments d'images, résidus de vos expériences antérieures, de façon à former une image qui puisse être la représentation sensible, aussi approchante que possible, de l'idée que vous prenez de l'objet, selon les conditions et les données qui vous sont indiquées. Il n'est rien qu'on ne puisse imaginer ainsi d'après ce que l'on a éprouvé, par analogie ou par agrandissement, ou par combinaison. Le hasard des devoirs d'écoliers est grand, et peut-être après tout est-ce une bonne gymnastique pour l'esprit, que cette nécessité de parler de tout, si on la prend comme une occasion sérieuse de penser sur tout. Mais il faut faire ici une distinction : on peut toujours imaginer les objets matériels et sensibles. Peu de jeunes gens en France savent vraiment ce que c'est que le désert : il n'en est guère qui ne puissent, s'ils savent bien conduire leur esprit, le décrire convenablement, et même avec un sentiment personnel. Quelques pages de quelques voyageurs, quelques tableaux aperçus dans les musées et les salons, quelques impressions d'enfance, de l'âge où l'on se fait d'immenses solitudes dans un coin de jardin, l'image persistante d'un long ruban de route poudreuse sous le grand soleil d'été, d'un angle de cour enflammé où l'air était suffocant, la lumière intense, tout cela se fondant, s'amalgamant, pourra dicter une page qui ne sera pas banale. Ce ne sera pas le désert, je le veux ; ce sera votre rêve du désert : et la vie n'est-elle pas souvent dominée par les visions charmantes du pays où l'on n'est pas allé, du temps qui ne viendra jamais ?

Mais où la vraie difficulté commence, c'est pour décrire une sensation, une passion, un état d'âme que l'on n'a point ressenti soi-même. Ici l'invention succombe : ici l'on a peine à imaginer même des analogies. J'ai vu la matière d'un devoir où l'on supposait qu'un voyageur entrait dans une caverne pour échapper à l'orage, et s'y endormait : à son réveil, il voyait la voûte toute tapissée de serpents à sonnettes. On invitait les élèves à décrire les angoisses du voyageur en cet instant. « Supposez-vous, leur disait-on, dans une pareille situation, et vous n'aurez pas de peine à exprimer ce que le malheureux éprouve. » Le malheur, c'est que ni vous ni moi, nous ne pouvons-nous supposer vraiment, et du fond du cœur, sérieusement, dans une pareille situation : nous ne nous y voyons pas, et, dans la froide et tout intellectuelle hypothèse que nous faisons, nous n'apercevons qu'une chose : nous aurions peur, grand'peur. Nous dirons donc : « Alonso eut peur ». Mais après ? nous ne saurons qu'appeler à l'aide tous les synonymes et toutes les périphrases de la langue. Nous n'ajouterons rien ; nous ne supposerons rien.

C'est que rien n'est plus embarrassant que de décrire un état d'esprit, même quand on l'a senti soi-même. Une fois qu'on a dit : *je suis joyeux*, ou *triste*, ou *irrité, j'aime* ou *je hais*, il semble que vraiment on n'ait plus rien à dire, et de fait on voit souvent des écrivains, de fort grands, se tirer de là par la simple rhétorique, par les périphrases et les comparaisons, par le développement à la Sénèque, qui consiste à inventer cent formes de la même pensée.

Aussi, à vouloir étreindre le sentiment, pur, dégagé de toute idée, on n'embrasse que le vide. Sentiments, idées, volontés, ce sont des abstractions. La même âme sent, pense et veut, et est tout entière dans chacun de ses actes. Le sentiment n'existe pas à côté de l'intelligence et de la volonté ; mais il donne en quelque sorte aux idées et aux actes leur couleur propre. De sorte que pour décrire un état moral il faut voir le reflet qu'a jeté la sensibilité sur les perceptions et sur les déterminations de l'âme. La peinture d'une passion, c'est la peinture de la forme que prennent toutes les pensées sous l'influence de cette passion. On ne l'isole pas, mais on l'étudie comme le chimiste fait certains corps, dont il saisit seulement l'action sur d'autres corps qu'on met en leur présence.

Voyez de quelle façon l'écrivain russe Tolstoï représente un homme dans un état de joie extrême : il fait sa première visite à sa fiancée :

Il rôda dans les rues pour passer le temps qui lui restait à attendre, consultant sa montre à chaque instant, et regardant autour de lui. Ce qu'il vit cc jour-là, il ne le revit jamais ; il fut surtout frappé par des enfants allant à l'école, des pigeons au plumage changeant, voletant des toits au trottoir, des *saïkis* (gâteaux) saupoudrées de farine qu'une main invisible exposa sur l'appui d'une fenêtre. Tous ces objets tenaient du prodige : l'enfant courut vers un des pigeons et regarda bovine en souriant ; le pigeon secoua ses ailes et brilla an soleil au travers d'une fine poussière de neige, et un parfum de pain chaud se répandit par la fenêtre où apparurent les saïkis. Tout cela réuni produisit sur Levine une impression si vive qu'il se prit à rire et à pleurer de joie. Après avoir fait un grand tour par la rue des Gazettes et la Kislowka, il rentra à l'hôtel, s'assit, posa sa montre devant lui, et attendit que l'aiguille approchât de midi. Lorsque enfin il quitta l'hôtel, des *isvoschiks* l'entourèrent avec des visages heureux, se disputant à qui lui offrirait ses services. Évidemment ils savaient tout. Il en choisit un, et, pour ne pas froisser les autres, il leur promit de les prendre une autre fois ; puis il se fit conduire chez les Cherbatzky. L'*isvoschik* était charmant avec le col blanc de sa chemise ressortant de son caftan, et serrant son cou vigoureux et rouge ; il avait un traîneau commode, plus élevé que les traîneaux ordinaires (jamais Levine ne retrouva son pareil), attelé d'un bon cheval, qui faisait de son mieux pour courir, mais qui n'avançait pas. L'*isvoschik* connaissait la maison Cherbatzky ; il s'arrêta devant la porte en arrondissant les bras et se tourna vers Levine avec respect, en disant « prrr » à son cheval. Le suisse des Cherbatzky savait tout, bien certainement ; cela se voyait à son regard souriant, à la façon dont il dit : « Il y a longtemps que vous n'êtes venu, Constantin Dmitritch ! » Non seulement il savait tout, mais il était plein d'allégresse et s'efforçait de cacher sa joie. Levine sentit une nuance nouvelle à son bonheur en rencontrant le bon regard du vieillard.

Tout cela veut dire : *Levine était joyeux* ; mais, à cette sèche indication, l'écrivain substitue une riche analyse, qui montre la révolution produite par la joie dans tout le domaine de l'intelligence et de la sensation.

Chapitre III.

Du récit des faits. — Antécédents et conséquents. — Causes et effets

Si l'on a un fait à raconter, on tâchera de se le figurer avec toutes ses circonstances, et de se donner, comme aussi au lecteur, l'illusion de la réalité même. Cicéron a dit d'excellentes choses là-dessus, et, bien qu'il n'ait voulu parler que de l'exposition des faits sur lesquels l'orateur fonde son argumentation, les conseils qu'il a donnés, tirés du sens commun et du bon goût, s'appliquent à toute espèce de récit :

Il faut qu'une narration réunisse trois qualités : la brièveté, la clarté, la vraisemblance. La brièveté consiste à prendre son point de départ où il faut, sans remonter trop haut ; à ne point énumérer les parties où il suffit de montrer le tout (souvent on peut se contenter de dire le fait sans entrer dans le détail ni dire le comment) ; à ne point prolonger la narration au-delà de ce qu'on a besoin de savoir ; à n'y point mêler de choses étrangères ; à faire entendre parfois ce qu'on ne dit pas par le moyen de ce qu'on dit ; à écarter non seulement ce qui nuit au récit, mais aussi cc qui ne lui nuit ni ne lui sert, à ne dire chaque chose qu'une fois ; à ne point recommencer ce qu'on vient justement d'achever de dire. Souvent on se laisse tromper par une apparence de brièveté ; et l'on prend pour brièveté ce qui n'est que longueur : ainsi l'on tâche de dire brièvement beaucoup de faits, au lieu de s'attacher à en réduire le nombre et à n'exprimer que les nécessaires. On croit être bref quand on dit : « J'arrivai à la maison ; j'appelai le portier ; il me répondit ; je demandai après son maître ; il me dit qu'il était sorti. » Un ne pouvait dire plus de choses en moins de mots : mais, comme il suffisait de dire : « Je ne le trouvai pas chez lui », le grand nombre des circonstances fait longueur…. La clarté consiste à dire d'abord ce qui s'est fait dès le premier instant, à garder l'ordre des temps et des faits, à raconter les choses comme elles se sont passées ou auront pu se passer. Il faut éviter ici la confusion, l'entortillement, les digressions, ne point remonter trop haut, ni descendre trop bas ; ne rien omettre qui ait rapport à la cause ; enfin tout ce que j'ai dit pour la brièveté trouve aussi son application ici… La vraisemblance consiste à donner au récit tous les caractères de la réalité ; à observer la dignité des personnages ; à montrer les causes des événements ; à faire voir qu'on a eu le moyen, l'occasion, le temps, de faire ce qu'on a fait ; que le lieu aussi convenait à l'exécution de la chose ; que cette chose même n'a rien qui choque le caractère de ceux qui l'ont faite, ou la nature humaine ou l'opinion des auditeurs. Par là on arrivera à la vraisemblance.

Si on a vu le fait qu'on raconte, on en évoque l'image, avec tout le cortège des émotions qu'il a suscitées. Sinon, on l'imagine tel qu'il a dû être, tel que les témoins l'ont ressenti, Rappelez-vous comment Mme de Sévigné raconte à sa fille la mort de Turenne. Elle ne se jette pas dans les exclamations pathétiques : elle ne fait que raconter, et ce sont les faits mêmes qui sont pathétiques et qui émeuvent plus la sensibilité du lecteur que toutes les exclamations. Or que contient son récit ? Rien que de minces circonstances minutieusement rapportées, en termes clairs et journaliers : et l'enchaînement de toutes ces particularités presque insignifiantes a l'énergie de la réalité et en produit l'impression. Chacun de ces détails enfonce insensiblement l'émotion dans le cœur du lecteur en déterminant l'image vivante du fait. Pourtant Mme de Sévigné n'était pas là. Elle ne savait ce que c'était que bataille, et ne connaissait la guerre que par ouï-dire. Mais elle appartenait à cette noblesse née pour les armes et qui ne rêvait qu'aventures et coups d'épée. Elle était d'une race qui avait maintes fois donné son sang à l'État. Elle avait vu chaque année ses parents, ses amis courir aux armées d'Allemagne et de Flandre, et plus d'un n'était pas revenu. D'autres avaient reparu, chauds encore de leurs alarmes et de leurs victoires, apportant le frisson du danger et l'enivrement du triomphe dans les *chambres des dames*. Enfin Turenne n'était pas un vain nom pour elle : elle avait vu l'homme familièrement, et le héros ôtait dans son esprit avec une physionomie, des gestes, une vie individuelle. Aussi, quand de l'armée arrivèrent les détails de sa mort, quand affluèrent les renseignements des témoins oculaires, Mme de Sévigné, lisant, écoutant tout avec émotion, coordonnant les détails dans son esprit si net, dressant toutes les circonstances dans son imagination si vive, ne fit que décrire à sa fille la vision intérieure qu'elle avait du fait en ses moindres particularités.

Rien ne sert en effet de noter exactement tout le détail d'un événement, si l'on n'en a en soi-même une représentation imaginaire, où toutes les circonstances se groupent autour du fait principal, étagées selon leur importance, par plans successifs, plus ou moins noyés d'ombre ou baignés de lumière. Sans cette représentation, où les choses se subordonnent l'une à l'autre, on n'aboutit qu'à un procès-verbal sec et incolore. La vision du fait en doit précéder l'expression. Ne vous piquez point de raconter, si vous ne vous sentez cette puissance de représentation intérieure, ce don de voir par l'esprit une action complète dans ses divers moments, avec son mouvement continu, dans son détail à la fois et son ensemble.

Souvent un fait immense tient dans un très court moment de la durée ; souvent, dans un instant indivisible, une action impossible à décomposer s'est produite : ce qui en fera sentir la grandeur, c'est l'opposition fortement marquée entre cette action et les actions qui la précèdent et qui la suivent, les *antécédents* et les *conséquents*, que l'on développera parfois jusqu'à la limite extrême de la patience du lecteur.

Ainsi a fait Michelet dans le récit de la première crise qui troubla la raison du pauvre roi Charles VI :

<blockquote>

C'était le milieu de l'été, les jours brûlants, les lourdes chaleurs d'août. Le roi était enterré dans un habit de velours noir, la tôle chargée d'un chapeau écarlate, aussi de velours. Les princes traînaient derrière sournoisement, et le laissaient seul, afin, disaient-ils, de lui faire moins de poussière. Seul il traversait les ennuyeuses forêts du Maine, de méchants bois pauvres d'ombrage, les chaleurs étouffées des clairières, les mirages éblouissants du sable à midi. C'était aussi dans une forêt, mais combien différente ! que, douze ans auparavant, il avilit fait rencontre du cerf merveilleux qui promettait tant de choses. Il était jeune alors, plein d'espoir, le cœur haut, tout dressé aux grandes pensées. Mais combien il avait fallu en rabattre ! Hors du royaume, il avait échoué partout, tout tenté et tout manqué. Dans le royaume même était-il bien roi ? Voilà que tout le monde, les princes, le clergé, l'Université attaquaient ses conseillers. Ou lui faisait le dernier outrage, on lui tuait son connétable, et personne ne remuait ; un simple gentilhomme en pareil cas aurait eu vingt amis pour lui offrir leur épée. Le roi n'avait même pas ses parents ; ils se laissaient sommer de leur service féodal, et alors ils se faisaient marchander ; il fallait les payer d'avance, leur distribuer des provinces, le Languedoc, le duché d'Orléans. Son frère, ce nouveau duc d'Orléans, c'était un beau jeune prince, qui n'avait que trop d'esprit et d'audace, qui caressait tout le monde.... Donc rien d'ami ni de sûr. Des gens qui n'avaient pas craint d'attaquer son connétable à sa porte ne se feraient pas scrupule de mettre la main sur lui. Il était seul parmi des traîtres... Qu'avait-il fait pourtant, pour être ainsi haï de tous, lui qui ne haïssait personne,

</blockquote>

qui plutôt aimait tout le monde ? Il aurait voulu pouvoir faire quelque chose pour le soulagement du peuple ; tout au moins il avait bon cœur, les bonnes gens le savaient bien.

Comme il traversait ainsi la forêt, un homme de mauvaise mine, sans autre vêtement qu'une méchante cotte blanche, se jette tout à coup à la bride du cheval du roi, criant d'une voix terrible : « Arrête, noble roi, ne passe pas outre, tu es trahi ! » On lui fit lâcher la bride, mais on le laissa suivre le roi et crier une demi-heure.

Il était midi, et le roi sortait déjà forêt pour entrer dans une plaine de sable où le soleil frappait d'aplomb. Tout le monde souffrait de la chaleur. Un page qui portait la lance royale s'endormit sur son cheval, et la lance, tombant, alla frapper le casque, que portait un autre page. Au bruit d'acier, à cette lueur, le roi tressaille, tire l'épée, et, piquant des deux, il s'écrie : « Sus, sus aux traîtres ! ils veulent me livrer ! » Il courait ainsi l'épée nue sur le duc d'Orléans. Le duc échappa, mais le roi eut le temps de tuer quatre hommes avant qu'on pût l'arrêter. Il fallut qu'il se fût lassé ; alors un de ses chevaliers vint le saisir par derrière. On le désarma, on le descendit de cheval, on le coucha doucement par terre. Les yeux lui roulaient étrangement dans la tête ; il ne connaissait personne, et ne disait mot.

Voyez comment Michelet ramasse en trois lignes toutes les circonstances du fait : bruit du fer qui choque le fer, éveil soudain du roi, meurtre de quatre hommes ; il ne s'amuse pas à montrer le roi allant de l'un à l'autre, tuant tel et tel ; *il en tue quatre*, dit-il d'un mot. Mais il s'arrête longtemps à ce qui précède l'accès : il nous fait revoir dans la rêverie du roi toutes les déceptions de son triste règne, les désillusions de son simple cœur ; ce sont les antécédents moraux de la folie ; il remet à deux fois sous nos yeux la température torride, les sables ardents, l'atmosphère étouffante, il note l'étrange apparition, quelque insensé sans doute : ce sont les antécédents physiques. Voilà qui double reflet dramatique du récit, qui prépare l'âme à l'émotion, l'esprit à l'intelligence du fait.

Par ce développement des circonstances antérieures, l'invention semble momentanément se porter hors du sujet, mais elle n'y enfonce jamais plus, elle n'en touche jamais mieux le cœur, que lorsqu'elle paraît ainsi s'en distraire. Lisez ce sonnet d'un poète contemporain [2]:

Quel temple pour son fils elle a rêvé neuf mois !

Comme elle fêtera l'enfant dont Dieu dispose !

Il lui faut un berceau tel que les fils de rois

N'en ont point de pareils, si beaux qu'on les suppose.

Fi de l'osier flexible, ou bien du simple bois !

L'artiste a dessiné la forme qu'elle impose :

Elle y veut incruster la narre an bois de rose :

Il serait d'or massif s'il était à son choix.

Rien ne semble trop cher, dentelle ni guipure,

Pour encadrer de blanc cette tête si pure,

Dans le lit qu'on apprête à son calme sommeil.

Il est venu, le fils dont elle était si fière !

Il est fait le berceau — ce berceau sans réveil !

Il est de chêne, hélas ! et ce n'est qu'une bière

Peinture délicate et originale de la douleur d'une mère dont l'espoir est trompé ! Le fait est ramassé dans le dernier vers ; aucune réflexion ne l'accompagne. Mais à la joie de l'attente, à l'empressement des préparatifs, aux folies des dépenses, on mesure l'amertume mortelle de la déception. Les *antécédents* ainsi étendus suggèrent les *conséquents* sous-entendus.

L'esprit humain est toujours curieux des causes et des effets. Comprendre, c'est apercevoir une chose dans son origine et dans ses suites. Souvent les antécédents et les conséquents sont ce que nous appelons causes et effets : dans la rigueur du langage scientifique, la véritable causalité échappe à notre prise ; nous ne pouvons que lier des phénomènes par un rapport de succession constante et nécessaire. Mais tenons-nous-en à l'usage commun de la langue : sans prétendre mesurer à la rigueur à quel point ce que nous nommons cause est vraiment cause, il suffit, pour notre sujet, que notre raison n'est pas satisfaite, tant qu'elle n'a pas expliqué bien ou mal pourquoi les choses sont comme elles sont et ce qui en résulte. Cette recherche est toujours une partie importante de l'invention.

Nos tragédies classiques — je parle des chefs-d'œuvre — ne présentent guère que des séries de causes et d'effets, qui sont à leur tour des causes, qui enfin aboutissent à un acte nécessaire, par où le drame est conclu. Dans Corneille, des faits de conscience produisent des actes, qui donnent naissance à de nouveaux faits de conscience, jusqu'à ce qu'on atteigne par ces actions et réactions successives à l'événement final Dans Racine, des faits de conscience engendrent d'autres faits de conscience, pour n'aboutir en général qu'à un seul acte physique, qui est le dénouement. Chez les deux poètes, chaque série individuelle agit sur les séries voisines qui réagissent sur elle.

La littérature contemporaine est, s'il se peut, plus décidément encore déterministe. Le roman suit dans la vie d'un homme la trace de causes multiples, extérieures ou intimes, immédiates ou lointaines, et fait voir dans les passions, les vices et les misères de l'individu les effets que doit donner, dans un certain milieu, un tempérament préparé de longue date par des ancêtres, qui furent eux-mêmes le produit fatal de la combinaison d'autres tempéraments avec d'autres milieux. L'histoire a répudié le ton oratoire et moralisant des anciens : elle n'admet l'évocation dramatique des temps passés que si elle éclaire l'enchaînement des causes et des effets dont le tissu est vraiment l'histoire. La critique ne vise plus qu'à expliquer l'œuvre artistique ou littéraire : analyser les éléments qui la composent, rapporter chacun d'eux à son origine et trouver le *pourquoi* de leur combinaison : faire exactement la part des circonstances biographiques, de l'esprit du siècle, des dispositions de la race, isoler le plus possible ce résidu qui est plus grand dans les plus grandes œuvres, ce *je ne sais quoi* où l'on aboutit toujours, et qui est le génie individuel et inexpliqué.

Qu'est-ce au fond que l'expérience, que la connaissance du cœur humain, sinon avoir établi un rapport de cause à effet entre les phénomènes observés ? On ne peut décrire les sentiments d'autrui ou les siens, sans en ordonner l'exposition selon une loi de succession constante qu'on découvre ou qu'on suppose. Un chrétien ne peut faire son examen de conscience sans lier ses pensées entre elles, sans rapporter ses actes à leurs motifs et à leurs mobiles.

Vous n'omettrez donc jamais de chercher le *pourquoi des* choses et leurs conséquences. Mais vous éviterez dans cette enquête les fameux écueils signalés dès longtemps par les faiseurs de logiques et de rhétoriques : prendre pour cause ce qui n'est pas cause, ou ce qui est effet de la chose même qu'il s'agit d'expliquer, ou un effet parallèle de la cause même qu'on cherche ; prendre pour effet un simple, conséquent, comme pour cause un simple antécédent ; dans les faits complexes, attribuer à une cause ce qui vient de l'action combinée de causes multiples ; donner pour cause ce qui n'est que la condition, ou l'occasion ; se contenter trop aisément des causes finales.

Voici quelques exemples de ces diverses erreurs.

On attribue par superstition des événements à des causes imaginaires :

Un corbeau

Tout à l'heure annonçait la mort à quelque oiseau.

L'astrologie judiciaire n'est qu'un vaste enchaînement de causes qui ne sont pas causes et d'effets qui ne sont pas effets. — Un général gagne une bataille parce qu'il a du génie : n'en voit-on pas qui ont du génie parce qu'ils ont gagné des batailles ? En d'autres termes, le succès peut être ou l'effet du mérite que possède un homme, ou la cause du mérite qu'on lui attribue. — Pourquoi l'opium fait-il dormir ? demande Molière. Parce qu'il a une vertu dormitive. La comédie est détestable, dit le Marquis de la *Critique*. Pourquoi ? Parce qu'elle est détestable. — La philosophie de Descartes a-t-elle produit, comme on l'a soutenu, la littérature classique ? N'est-ce point plutôt un produit parallèle de la même cause ? Et cette cause n'est-elle pas un certain esprit général formé vers le commencement du siècle, qui trouve des expressions différentes, mais également fidèles dans certaines doctrines philosophiques et dans certaines règles littéraires ? — La duchesse d'Orléans boit un verre d'eau et meurt : donc elle est morte de ce verre d'eau ; donc elle a été empoisonnée. — Pourquoi François Ier, pourquoi Louis XIV ont-ils à un certain moment changé leur politique, donné une direction imprévue aux affaires, commis des fautes qu'ils n'eussent pas dû commettre ? Michelet réduit toute la question au bulletin de leur santé : cause véritable, je le veux bien, mais non pas cause unique ni même cause dominante. — L'eau, pour le poisson, est une condition de l'existence : ce n'est pas la cause. — La biche que tue Ascagne au VIIe livre de l'*Énéide* est l'occasion, non la cause de la guerre entre les Troyens et les Rutules. — Enfin on connaît les abus fameux qu'on a faits des causes finales : Pourquoi l'homme a-t-il un nez ? Pour porter des lunettes. Pourquoi le melon a-t-il des côtes ? Ce sont des parts marquées d'avance, parce qu'il doit être mangé en famille. Pourquoi la puce est-elle noire ? Pour qu'elle soit visible sur le linge blanc et qu'on puisse l'attraper.

Parmi les erreurs auxquelles on est exposé dans la recherche des causes, la moindre n'est pas la prétention de trouver la cause de toute chose. L'histoire, la vie, le monde présentent à chaque moment des problèmes qui, dans l'état actuel de nos connaissances, ne peuvent être résolus : il faut avoir le tact de le comprendre et la modestie de s'abstenir. L'orgueil de la raison s'arrogeant un droit de décision universelle, et prétendant réduire l'univers à sa mesure, est un dangereux tentateur. Rien n'est plus faux que certain rationalisme dans la critique religieuse, et c'est une puérile entreprise que de ramener les légendes merveilleuses des mythologies aux proportions des événements purement humains. C'est par trop simplifier les questions, et, sans parler de Dieu, c'est par trop méconnaître l'infinie fécondité de la nature humaine, inépuisable source de phénomènes, subtile créatrice de merveilleux sans miracle, que de donner tous les fondateurs de religions et tous les prêtres pour des charlatans et pour des fous, tous les fidèles et dévots pour des dupes et pour des sots. Tite-Live amenant à la vraisemblance les fables des origines romaines, Voltaire expliquant Mahomet et Jésus-Christ et la Bible, sont plus éloignés de la vérité et de la saine critique, que l'âme simple qui croit et incline, sa raison.

Chapitre IV.

De l'analogie. — Comparaisons et contrastes. — Allégories

Un autre ressort de l'invention, dont l'usage est fréquent, consiste à chercher des analogies ou des différences : on se demandera à quoi l'objet ressemble le plus, à quoi il est le plus opposé. L'esprit est ainsi conduit à découvrir des liaisons secrètes ou des contrastes imprévus entre les choses : quelquefois, par sa volonté même de les associer, il crée entre elles le rapport de sympathie ou d'antipathie. Ainsi Lamartine, quand une dame lui présente un album pour y écrire des vers, s'inspire de la circonstance, de l'objet qu'il a sous les yeux, et improvise cette belle comparaison :

> Sur cette page blanche où mes vers vont éclore,
>
> Qu'un souvenir parfois ramène votre cœur.
>
> De votre vie aussi la page est blanche encore,
>
> Je voudrais la remplir d'un seul mot : le bonheur.
>
> Le livre de la vie est un livre suprême,
>
> Que l'on ne peut fermer ni rouvrir à son choix,
>
> Où le feuillet fatal se tourne de lui-même ;
>
> Le passage attachant ne s'y lit qu'une fois :
>
> On voudrait s'arrêter à la page où l'on aime,
>
> Et la page où l'on meurt est déjà sous les doigts.

Quand on a l'esprit plein d'une idée ou d'une passion, on y rapporte tout : il n'est rien qu'on ne trouve moyen d'y rattacher ;

tout y ramène. Le procédé naturel de l'esprit est alors la comparaison et l'opposition, qui éclairent et déterminent l'objet dont il est occupé. Il y faut de la mesure : peu de manies sont plus insupportables que celle de trouver partout des ressemblances ou des différences ; c'est une recherche des plus fatigantes, et qui sent l'artifice.

Sans doute il ne faut pas attendre que la comparaison jaillisse pour ainsi dire toute droite et dans sa forme parfaite, comme Minerve est sortie du cerveau de Jupiter. Elle doit être en germe dans l'esprit ; il faut que l'on sente plus ou moins vaguement un rapport. La réflexion travaillera là-dessus, éclaircira l'impression confuse, développera le germe, et joindra les objets par les côtés où ils se conviennent.

Quand l'imagination est forte et capable de suivre dans leur développement parallèle une double série d'images successives, sans jamais en perdre de vue le rapport, la comparaison initiale aide puissamment à l'invention. Chaque image d'une série évoque une image correspondante de l'autre série ; si l'imagination est à bout d'un côté, elle se soutient de l'autre. Souvent on confond les deux séries en une seule : elles se remplacent et se recouvrent alternativement ; et, s'évoquant mutuellement, elles sont à tour de rôle exprimées et sous-entendues. C'est là ce qui rend si saisissante la fameuse pièce de Barbier sur Bonaparte. Partant de la vieille et banale comparaison d'un peuple libre à un cheval sauvage, Barbier a traduit dans les images qui montrent l'animal dompté, enlevé, poussé, crevé par son écuyer, l'histoire de la France asservie par Bonaparte, lancée à travers l'Europe, épuisée de guerres, et agonisante enfin avec lui. Toute la série des faits historiques est sous-entendue : de temps en temps seulement un mot la fait paraître, pour resserrer le lien des deux séries et en préciser la concordance.

O Corse aux cheveux plats ! *que ta France était belle*

Au grand soleil de Messidor !

C'était une cavale indomptable et rebelle,

      Sans frein d'acier ni rênes d'or ;

Une jument sauvage à la croupe rustique,

      Fumante encor du sang des rois ;

Mais fière, et d'un pied fort heurtant le sol antique,

      Libre pour la première fois ;

Jamais aucune main n'avait passé sur elle

      Pour la flétrir et l'outrager ;

Jamais ses larges flancs n'avaient porté la selle

      Et le harnais de l'*étranger* ;

Tout son poil était vierge ; et, belle vagabonde,

      L'œil haut, la croupe en mouvement,

Sur ses jarrets dressée, elle effrayait le *monde*

      Du bruit de son hennissement.

Tu parus ; et, sitôt que tu vis son allure,

      Ses reins si souples et dispos,

Centaure impétueux, tu pris sa chevelure,

      Tu montas botté sur son dos.

Alors, comme elle aimait les rumeurs de la guerre,

      La poudre, les tambours battants,

Pour champ de course, alors, tu lui donnas la terre,

      Et des combats pour passe-temps :

Alors, plus de repos, plus de nuits, plus de sommes ;

      Toujours l'air, toujours le travail,

Toujours comme du sable écraser des corps
d'hommes,

Toujours du sang jusqu'au poitrail.

Quinze ans son dur sabot, dans sa course rapide,

Broya les *générations* ;

Quinze ans, elle passa, fumante, à toute bride,

Sur le *ventre des nations.*

Enfin lasse d'aller sans finir sa carrière,

D'aller sans user son chemin,

De *pétrir l'univers*, et comme une poussière,

De soulever le genre humain,

Les jarrets épuisés, haletante, et sans force,

Prête à fléchir à chaque pas,

Elle demanda grâce à son cavalier corse :

Mais, bourreau, tu n'écoutas pas !

Tu la pressas plus fort de ta cuisse nerveuse ;

Pour étouffer ses cris ardents,

Tu retournas le mors dans sa bouche baveuse,

De fureur tu brisas ses dents. '

Elle se releva : mais *un jour de bataille*,

Ne pouvant plus mordre ses freins,

Mourante, elle tomba sur un lit de mitraille,

Et du coup te cassa les reins.

Lorsque la comparaison se développe avec cette ampleur et cette richesse, sans perdre de sa précision, l'effet est merveilleux. Mais il faut être bien sûr de soi, bien maître de sa pensée et de la langue. Quand on commence à écrire, il est dangereux parfois de comparer, on oublie de définir. Les comparaisons sont les portes par où le vague envahit le discours. On prendra garde de se laisser aller à comparer ce qu'on ne conçoit pas, comme cet aveugle qui disait que le mot *rouge* le faisait penser au son de la trompette. On ne cherchera à quoi un objet ressemble que lorsqu'on saura bien ce qu'il est.

Des comparaisons comme celle de Barbier que je viens de citer, sont vraiment des *allégories*, et ne présentent plus que des *symboles*. L'emploi en peut être utile comme moyen d'investigation et de recherche. Les esprits jeunes ne savent guère opérer sur des abstractions : elles manquent de corps et échappent à la prise de l'imagination. Aussi peut-il être bon, la nature de l'objet une fois bien définie, de se le figurer par une représentation concrète. Je conseillais plus haut de décomposer le groupe en ses individus : il s'agit ici de réaliser l'idée même du groupe en une forme personnelle, vivante, individuelle. On peut être embarrassé de peindre le caractère du peuple athénien, et de résumer en quelques traits l'histoire du paysan français, tandis que l'on se tirerait convenablement du portrait du vieillard Dêmos ou de la vie de Jacques Bonhomme. Mais il y a là un terrible écueil : l'allégorie induit l'écrivain inexpérimenté à manquer éternellement la justesse et la précision. On n'en tirera une véritable utilité que si l'on se condamne au labeur pénible de convertir il chaque moment l'image en idée, le symbole en abstraction, de passer de la métaphore au mot propre, enfin si l'on refait en sens inverse le chemin déjà parcouru.

Chapitre V.

Des personnages dans les récits et dans les dialogues : invention et développement des caractères

A-t-on à faire agir ou parler des personnages, soit dans une narration, soit dans le cadre d'un discours ou d'un dialogue ? L'essentiel est de les bien caractériser. Quel est l'homme ? Quel est le trait dominant de sa physionomie morale ou de son aspect physique ? Dans quelle situation se trouve-t-il ? Quelle en est la nécessité fatale ? Voyez comment Voltaire, en traitant des questions politiques, sociales, religieuses, enlève vivement, avec un vigoureux relief, les silhouettes de ces Européens, Chinois, Turcs et sauvages, gentilshommes, paysans, moines et bramines, à la bouche desquels il confie les vérités et les sottises. Éludiez Pascal, et la vie intense des acteurs de la comédie théologique qu'il dénonce à l'opinion des mondains : observez le père jésuite de la Quatrième Provinciale, doux et accueillant, ami des gens curieux, expert en logique, à cheval sur les textes et les autorités, n'ouvrant qu'avec révérence la *Somme des péchés* du père Bauny, « et de la cinquième édition encore, pour vous montrer que c'est un bon livre », et les écrits du P. Annat, et ceux du P. Lemoine ; habile à glisser en douceur à côté des conséquences fâcheuses, et à esquiver sans se fâcher les objections troublantes ; se raccrochant à Aristote quand les casuistes lui manquent, et l'Écriture ; et quand il est à bout, délivré par l'heure qui l'appelle à visiter Mme la maréchale de *** et Mme la marquise de *** soumises à son aimable direction. Qu'il est vrai, vivant, ce bon Père, si profondément candide et jésuite à la fois ! Et pour Pascal, comme pour Voltaire, acteurs et caractères ne sont que des cadres : ce n'est pas l'intérêt dramatique qu'ils cherchent, c'est la démonstration forte d'une vérité théologique ou philosophique. Mais ils marquent le personnage, en passant, d'un trait juste et ineffaçable.

L'invention consiste ici à trouver ce qu'en telle circonstance un homme de tel caractère doit dire ou faire. Il faut donc se représenter : 1° le caractère ; 2° les circonstances ; 3° l'impulsion que les circonstances doivent donner au caractère.

Le premier point est d'avoir une idée du caractère comment imaginer autrement les actes et les paroles du personnage avec un peu de justesse et de précision ? Le physique a son importance comme le moral. D'abord le portrait physique détermine une image qui sert comme de point d'appui à la conception de la nature morale. Un personnage qu'on se figure est plus qu'à demi connu. Puis le physique manifeste le moral. La Bruyère peint les caractères dans leur dernière profondeur par l'indication minutieuse du vêtement, du geste, de la démarche, des mouvements accoutumés. Saint-Simon voit l'âme à travers le visage : mais c'est le visage qui lui révèle l'âme, et il fait tenir un caractère dans un portrait.

S'il s'agit d'un personnage réel, vous l'étudierez dans ce qu'on a écrit sur lui et dans ce qu'il a pu écrire lui-même. Vous tâcherez encore ici que la mémoire ne fasse point l'office de l'intelligence et du sentiment. La moindre impression personnelle, qui nous fait sentir l'Âme d'un homme du passé comme nous sentons celle d'un vivant de notre connaissance, fût-ce de la même imparfaite et faible façon, vaut mieux que la servile répétition des plus complets jugements qu'on a portés sur lui. « Dans les portraits littéraires que j'esquisse, dit un critique contemporain[3], je ne cherche qu'à reproduire l'image que je me forme involontairement de chaque écrivain, en négligeant ce qui dans son œuvre ne se rapporte pas à cette vision. » Voilà précisément comme vous devez faire. Le tout n'est pas, surtout pour vous, de pénétrer l'homme à fond, de mesurer sa grandeur ou de démêler sa complexité : c'est d'avoir et de donner la sensation du vivant : c'est d'avoir vraiment pris son contact ; et l'eût-on vu de profil, n'en eût-on vu que l'ombre, cela vaudrait mieux encore que d'avoir calqué une photographie antérieure.

Si les peintres ne s'accordent pas sur un visage, s'il n'y a pas deux portraits de Marie Stuart qui se ressemblent, si deux photographies même du même original diffèrent tant parfois, comment historiens et critiques s'accorderaient-ils sur l'homme moral ? Il y a vingt portraits de Fénelon qui ne se ressemblent point, et l'on peut en faire vingt autres qui ne ressembleront point aux premiers. Chacun prend l'homme d'un côté, d'un certain point, sous un certain jour. Chacun y démêle ce qui provoque sa sympathie et son antipathie. Chaque portrait au fond est une confession du peintre.

Ne vous préoccupez donc pas de tout dire, d'embrasser tout l'homme : voyez-le, et peignez-le comme vous le voyez, beau ou laid, agrandi ou diminué, comme Doudan a vu Mme de Maintenon.

J'ai lu quelques volumes de la correspondance de Mme de Maintenon, et la vie de cette excellente dame par La Beaumelle ; et j'aime assez celle nature arrangée, compassée, comptant tous ses pas, et gardant toutefois un certain laisser aller gracieux dans le langage et dans les manières. Elle avait trouvé si peu d'aide et de bienveillance dans les autres à son entrée dans la vie qu'elle s'est promis de s'occuper uniquement et le plus honnêtement possible de Mme de Maintenon. Elle a fait son chemin doucement, sans bruit, avec une infatigable douceur et une invincible persévérance. Elle a feint d'abord toute sorte de bons sentiments qu'elle a fini par éprouver. À l'envers de ce qu'on croit d'elle communément, je suis sûr qu'elle valait mieux à soixante ans qu'à trente. Le monde, en ne voulant pas prendre intérêt à elle, l'avait forcée à se prendre exclusivement sous sa protection. Dès qu'elle a eu fait sa petite fortune royale, elle a vu que cela même n'en valait pas la peine ; et elle est entrée fort sincèrement dans la voie du détachement. Pour se détacher, il est nécessaire d'avoir eu sa part dans le monde. Elle a commencé par se la faire à elle seule, puisqu'on ne l'y aidait pas, et puis elle a vu qu'elle avait fait une œuvre qui trompe, et, comme un bon esprit qu'elle était, elle a cherché sa part ailleurs, d'un air un peu triste et sombre, comme une personne fatiguée qui a beaucoup et inutilement travaillé.

Ce n'est qu'une incomplète esquisse : que de choses on pourrait dire encore ! Mais le peintre est sincère, le portrait est vivant, et cela suffit à faire un morceau exquis.

Si le personnage est imaginaire, vous devrez avant tout l'imaginer, c'est-à-dire vous en former une image individuelle et particulière comme d'un être réel. Un écrivain dramatique de notre temps, qui certes a su donner à ses caractères une rectitude et une consistance merveilleuse à travers les surprises de l'intrigue et les incohérences de la passion, nous a fait quelque part la confidence qu'il se faisait la biographie de chaque personnage qu'il voulait introduire dans une pièce, qu'il le dotait d'une existence antérieure, d'un long passé, où son tempérament et ses habitudes étaient minutieusement décrits. Aussi quand venait le moment pour lui d'entrer en scène, il se présentait à l'auteur avec la netteté d'un personnage réel dont tout un ensemble de faits moraux antérieurs nécessite la conduite et le langage. On ne peut faire mieux que de suivre cet exemple selon ses forces.

Je n'ai pas besoin de dire que votre ambition doit être bornée. Le don de dessiner des caractères, de faire vivre des personnages, est rare, et l'on ne peut l'attendre d'un enfant qui s'exerce à écrire dans des compositions de collège. C'est quelque chose déjà si on parvient à *mettre un bonhomme sur ses jambes*, à découper légèrement des profils de carton, à faire mouvoir sans trop de confusion des marionnettes.

Vous vous estimerez heureux de commencer par imiter les naïfs *imagiers* qui, désespérant de rendre par l'attitude des corps les mouvements des âmes, faisaient sortir de la bouche de leurs personnages une bandelette où ils inscrivaient ce qu'ils se sentaient impuissants à exprimer. Vous vous attacherez surtout à caractériser rigoureusement, étroitement, vos personnages. Ils diront leurs noms, selon le précepte de Boileau ; ce qu'ils veulent, ce qu'ils font, où ils vont. Ils noteront eux-mêmes bonnement leur passion, leur idée. Ils n'auront ni nuances, ni complexité, ni sous-entendus. Ils seront raides et tout d'une pièce. Vous viserez seulement à l'unité : que l'assemblage très simple des passions et des idées que vous imaginerez, soit bien joint ; et que tout soit lié à une maîtresse pièce du caractère. Lisez les contes de Perrault, sans dédain, et les légendes populaires, les vies des saints sur lesquelles n'ont pas travaillé des hommes d'esprit ; lisez Homère. Après cela remettez-vous à Corneille et à Molière.

Vous apprendrez insensiblement à nuancer les teintes, à assouplir les attitudes, à démêler et à rendre la complexité de la vie.

Mais les caractères une fois imaginés, il faudra les placer dans une action historique ou possible. Avant tout il faut éviter le *roman* : même dans un roman, le *roman* déplaît. On entend par ce mot tout ce qui est non pas extraordinaire, mais merveilleux, tout ce qui est hors de la possibilité naturelle, tout ce qui n'arrive pas, les combinaisons trop ajustées d'événements, les rencontres trop heureuses du hasard, les coups de vertu ou de passion inexpliqués dans leur grandeur, les perfections et les bonheurs incroyables dans leur continuité. Il est certain que les limites du *roman* et de la vérité sont bien subtiles, et qu'elles changent selon la noblesse ou la vulgarité, selon la finesse ou la grossièreté des esprits. Il y a des gens qui traitent de *roman* tout ce qui n'est ni laid ni dégoûtant, ou pour le moins insignifiant. Cependant, avec quelque goût naturel, on comprendra ce qu'il faut rejeter ou accepter, et où l'on doit diriger son invention. Les événements ordinaires de la vie, les situations sans nombre que créent les devoirs multiples, parfois contraires, de la famille, de la société, de la conscience, voilà le pays où il faut situer les caractères qu'on veut faire vivre. Nos meilleurs romanciers et auteurs dramatiques n'ont pas de plus grand souci que d'établir en pleine réalité leurs personnages : ils craignent les inventions romanesques et les effets de mélodrame. Mais c'est là le procédé même de nos grands classiques. Dans la tragédie comme dans la comédie, sous la mythologie, sous l'histoire, sous les fictions convenues, n'est-ce pas vraiment la vie ordinaire qu'ils peignent, et ne sont-ce pas au fond des incidents communs, dans le raccourci vigoureux ou l'agrandissement idéal que les règles imposent ?

Les sujets historiques, que la tradition offre généralement à traiter dans les compositions de collège, poussent forcément à l'invention romanesque : on ignore trop le détail particulier des événements réels, les ressorts cachés, les causes secrètes, les passions individuelles, les accidents insignifiants, mais gros de conséquences ; et dans la brume vague, dans le recul majestueux, où les hommes de l'histoire apparaissent comme de grands fantômes sans consistance, on n'ose rien soupçonner de médiocre ou d'ordinaire : on ne veut rien que de grand, de surprenant : du sublime et de l'horreur. Dans l'exécution, cela devient l'enflure, le vague, le faux, tout le contraire de la vie. Il faut voir dans Corneille comment, dans les âmes des héros, pour produire les révolutions soudaines des nations, parmi les grands intérêts des États et les raisons de la plus sublime philosophie, peuvent trouver place et prendre rang de causes efficaces les incidents familiers de la vie réelle, les relations sociales, les affections de famille, les situations communes que créent à tous les hommes les croyances et les institutions communes de l'humanité.

Le plus délicat, c'est de bien ajuster le caractère avec l'action choisie, de l'y faire vivre et mouvoir, d'en suivre le développement et les manifestations. C'est là qu'il faut avoir observé la vie, et accumulé les expériences. Les crises sont rares dans le domaine moral : les révolutions qui déplacent l'axe d'une vie ou transforment une âme, sont des exceptions, qui ne sont guère vraisemblables que par la réalité même. Corneille, Racine avaient donc raison, quand ils ne mettaient dans une tragédie qu'une seule crise, préparée par une série de faits moraux, par une fermentation lente, qui éclatait enfin dans la péripétie finale. Pour savoir mettre ainsi aux prises un tempérament avec une situation, il faut avoir observé comment notre caractère se manifeste dans les petits faits de la vie journalière, se modifie à leur contact, se décompose et se recompose sans cesse insensiblement, et se trouve parfois renouvelé alors qu'il ne s'est rien passé, comme il reste le même d'autres fois à travers les plus grandes catastrophes. Le fond de l'invention ne peut donc être ici que les observations qu'on a pu faire sur soi-même et sur ceux qui nous entourent. C'est peu de chose, direz-vous ; c'est beaucoup, si vous avez regardé, si vous avez vu. Une année de la vie la moins accidentée, si on la suivait comme des naturalistes ont étudié une espèce de chenille ou une variété de fourmi, jour par jour et comme minute par minute, nous en dirait long sur l'homme. Tous les grands principes de la psychologie, toutes les lois et tous les faits de la vie morale, apparaîtraient ; le jeu mystérieux des causes infiniment petites et mêlées serait découvert.

S'il vous est arrivé jamais de concevoir l'idée d'un enfantillage, d'une équipée, d'une folie, pure fantaisie de l'esprit inquiet et désœuvré, et de passer à l'exécution sans autre raison que l'idée conçue, sans entraînement, sans plaisir, mais fatalement, sans pouvoir résister ; — si vous avez repoussé parfois de toutes les forces de votre volonté une tentation vive, si vous en avez triomphé, et si vous avez succombé à l'instant précis où la tentation semblait s'évanouir de l'âme, où l'apaisement des désirs tumultueux se faisait, où la volonté, sans ennemi, désarmait ; — si vous avez cru, après une émotion vive, ou un acte important, être transformé, régénéré, naître à une vie nouvelle, et si vous vous êtes attristé bientôt de vous sentir le même et de continuer l'ancienne vie ; — si par un mouvement de générosité spontanée ou d'affection vous avez pardonné une offense, et si vous avez par orgueil persisté dans le pardon en vous efforçant de l'exercer comme une vengeance ; — si vous avez pu remarquer que les bonnes actions dont on vous louait n'avaient pas toujours de très louables motifs, que la médiocrité continue dans le bien est moins aisée que la perfection d'un moment, et qu'un grand sacrifice s'accomplit mieux par orgueil qu'un petit devoir par conscience, qu'il coûte moins de donner que de rendre, qu'on aime mieux ses obligés que ses bienfaiteurs, et ses protégés que ses protecteurs ; — si vous avez trouvé que dans toute amitié il y a celle qui aime et celle qui est aimée, et que la réciprocité parfaite est rare, que beaucoup d'amitiés ont de tout autres causes que l'amitié, et sont des ligues d'intérêts, de vanité, d'antipathie, de coquetterie ; que les ressemblances d'humeur facilitent la camaraderie, et les différences l'intimité ; — si vous avez senti qu'un grand désir n'est guère satisfait sans désenchantement, et que le plaisir possédé n'atteint jamais le plaisir rêvé ; — si vous avez parfois, dans les plus vives émotions, au milieu des plus sincères douleurs, senti le plaisir d'être un personnage et de soutenir tous les regards du public ; — si vous avez parfois brouillé votre existence pour la conformer à un rêve, si vous avez souffert d'avoir voulu jouer dans la réalité le personnage que vous désiriez être, si vous avez voulu dramatiser vos affections, et mettre dans la paisible égalité de votre cœur les agitations des livres, si vous avez agrandi votre geste, mouillé votre voix, concerté vos attitudes, débité des phrases livresques, faussé votre sentiment, votre volonté, vos actes par l'imitation d'un idéal étranger et déraisonnable ; — si enfin vous avez pu noter que vous étiez parfois content de vous, indulgent aux autres, affectueux, gai, ou rude, sévère, jaloux, colère, mélancolique, sans savoir pourquoi, sans autre cause que l'état du temps et la hauteur du baromètre ; — si tout cela, et que d'autres choses encore ! a pu tenir dans une courte existence d'enfant entre la première communion et le premier examen ; alors votre expérience est riche, et il ne vous manquera que de l'appliquer.

Mais, pour l'appliquer, il faut savoir quels changements dans les effets répondent à tels changements dans les causes, mesurer la valeur de chaque donnée, afin de faire varier le produit selon que varieront les facteurs. Ce que vous avez senti, vous, avec telle nature, dans telles circonstances, comment un autre, différent d'humeur, dans une situation différente, le sentirait-il ? Comment les mêmes événements affectent-ils des tempéraments différents ? Comment les mêmes caractères seront-ils modifiés par des influences inégales ? Vous ne devez pas perdre de vue que la nature et l'intensité des causes étant altérées, les effets ne devront pas rester les mêmes en nature et en intensité : c'est affaire d'observation, de tact et de temps, pour apprendre à y maintenir une exacte correspondance.

Chapitre VI.

Du raisonnement. — Nécessité de remonter aux questions générales. — Raisonnement par analogie. — Exemple. — Argument personnel

Mais il ne s'agira pas toujours de décrire et de raconter. On vous demandera aussi de raisonner et de démontrer. On vous demandera de prouver une vérité, de réfuter une erreur, de tirer des conséquences, de remonter à des principes. Là, tout doit être subordonné à la conclusion ; tout doit y mener ; tout ce que vous apportez, fût-ce de forme pittoresque ou dramatique, doit être par essence raisonnement.

Il faut faire attention ici que l'on abrège souvent le chemin de la démonstration, et qu'on facilite la persuasion, si l'on pose bien le problème, en termes nets et précis. Tantôt on dégagera l'idée générale du fait particulier : quand Bossuet, écoutant les vaines et banales condoléances des hommes dans les funérailles, les résume en ces mots : « On s'étonne de ce que ce mortel est mort », cette seule formule de la question le dispense de toute argumentation : et nous voyons tous que véritablement « c'est une étrange faiblesse de l'esprit humain, que jamais la mort ne lui soit présente ». D'autres fois, on redescendra des généralités au fait. Quand Jules Favre, plaidant pour un critique sévère par lequel un peintre de portraits se prétendait diffamé, disait : « Voici un écrivain assis sur le banc des criminels pour avoir trouvé que le bras de Medina-Cœli n'était pas assez accusé, et que sa robe était trop belle », l'accusation ainsi énoncée était plus qu'à demi réfutée, et il enlevait à l'adversaire l'usage de tous ces lieux communs sur le respect dû aux personnes et sur les empiétements de la critique, qui pouvaient faire impression sur le tribunal. Trouver la formule de la question, c'est presque tout : car la formule enveloppe la démonstration et la contient. « Le discours n'est que la proposition développée, a dit Fénelon ; la proposition est le discours en abrégé. »

En revenant au fait on échappe à la thèse de l'adversaire ; mais le fait, que l'on reconnaît, enferme toujours une question générale qu'il faut en extraire ; il n'y a vraiment pas de raisonnement sans cela. Au reste, c'est le procédé naturel de l'esprit, et qu'emploient chaque jour les plus ignorants de toute rhétorique. L'enfant sait qu'il faut arriver en classe à l'heure exacte. S'il est en retard, il dit : « Il n'y a pas cinq minutes. » Il essaye d'échapper, par le fait particulier, à la thèse générale : « Tout retard est punissable. » Cinq minutes ne font pas un retard, comme blâmer le bras du portrait de Medina-Cœli n'est pas diffamer Madrazo. Si l'enfant est fort en retard, il dit : « Maman m'a retenu ; elle avait besoin de moi. » Il crée un conflit de devoirs : ici apparaît une question générale. Jules Favre, en posant le fait, fait tomber la thèse de son adversaire et assied la base d'une autre thèse sur les droits de la critique.

On ne saurait trop s'attacher, en tout sujet, à discerner la question générale parmi les circonstances particulières. Ainsi ont fait constamment en tout temps, en tout pays, les orateurs, les hommes d'État, les avocats, tous ceux qui ont eu à cœur de démontrer quelque chose ou de persuader quelqu'un. Mais ainsi doit faire encore toute personne qui veut parler avec justesse et avec suite de quoi que ce soit. Les esprits bornés aux idées particulières, incapables de séparer l'accidentel de l'essentiel, sont le désordre même : tout est, chez eux, sur le même plan. Racontant un événement, ils s'arrêtent pour délibérer si c'était dimanche ou lundi, si c'était devant Jean ou Pierre, quoique cela n'importe pas à la chose ; ils hésitent, se reprennent, s'interrompent pour corriger un détail qu'ils ont donné un quart d'heure avant, pour en ajouter un qu'ils ont omis. Détestables auditeurs, ils rectifient opiniâtrement les moindres erreurs, complètent les moindres lacunes du récit qu'on fait : si le narrateur est fait à leur mode, on épilogue, on dispute à perte de vue sur un point de nulle valeur, et l'on n'en sort pas, le récit ne s'achèvera jamais ; si c'est un homme d'esprit, il leur passe la parole. Ce ne sont pas des esprits hargneux, contredisants ; ce sont des esprits étroits, à courte vue. Ces gens-là ne savent pas suivre leur idée : un détail en amène un autre, qui traîne après lui une série. On s'aperçoit qu'on s'égare : d'un bond on se remet dans le chemin, on lâche la traverse, brusquement, sans prévenir. Mais au cours d'une phrase surgit un mot qui tire le narrateur hors de sa voie : autre écart, autre retour brusque, pour s'égarer encore bientôt. C'est vraiment le voyage en zigzag ; tout se mêle, s'entre-croise : on ne fait que sauter de droite et de gauche. On ne sait où l'on va, ni si l'on va. Ils ne savent pas raisonner ; ils prouvent leur dire d'étrange façon, et l'on n'a pas idée des raisonnements biscornus qui peuvent sortir d'une tête saine pourtant. « La preuve que c'est vrai, c'est que c'était un vendredi, et que j'ai rencontré un moment après Mme…, qui était en noir, avec un chapeau neuf. » Comme si, pour mentir, on ne pouvait inventer ces coïncidences aussi bien que le gros du fait. Est-ce sottise ? non : c'est incapacité de dégager l'essentiel de l'accessoire, de subordonner les circonstances et les idées. Ces détails-là sont vraiment preuves pour eux. Car une liaison existe dans leur esprit entre ces circonstances et le fait : la réalité se représente en bloc dans leur imagination, et il leur semble impossible qu'elle ne soit pas tout ce qu'elle est. Une partie suppose l'autre ; et si un détail est vrai, tout est vrai ; car tout se tient d'un enchaînement nécessaire. Ce n'est pas un raisonnement logique : c'est un confus instinct déterministe.

Il y a dans un roman contemporain une scène frappante : un enfant, apprenti dans une usine, est accusé d'un vol. Tout l'accable : assidu au travail, il a manqué ce jour-là ; il a dépensé plusieurs louis, une grosse somme. Le pauvre enfant n'aurait qu'un mot à dire : il a reçu cent francs de sa mère. Mais comme elle les lui a envoyés sans rien dire à son mari, et que, craignant d'être grondée, elle a recommandé le secret à son fils, il se tait par obéissance filiale, et se laisse mettre en prison, quoiqu'il ait beaucoup de confusion et de peur. Il ne sent pas que, si sa mère était là, elle crierait ce qu'elle a voulu cacher, et que ni pour elle ni pour lui ce n'est le cas d'hésiter. Il ne comprend pas le conflit de devoirs qui s'élève, et la disproportion qu'il y a ici entre les devoirs qui se contredisent. D'où vient cette incapacité à classer, à subordonner les idées ? De ce qu'elles sont encore enfoncées dans les images, de ce que l'enfant les prend en bloc, dans leur forme concrète, sans les extraire de leurs circonstances locales et particulières. Sa mère, dont le nom fait battre tout son cœur, dont l'image emplit son cerveau, qui est présente dans tous ses souvenirs et dans toutes ses espérances, lui a recommandé, dans des termes qu'il sait par cœur, dans une lettre écrite sur certain papier, qu'il a dans sa poche, et dont son esprit aperçoit sans cesse la dimension, la forme et la couleur, de ne pas dire ni à tel et tel, qu'elle nomme, ni à personne, qu'elle lui a envoyé cinq louis d'or, qu'il a tenus entre ses doigts et qu'il a fait rouler un peu vite : tout cela forme un ensemble unique et compact d'idées et d'images. Comment le comparer à cet autre ensemble également unique et compact, que forme l'arrestation, l'interrogatoire, le juge sévère, le gendarme imposant, les visages indignés, les paroles menaçantes ? Quel rapport établir entre ceci et cela ? L'enfant ne voit pas que la crainte de chagriner légèrement sa mère ne doit pas l'amener à se laisser déshonorer : comment le verrait-il, s'il ne détache pas par l'abstraction les fragments des deux images qui peuvent se comparer et se mesurer ?

Il n'y a point de raisonnement sans comparaison, il n'y a pas de comparaison sans généralisation. Une des sources les plus fécondes de la bouffonnerie grotesque, dont le théâtre contemporain a donné de si éclatants modèles, c'est précisément la comparaison des idées particulières, des circonstances purement locales et individuelles, en un mot la comparaison des incomparables. La généralisation découvre ce qu'il faut saisir dans chaque particularité ; elle marque pour ainsi dire le point d'attache des idées que l'on rapproche. C'est le fil conducteur du raisonnement.

Et combien le raisonnement s'en trouve agrandi ! Comme il acquiert une valeur considérable ! Car, ayant fait abstraction de tout ce qui est personnel, accidentel, le raisonnement vaut dès lors pour tous les cas particuliers, innombrables, réels et possibles, qui rentreront dans le cas général qu'on aura examiné. Les grands esprits et les esprits fins sont ceux qui savent apercevoir sous le flot sans cesse renouvelé des phénomènes les lois éternelles de la nature et de l'esprit. On n'a pas besoin d'être pour cela pédantesque, dogmatique, bec, ennuyeux. Les lettres de Mme de Sévigné, les Fables de la Fontaine abondent en questions générales légèrement discutées et délicatement résolues.

Pour décider sur un fait particulier ou sur une question générale, vous pouvez chercher des cas dont la solution soit évidente ou connue, et qui sont essentiellement identiques au cas proposé, des *analogies* ou des *exemples*. Ce qui est *analogie* à l'égard du fait particulier est *exemple* relativement à la loi générale.

Fontenelle, censurant la légèreté des hommes qui trouvent le pourquoi des choses sans s'être assurés de leur existence, et qui raisonnent ainsi sur des objets imaginaires, donne cet exemple du soin qu'il faut apporter à l'observation des phénomènes avant d'en aborder l'explication.

En 1593, le bruit courut que les dents étant tombées à un enfant de Silésie, âgé de sept ans, il lui en était venu une d'or à la place d'une de ses grosses dents. Horstius, professeur en médecine dans l'Université de Helmstad, écrivit en 1595 l'histoire de cette dent, et prétendit qu'elle était en partie naturelle, en partie miraculeuse, et qu'elle avait été envoyée de Dieu à cet enfant pour consoler les chrétiens affligés par les Turcs. Figurez-vous quelle consolation et quel rapport de cette dent aux chrétiens et aux Turcs. En la même année, afin que cette dent d'or ne manquât pas d'historiens, Rullandus en écrivit encore l'histoire. Deux ans après, Ingolstetetus, autre savant, écrit contre le sentiment que Rullandus avait de la dent d'or, et Rullandus fait aussitôt une belle et docte réplique. Un autre grand homme, nommé Libavius, ramasse tout ce qui avait été dit de la dent et y ajoute son sentiment particulier. Il ne manquait autre chose à tant de beaux ouvrages, sinon qu'il fût vrai que la dent était d'or. Quand un orfèvre l'eut examinée, il se trouva que c'était une feuille d'or appliquée sur la dent avec beaucoup d'adresse ; mais on commença par faire des livres, et puis on consulta l'orfèvre.

Morale :

Assurons-nous bien du fait, avant que de nous inquiéter de la cause.

Une autre fois, voulant réfuter l'objection que les astres ne changent pas, parce que de *mémoire d'homme* on ne les a vus changer, Fontenelle proposait l'analogie que voici :

Si les roses qui ne durent qu'un jour faisaient des histoires et se laissaient des mémoires les unes aux autres, les premières auraient fait le portrait de leur jardinier d'une certaine façon, et de plus de quinze mille âges de roses, les autres qui l'auraient encore laissé à celles qui les devaient suivre, n'y auraient rien changé. Sur cela elles diraient : « Nous avons vu toujours le même jardinier ; de mémoire de rose on n'a vu que lui ; il a toujours été fait comme il est : assurément il ne meurt pas comme nous, il ne change seulement pas. » Le raisonnement des roses serait-il bon ?

Conclusion :

Devons-nous établir notre durée, qui n'est que d'un instant, pour la mesure de quelque autre ? Serait-ce à dire que ce qui aurait duré cent mille fois plus que nous dût toujours durer ? On n'est pas si aisément éternel.

Ces deux morceaux de Fontenelle pourraient s'appeler des fables. La fable n'est autre chose qu'un raisonnement de ce genre, un fait particulier imaginé pour démontrer une vérité générale où il rentre, ou un autre fait particulier auquel il est, en somme, identique. Le centenaire qui demande à vivre encore pour arranger ses affaires, prouve que l'homme ne pense pas à la mort et ne s'y prépare jamais ; les membres révoltés contre l'estomac prouvent que la plèbe romaine ne peut se passer du sénat. Je ne sais toutefois s'il n'en est pas des fables comme de l'épopée : l'invention n'en appartient pas aux siècles polis, aux époques de réflexion et de science. Il y faut la jeunesse des sens et de l'esprit, une âme neuve dans la nature neuve. La Fontaine s'est tiré d'affaire en n'inventant pas sa matière, et ce n'est pas la moindre preuve de son génie. Inventer une fable est chose singulièrement délicate : La Motte y a échoué ; on n'évite guère la bizarrerie ou la puérilité. D'autre part, à reprendre les vieux sujets de fables, quelle imagination il faudrait, pour en tirer quelque chose ! Il faudrait être La Fontaine pour refaire l'effort de La Fontaine.

Je conseillerai donc, si l'on veut apporter quelque récit à l'appui d'un conseil ou pour preuve d'une thèse, de n'entreprendre point de faire parler les animaux et les arbres, et de n'imaginer rien qui soit hors des conditions de la vie commune : que la fable soit un conte, une anecdote, enfin une petite scène du monde réel ; cela aura plus d'intérêt et un tour plus moderne. Le charmant récit où Voltaire nous peint les différentes destinées de Jeannot et de Colin est le modèle accompli de ce genre de moralité : tout est combiné pour l'instruction que veut donner l'auteur ; c'est le procédé même de l'apologue, un conseil donné par l'exemple des personnages qu'on invente : mais ici plus rien de merveilleux ; tout est vraisemblable, c'est la nature même et la vie. C'est l'utilité de la fable unie à l'exactitude du roman.

Parmi les exemples auxquels on peut recourir, il est une catégorie où il faut s'arrêter un moment : ce sont ceux qu'on tire des
actions de l'homme même qu'on veut persuader. On l'oblige ainsi à passer de notre côté, on l'intéresse à ce qu'on veut démontrer : ou pour le moins on l'embarrasse, et on lui rend la réponse
difficile. Quand Achille essaye de sauver Iphigénie, Agamemnon
lui oppose son propre désir, l'empressement qu'il témoignait pour
s'embarquer et pour faire le siège de Troie : c'est lui qui exige,
avec tout le monde, la mort d'Iphigénie :

AGAMEMNON

Plaignez-vous donc aux dieux qui me l'ont deman-
dée :

Accusez et Calchas et le camp tout entier,

Ulysse et Ménélas, et vous tout le premier.

ACHILLE

Moi !

AGAMEMNON

Vous, qui, de l'Asie embrassant la conquête,

Querellez tous les jours le ciel qui vous arrête.

Quand Alceste s'indigne des médisances où se complaisent
Célimène et ses amis, on lui objecte ses propres sentiments et
sa propre conduite.

Mais pourquoi pour ces gens un intérêt si grand,

Vous qui condamneriez ce qu'en eux on reprend ?

lui demande Philinte, qui le sait peu indulgent aux défauts des gens.

L'argument personnel, qui contraint l'adversaire à se soumettre, ou à se contredire, est excellent, quand il contient vraiment un cas particulier de la thèse que l'on discute. Hors de là, il aboutit facilement aux personnalités, à l'injure, à l'invective, la diffamation. C'est une arme facile à l'usage des gens qui sont à bout de raisons ou qui ne savent pas raisonner : que de discussions où l'on voit les adversaires se jeter mutuellement leurs vérités au nez, n'avoir souci que de se noircir réciproquement, sans toucher au sujet qui est en délibération, comme s'il suffisait de déshonorer son contradicteur pour prouver qu'on a raison sur un fait particulier !

Chapitre VII.

Induction et déduction. — Diverses causes des faux raisonnements

Ces procédés d'argumentation, et tous les raisonnements qu'on peut faire se ramènent à deux catégories : ou bien on passe d'un fait observé ou d'un groupe de faits à la loi qui en rend raison, ou bien on passe du principe évident aux conséquences nécessaires. Dans le premier cas on fait une *induction*, dans le second une *déduction*.

Le physicien, qui veut expliquer la nature et qui opère sur les données de l'expérience, cherche les lois des phénomènes qu'il voit, et procède par induction. Le mathématicien qui crée lui-même la matière de ses spéculations et considère des objets idéaux, développe les conséquences des principes qu'il a posés, et procède par déduction.

Ces deux méthodes contiennent toutes les argumentations littéraires comme toutes les démonstrations scientifiques : la raison humaine n'a pas d'autres voies ; elle ne sait point autrement rendre compte de ce qui est ni établir ce qui doit être. Prenons quelques exemples.

Villon aperçoit dans le monde l'universelle souveraineté de la mort :

Mon père est mort, Dieu en ait l'âme ;

Quand est du corps, il gît sous lame (*cercueil*).

J'entends que ma mère mourra,

Et le sait bien, la pauvre femme ;

Et le fils pas ne demeurera.

Je connais que pauvres et riches,

Sages et fols, prêtres et lais (*laïques*),

Noble et villain, larges et chiches,

Petits et grands, et beaux et laids,

Dames à rebrassés (*hauts et plissés*) collets,

De quelconque condition,

Portant atours et bourrelets,

Mort saisit sans exception.

Et mourut Pâris et Hélène……

Puis vient la fameuse ballade :

Dites-moi où, n'en quel pays,

Est Flora la belle Romaine, ….

La reine Blanche comme un lis,

Qui chantait à voix de Sirène, ….

Et Jehanne la bonne Lorraine

Qu'Anglais brûlèrent à Rouen ?

Où sont-ils, vierge souveraine ?

Mais où sont les neiges d'antan.

Et la ballade des seigneurs du temps jadis, avec son autre mélancolique refrain :

Mais où est le preux Charlemagne ?

Et cette autre, *en vieil françoys*, si triste aussi dans sa conclusion :

Autant en emporte ly vens.

Après quoi Villon poursuit son propos :

Puisque papes, rois, fils de rois...

Sont ensevelis morts et froids,

En autrui mains (*aux mains d'autrui*) passent leurs
rênes ;

Moi, pauvre mercerot de Rennes,

Mourrai-je pas ?

Tout ce développement n'est qu'une induction complétée par
une déduction. Père, mère, petits et grands, Pâris et Hélène, les
dames et les seigneurs du temps jadis, papes, empereurs et
dauphins, sont morts : donc tous les hommes meurent Voilà l'induction, qui tire la loi d'une collection de faits particuliers. Tous
les hommes meurent, donc je mourrai : voilà la déduction, qui
tire la conséquence d'un principe incontestable et reconnu pour
vrai.

On peut d'une façon générale prendre les oraisons funèbres et
les panégyriques de Bossuet pour des démonstrations par induction, et les sermons pour des démonstrations par déduction.
Dans les premiers, de l'examen d'un cas particulier, bien choisi,
de l'exposition de la vie d'un prince ou d'un saint, il tire une leçon
générale, une loi pour le règlement de la vie chrétienne et le sa-
lut des auditeurs. Dans les autres, partant des principes fonda-
mentaux de la religion, développant les conséquences nécessaires des dogmes et des textes qui sont au-dessus de toute con-

troverse, il aboutit aux mêmes conclusions par un enchaînement de vérités abstraites.

Ainsi l'oraison funèbre de la duchesse d'Orléans et le sermon sur la Mort ont même plan, même division et même conclusion. Là, par l'exemple d'Henriette d'Angleterre, ici par un développement tout général et spéculatif, il donne la même leçon, grande et utile : « Ô mort... toi seule nous convaincs de notre bassesse, toi seule nous fais connaître notre dignité ;.... tu lui apprends (*à l'homme*) ces deux vérités, qui lui ouvrent les yeux pour se bien connaître : qu'il est infiniment méprisable, en tant qu'il passe ; et infiniment estimable, en tant qu'il aboutit à l'éternité. »

Vous pouvez donc, quoi que vous ayez à démontrer, ou bien chercher dans l'étude des faits historiques ou naturels la preuve expérimentale de ce que vous voulez établir, ou bien chercher dans l'analyse de la question quelque principe évident par lui-même ou antérieurement prouvé, dont la vérité débattue dépende par une conséquence nécessaire. La théorie du raisonnement est facile à comprendre : c'est dans l'application qu'est la difficulté. Surtout quand il s'agit de vérités morales ou littéraires, on opère sur des faits plus complexes, sur une réalité moins précise, sur des principes moins absolus, et il est souvent fort délicat de retenir le fil de son raisonnement. Les esprits fins, pour parler le langage de Pascal, ont ici l'avantage sur les esprits géométriques.

Je n'ai point à entreprendre ici de faire œuvre de logicien, ni à exposer dans le détail les règles et le mécanisme de raisonnement. Je ne veux que m'arrêter à quelques principales causes d'erreurs.

Dès qu'on est capable d'abstraction, on est capable de raisonnement, et l'on ne se trompe guère dans le développement des conséquences. Si l'on accuse certaines personnes, et les femmes surtout, de manquer de logique, c'est que, dans leurs raisonnements, les images viennent brusquement expulser les idées, et introduire des objets concrets qui intéressent la sensibilité : l'argumentation commencée selon l'ordre de la raison se poursuit selon l'ordre du cœur ; la conclusion n'a plus la valeur d'une nécessité universelle, mais d'une volonté individuelle. Si la passion vient ainsi fausser le raisonnement, c'est par une faiblesse de la faculté d'abstraire, et le remède consiste à la fortifier le plus possible.

Mais en laissant de côté les causes de trouble et d'erreur étrangères à la faculté même de raisonner, je ne trouve guère qu'on se trompe ordinairement dans le chemin qu'on fait du principe à la conclusion. Il y a une logique naturelle à laquelle obéissent les esprits les moins cultivés : la raison fait son œuvre sourdement, inconsciemment jusque dans les intelligences les plus brutes. C'est sur le point de départ qu'on se trompe ; on raisonne juste sur des principes faux.

Dans l'induction, on observe mal les faits dont on tire la loi. On se laisse tromper à l'apparence ; on prend pour réel ce qui ne l'est pas, comme dans l'histoire de la dont d'or, et l'on donne la raison de ce qui n'existe pas. Tels sont tous les principes de l'alchimie, de la magie, de l'astrologie, où l'on réduit en un corps de science des faits imaginaires : les formules de transmutation des métaux, d'envoûtement, de calcul de l'horoscope, supposent des expériences qui n'ont jamais pu être faites, et sont fondées sur dépurés chimères et de constantes illusions. Ou bien on se presse trop de généraliser ; par légèreté, par impatience, on ne se donne pas la peine de ramasser un grand nombre d'observations, et sur deux ou trois exemples, sur un seul parfois, et qu'on n'étudie pas à fond, on pose une règle générale qui se trouve fausse. Tel ce voyageur anglais, qui, dans je ne sais quel canton de France, servi par une fille d'auberge aux cheveux roux, notait sur son calepin qu'en *ce pays les femmes étaient rousses*. D'autres fois on aborde l'examen des faits avec des idées préconçues, et l'on contraint la réalité à s'y conformer, au lieu de conformer son opinion à la réalité. Nous interprétons à mal toutes les actions des gens que nous n'aimons pas, à bien toutes celles des gens que nous aimons. Un juge d'instruction est porté à voir dans tout accusé un coupable, et dans tout ce qu'a fait, dans tout ce qu'a dit l'accusé, les preuves ou les indices de sa culpabilité. C'est ce qui fait que les miracles sont plus visibles à ceux qui y croient d'avance ; les fantômes ne se présentent qu'aux superstitieux, et il faut croire au spiritisme pour avoir commerce avec les esprits. Le monde surnaturel ne se révèle guère aux incrédules. Dans les recherches scientifiques, les erreurs sont dues souvent à cet esprit de système, qui fait que l'on cherche, non pas à découvrir la vérité, mais à prouver une hypothèse ; on néglige tout ce qui la condamne, on ne voit que ce qui la sert. Claude Bernard s'est étendu là-dessus dans son *Introduction à la médecine expérimentale* ; c'est pour lui la grande cause d'erreur, et il ne se lasse pas de recommander aux savants d'être toujours prêts à abandonner l'idée préconçue qui leur a fait entreprendre une observation ou instituer une expérience. On démontre que des sorciers connaissent l'avenir en citant cent occasions où ils ont prédit juste ; mais on a oublié les milliers de cas où ils se sont trompés. Enfin toutes ces causes d'erreur peuvent se mêler et concourir dans une fausse généralisation ; on obéit à des préjugés, à une tradition, à l'intérêt ou à la passion, et l'on accepte pour vrais des faits imaginaires ; on jette un coup d'œil distrait sur la réalité ; on la voit de loin, indistinctement, confusément, ou l'on n'en prend qu'une partie ; on fait arbitrairement abstraction de ce qui gène ou déplaît ; après quoi l'on se prononce avec autorité, et l'on établit des lois, universelles, éternelles. Ainsi faisons-nous quand nous nous jugeons les uns les autres ; sur une rencontre d'un moment, on arrête que tel est avare, tel est fier, tel a de l'esprit, tel est sot. Cela se voit surtout dans l'idée que les divers peuples se font les uns des autres. Je n'ai point vu de roman anglais ou russe, en dépit de l'impartiale observation des auteurs, où l'on donnât d'un Français autre chose qu'une charge ; et l'on peut croire que nous agissons de même à l'égard des étrangers. Récemment, un pédant, pesant docteur, essayait de peindre à ses compatriotes allemands ce qu'il avait vu chez nous. « Le portrait qu'il trace du Français, de corps chétif, sans vigueur musculaire, incapable d'avoir des enfants, ignorant l'orthographe (t la géographie, hors d'état d'apprendre une langue étrangère, libre penseur sans avoir jamais pensé, ne songeant qu'à être décoré d'un ordre quelconque et à émarger au budget, dépaysé quand il a dépassé le boulevard des Italiens, hostile au gouvernement et acceptant servilement tous les régimes, incapable de comprendre ni les mathématiques, ni le jeu d'échecs, ni la comptabilité ; ce portrait, dis-je, est une vraie caricature. Elle est toute de convention, et elle n'a assurément pas plus de vérité que celle de l'Allemand naïf, à la tête carrée, aux grands pieds et à la longue pipe, buvant des chopes et dissertant sur l'idéal et l'infini, se gavant de choucroute et volant des pendules, pour être, en fin de compte, roué de coups par un sous-officier imberbe[4]. »

On se tiendra donc en garde contre de pareilles tentations, et avant de faire aucune induction, avant de poser une loi ou une règle, avant de rien généraliser, on s'assurera qu'on travaille bien sur une réalité, et non sur un fantôme, que les faits d'abord existent ; on aura soin ensuite de ne rien négliger dans les faits qu'on aura reconnus, de tenir compte de tous les éléments qui les composent, de n'y rien ajouter ni retrancher arbitrairement. Enfin on réunira le plus qu'on pourra de faits analogues ; plus on aura ramassé d'exemples, plus on aura chance de dégager la véritable loi ; plus il sera aisé de distinguer les caractères vraiment essentiels et communs des circonstances étrangères et des particularités locales. Dans tout ce travail, il faudra se détacher de toute passion, de tout amour-propre, se désintéresser en quelque sorte du résultat, et dans quelque opinion qu'on ait commencé sa recherche, quelque preuve qu'on ait poursuivie, il faudra renoncer à tout ce que n'imposeront rigoureusement et exclusivement les faits.

Je trouve un merveilleux exemple de raisonnement inductif dans la *Philosophie de l'art* de M. Taine. Voulant découvrir quel est l'objet de l'art, il ne fait point d'axiomes et de définitions *a priori* ; il ne sort pas de l'expérience. « Toute l'opération, dit-il, consiste à découvrir, par des comparaisons nombreuses et des éliminations progressives, les traits communs qui appartiennent à toutes les œuvres d'art, en même temps que les traits distinctifs par lesquels les œuvres d'art se séparent des autres produits de l'esprit humain. »

Considérant donc les cinq grands arts, peinture, sculpture et poésie, architecture et musique, se fondant sur des faits que fournissent l'expérience ordinaire, l'histoire des grands hommes, celle des arts et des lettres, observant tantôt l'œuvre de Michel-Ange ou celle de Corneille, tantôt les peintures de Pompéi ou les mosaïques de Ravenne, il fait cette première induction, que *l'objet de l'œuvre d'art semble être l'imitation de la nature.*

Mais certains faits semblent contredire à cette assertion : les preuves que donnent le moulage, la photographie et la sténographie, la comparaison de certaines œuvres d'art, comme les portraits de Denner et ceux de Van Dyck, le parti pris d'inexactitude qu'on remarque dans l'art souvent le plus élevé, la comparaison de la prose et de la poésie, des deux Iphigénies de Gœthe où la beauté est en proportion inverse de l'exactitude, tout cela témoigne que *le but de l'art n'est pas l'imitation rigoureuse et absolue.*

Poussant plus loin l'étude des faits, on remarque que, dans les arts du dessin et dans les lettres, *l'imitation se porte sur les rapports et les dépendances mutuelles des parties.*

Mais cette règle n'est pas encore générale, et l'observation vient de nouveau la rectifier. Les plus grandes écoles ont altéré volontairement les rapports des parties. Et l'on découvre, par l'étude des chefs-d'œuvre de Michel-Ange et de Rubens, deux artistes d'inspiration si différente, que *cette altération a pour but de rendre sensible un caractère essentiel.*

Des exemples tirés de la zoologie et de la climatologie éclaircissent la nature du *caractère essentiel* et en font voir l'importance.

Reprenant la comparaison de l'œuvre d'art avec la nature qu'elle exprime, on aperçoit, par l'exemple de Rubens et de la Flandre, de Raphaël et de l'Italie, que *l'art altère la nature pour dégager le caractère essentiel qui n'y ressort pas suffisamment.*

Comme contre-épreuve de cette série d'observations, on regarde non plus l'œuvre, mais l'auteur, et l'on voit que chez tous les grands artistes, dans ce qu'on appelle inspiration ou génie, se rencontre toujours une impression originale fournie par un caractère de l'objet, « la vive sensation spontanée qui groupe autour de soi le cortège des idées accessoires, les remanie, les façonne, les métamorphose, et s'en sert pour se manifester ».

Nous voilà au bout de la recherche. « Nous sommes arrivés par degrés (dit M. Taine, et j'ajoute sans perdre un instant de vue la réalité et les faits) à une conception de l'art de plus en plus élevée, partant de plus en plus exacte.… Aucune de ces définitions ne détruit la précédente, mais chacune d'elles corrige et précise la précédente, et nous pouvons, en les réunissant toutes et en subordonnant les inférieures aux précédentes, résumer ainsi qu'il suit tout notre travail : *L'œuvre d'art a pour but de manifester quelque caractère essentiel ou saillant, partant quelque idée importante, plus clairement et plus complètement que ne font les objets réels. Elle y arrive en employant un ensemble de parties liées, dont elle modifie systématiquement les rapports. Dans les trois arts d'imitation, sculpture, peinture et poésie, ces ensembles correspondent à des objets réels.* »

Dans la déduction, on lire des conséquences d'un principe évident ou connu en s'appuyant sur d'autres principes évidents ou connus. Ainsi de la définition du triangle le mathématicien déduit les propriétés du triangle à l'aide des axiomes évidents et des théorèmes antérieurement démontrés. Ainsi Cicéron justifie Milon accusé d'assassinat, en déterminant les circonstances particulières de la mort de Clodius, qui sont que Milon avait été attaqué par lui et contraint à se défendre, et en se fondant sur le principe de droit qu'un meurtre commis en état de légitime défense n'est pas punissable. Il dresse son raisonnement en forme de syllogisme :

Un meurtre commis en état de légitime défense
n'est pas punissable. Or Milon, provoqué, attaqué,
était en état de légitime défense. Donc Milon doit
être absous du meurtre de Clodius.

On saisit ici ce qui peut faire la faiblesse on la fausseté de tels raisonnements : il est facile de tirer rigoureusement et sans erreur la conséquence nécessaire des prémisses. Mais si ces prémisses sont fausses, si une seule est fausse, la conséquence sera fausse aussi. Si les jurisconsultes n'admettent pas le principe invoqué, si les témoins démentent les faits allégués, que restera-t-il des conclusions de l'avocat ? Nul ne contestera à Cicéron le droit de légitime défense : mais on peut nier que le bénéfice de ce droit fût applicable à Milon.

Il y a, hors du domaine des sciences, bien peu de principes qu'on ne puisse mettre en question, comme il y a bien peu de faits qu'on n'envisage de mille façons. Un grand orateur romain, Antoine, eut à défendre un tribun séditieux, Norbanus : il lit porter tout son raisonnement sur deux points, l'un de droit, l'autre de fait :

1° Il y a des séditions légitimes ;

2° Celle qu'a excitée Norbanus est de ce genre-là.

Ces deux points admis, l'innocence de Norbanus est incontestable, et son acquittement assuré. Mais ni la question de droit ni la question de fait ne sont évidentes. Il faudra apporter de nombreux et saisissants exemples de justes et fécondes insurrections ; il faudra faire un choix délicat de circonstances dans le récit des faits reprochés à Norbanus.

Le grand point est donc de ne s'appuyer que sur des vérités indubitables. Il faudra prouver tout ce qui ne sera point évident par soi. La difficulté n'est pas de tirer des conséquences justes, mais de prendre des principes véritables.

Ici se présentent deux écueils où l'on ne manque guère de se heurter, et souvent on ne fait qu'aller de l'un à l'autre. On a une grande facilité à admettre l'évidence des choses qu'on croit ou qu'on aime : on se persuade sans peine qu'elles n'ont pas besoin de preuve. Et il arrive que d'autres non seulement n'aperçoivent pas cette évidence qui nous frappe, mais aperçoivent la même évidence dans des opinions contradictoires aux nôtres. Qui aurait soutenu naguère que les Grecs appliquaient des couleurs vives sur certaines parties de leurs statues et de leurs temples, on eût ri de son absurde croyance : on lui eût répondu qu'*évidemment* ce badigeonnage était indigne du sentiment esthétique de ce peuple d'artistes, qu'ils ne pouvaient pas gâter ainsi la pure blancheur du marbre, si simplement belle : cela était *évident* alors, et pourtant c'était faux ; et les faits sont venus depuis témoigner en faveur de la polychromie.

Maintes fois, au contraire, par un scrupule excessif, on met tout en doute et l'on s'embarrasse de tout prouver. C'est fermer la voie à tout raisonnement. Si loin qu'on aille dans la preuve, il faudra s'arrêter quelque part, et admettre comme évidente sans démonstration une dernière vérité, fondement de toute certitude. Il n'y a pas de raisonnement sans axiomes, et je ne sais si l'on pourrait trouver une phrase d'un seul écrivain qui n'exige l'appui de quelque principe indémontrable. Ce n'est pas tout : il ne faut pas aller en tout sujet aux dernières limites de la vérité qui se prouve. On doit s'avancer plus ou moins, selon les cas, souvent s'arrêter à mi-chemin. Sinon, il n'y aurait pas d'avocat plaidant pour un mur mitoyen qui ne pût descendre aux derniers principes de la métaphysique, et poser l'insondable problème de l'être. Tout tient à tout : il faut savoir couper le fil, plus ou moins long, selon la nécessité du moment. L'esprit se tient satisfait, en général, si l'on appuie les vérités dont on fait usage sur les vérités dont elles dépendent immédiatement, sans exiger qu'on cherche le fondement de celles-ci, qui serait en d'autres vérités, qu'on aurait ensuite à fonder ; et l'on irait ainsi à l'infini, sans fin et sans repos.

Ce qui fait qu'on trouve dans les choses plus d'évidence qu'elles n'en ont, c'est quelque circonstance locale et personnelle qu'elles contiennent ; c'est l'habitude que l'on a de les voir, le sentiment et l'expérience qu'on a qu'elles sont bonnes et utiles pour nous, la connaissance que ceux parmi lesquels nous vivons en portent même jugement que nous. Les plaideurs de bonne foi trouvent leur droit incontestable et clair, quand les juges sont très empêchés de se prononcer. Les gens d'un pays trouvent leur façon de vivre, de s'habiller évidemment raisonnable et de bon goût, manifestement absurdes les coutumes des étrangers. Il faut faire pour les opinions ce que Kant recommandait de pratiquer pour les actes de moralité : il faut ériger sa façon de penser en maxime universelle ; et il est rare alors que ce qui n'est point évidemment vrai continue de le paraître. Celui qui sollicite une faveur pour lui seul, parce que cela ne tire pas à conséquence, qui s'autorise d'une juste affection pour réclamer une injuste décision, s'il est de bonne foi, ne devra pas s'obstiner dans sa prétention quand il considérera les formes universelles des raisons qu'il donne.

Ce qui doit se refuser à tous peut s'accorder à un seul.

Tout ce qui satisfait un sentiment légitime est légitime.

Maximes évidemment fausses : car tout le monde peut réclamer le privilège par le premier axiome, et la défense absolue devient une tolérance générale ; et comme en général on ne sollicite que pour ceux qu'on aime, le chagrin du refus serait le même pour tous, et tous ont même droit d'obtenir, en vertu du second axiome. Ainsi, par ces deux principes, chaque candidat au baccalauréat pourrait être reçu : car quel tort cela fait-il ? Un de plus ou de moins, qu'importe ? Et ainsi tous seraient reçus. Et toutes les mères s'acharnant par amour maternel à recommander leurs fils, tous ces amours étant égaux et également sacrés, tous les jeunes gens auraient même droit au diplôme. Toutes les sollicitations, requêtes, demandes de privilèges et de faveurs aux quelles tout homme en place ou qui approche d'un homme en place, est en butte, sont fondées sur ces deux axiomes : et souvent la bonne foi des solliciteurs est entière ; ils croient raisonner à merveille, et ne peuvent pas concevoir qu'ils demandent l'injuste et l'impossible.

Les choses au contraire où l'on hésite sur la certitude et qui sont pourtant certaines, sont à l'ordinaire des propositions universelles, dont l'esprit, peu habitué aux abstractions. ne saisit pas clairement la portée et la clarté. Il conviendra ici d'en bien repasser les termes, et souvent, par une courte réflexion sur le sens précis des mots, l'évidence de la chose apparaîtra : on pourra aussi parfois la saisir dans les applications particulières qui s'en peuvent faire, où la vérité se découvrira d'une façon en quelque sorte matérielle et sensible. Il faut savoir aussi discerner les vérités qui ne sont point évidentes par elles-mêmes, mais dont la démonstration est acquise et n'a pas besoin d'être refaite : on ne s'arrêtera pas à en recommencer la preuve. J'avoue que la distinction de ces vérités et des opinions incertaines est souvent difficile à faire dans les matières de littérature ou de morale, dans les choses de la pratique et du sens commun ; et souvent l'invention, l'originalité consistent à remettre en question ce que l'opinion vulgaire croyait décidé, pour en apporter une solution nouvelle. Mais ces révolutions d'idées ne doivent pas être faites en passant, incidemment, quand on s'occupe d'autre chose. Il ne faut pas, dans un raisonnement, se fonder, à moins d'une nécessité absolue, sur les décisions paradoxales du sens propre, mais sur les croyances générales du sens commun, quand même on aurait des raisons de douter ou de nier sur ce qu'il affirme. On ne saurait trop distinguer aussi à quel ordre appartient le sujet que l'on traite : de là dépendent les principes sur lesquels on peut s'appuyer et la preuve qu'il y faut donner. Dans un propos de morale pratique, on ne cherchera pas les fondements de l'idée du bien ; on n'en discutera point l'essence et l'origine, et, quoiqu'on pense là-dessus, on admettra les définitions vulgaires du bien et du mal. Il y a là, si l'on veut, une sorte de contradiction nécessaire et innocente, qui fait que le pessimiste, épris du néant, a droit de vivre, de jouir, d'aimer les bonnes et belles choses ; que le déterministe délibère tout comme le croyant au libre arbitre, et accepte devant les hommes la responsabilité de ses actes : tout comme on se sert dans le langage de mots et d'images qui impliquent mille croyances et une conception de l'univers que nos pères des antiques tribus aryennes s'étaient faites, et que nous avons réformées depuis des siècles.

Il faut lire et méditer là-dessus les règles que donne Pascal dans son fragment de *L'Art de persuader* : nul n'a mieux connu que lui l'art de raisonner, nul n'a mieux raisonné. Jamais on n'a fait un usage plus fécond de la déduction : et c'est par le juste sentiment de ce qui était évident ou démontré, par la rigoureuse exclusion de toute proposition incertaine ou obscure, c'est en connaissant avec précision l'étendue et la force des principes dont il partait, que de vérités banales souvent il a su développer d'étonnantes conséquences.

Dans le passage des principes aux conséquences, il n'est pas ordinaire d'errer : cependant on se trompe parfois, et voici comment. On abuse de l'équivoque des termes, ou l'on en est abusé, et l'on conclut contre le droit. On élargit le sens d'un mot ; on y met ce qui n'y était pas ; et, sans s'apercevoir qu'on a introduit des éléments nouveaux dans la question, on la résout par les principes qui ne conviennent qu'aux premières données. C'est la source de beaucoup de faux raisonnements : comme lorsque, sous le prétexte de l'égalité naturelle de tous les hommes, on prétend abolir toutes les inégalités et même toutes les différences sociales. Car le principe : *tous les hommes sont égaux*, veut dire que les hommes possèdent également la dignité que la raison et la conscience confèrent à la personne humaine ; qu'ils ont droit au même respect, en tant que *personnes humaines*, et qu'ils ont droit au libre exercice de leur activité, limité seulement par le droit égal des autres activités. Mais quand on en déduit que l'égalité absolue, toute supériorité abolie avec toute distinction, toute propriété, toute autorité, que cette égalité-là doit régner dans la société humaine, le raisonnement est faux, et l'on joue sur le mot *égalité*. On met dans la conclusion ce qui n'est pas dans le principe ; car cette égalité réelle ne peut être la conséquence logique et nécessaire de l'égalité essentielle de tous les hommes que si celle-ci implique l'égalité de bonté, d'intelligence, de travail, de mérite : ce qui n'est pas.

Pascal conseille ici fort à propos de *substituer toujours mentalement les définitions à la place des définis, pour ne pas se tromper par l'équivoque des termes que les définitions ont restreints*. C'est-à-dire qu'il faut se rendre toujours un compte rigoureux de la valeur des mots qu'on emploie, n'en perdre jamais de vue le sens précis, et prendre garde de conserver toujours la même étendue au même terme. Outre que cela assure l'exactitude des conséquences qu'on tire, cela mène à en tirer de plus fines et de plus lointaines, et rien peut-être n'a tant servi Pascal que celle attention à conserver toujours les définitions présentes à son esprit : il apercevait toujours, d'une vue claire et distincte, les choses sous les mois, qui lui rendaient ainsi plus qu'à nul autre.

Chapitre VIII.

Du pathétique

Je n'entreprendrai pas de donner des règles sur l'invention du pathétique : ici l'on n'invente pas, on sent. Et à vrai dire il n'y a pas de sujets pathétiques : il y a des natures qui sentent fortement, des occasions où l'on sent fortement. Le pathétique ne peut être le corps d'un développement ; c'en est, si l'on veut, l'âme et la vie. On a toujours des faits à exposer, des raisonnements à expliquer ; si l'on sent vivement ce qu'on doit dire, on le dira pathétiquement. Mais hors des faits et du raisonnement, ce qu'on appelle le développement pathétique ne saurait être que l'amplification creuse, à grand renfort d'épithètes et de périphrases. Le mot de La Bruyère peut s'appliquer à l'expression de tous les sentiments : « Amas d'épithètes, mauvaises louanges ; ce sont les faits qui louent, et la manière de les raconter. » Quand Mme de Sévigné veut faire sentir à sa fille tout son chagrin de leur séparation, elle ne se jette point dans les exclamations, elle n'emploie pas les adjectifs : elle raconte par le menu l'emploi de sa journée, après que Mme de Grignan fut partie. Dans les sermons de Bossuet et de Bourdaloue, le pathétique sort pour ainsi dire de toutes les mailles d'une argumentation serrée, poussé dehors par la chaude conviction et l'inépuisable charité de l'orateur, sans qu'une seule phrase tende par soi-même à autre chose qu'à prouver. Les couplets les plus passionnés et les plus touchants de Racine, l'explosion de fureur d'Hermione, la prière de Clytemnestre pour sa fille, sont de *longues chaînes de raisons*, qui mènent l'esprit de l'auditeur à une conséquence logique, conforme à l'émotion dont son cœur est pénétré. Ce qu'on met comme étant de soi pathétique, et non comme une pièce nécessaire de l'action ou du raisonnement, est faux presque toujours et se refroidit vite : c'est du mélodrame, et bon pour un jour, au boulevard. Ici, comme en fait de comique, tout ce qui ne jaillit pas du sujet, quoi que ce soit, est de qualité inférieure.

Chapitre IX.

Du rapport des mots et des choses. — Ses conséquences pour l'invention

Je n'ai plus qu'un mot à ajouter. Tout le travail que je viens de recommander deviendrait singulièrement facile, et l'invention recouvrerait une surprenante fécondité, si l'on prenait les mots pour ce qu'ils sont, pour des signes, et si l'on s'accoutumait à leur substituer toujours les choses signifiées.

M. Taine l'a justement remarqué : les mots tiennent la place des images qu'ils désignent, et la plupart du temps ils ne les évoquent pas. Quand nous lisons, et même quand nous pensons, nous n'apercevons pas sous chaque mot l'image correspondante : le mot est seul dans notre esprit, notation sèche, algébrique, et qui nous suffit parce qu'elle est familière et connue, et que nous nous sentons le pouvoir de la remplacer à chaque moment par l'image. Mais tant que cette évocation n'est pas faite, nulle pensée originale, nulle invention n'est possible : les mots se combinent en nous, sans nous, mécaniquement, selon les affinités et les répugnances qu'ils ont contractées, avant nous souvent et hors de nous « par leur association avec l'expérience de l'objet et avec l'image de l'objet ». Nos yeux lisent, nos oreilles écoutent : nous pensons les formes et les sons des mots ; rien ne va à l'imagination ni au cœur, et rien par conséquent n'en sortira, si nous n'insistons et ne forçons le mot à céder sa place à la sensation même de l'objet, réveillée et rafraîchie. Comme on se contente, à l'ordinaire, de la sensation que donne le mot tout sec et tout nu, et comme tous les mots sont en somme des sensations pareilles de la vue et de l'ouïe, on ne s'aperçoit pas qu'ils forment deux catégories bien distinctes : les uns représentent des objets dont on peut faire l'expérience directe, les autres représentent quelque chose dont l'expérience est impossible. Je puis évoquer l'image d'un individu désigné par un nom propre ; le nom commun, général et abstrait, représente toute une collection d'objets, et seulement les qualités communes à tous ces objets. « Le nom d'arbre, dit M. Taine, exprime la qualité commune à toutes les espèces d'arbres, peupliers, chênes, cyprès, bouleaux, etc. » Nulle image n'y correspond : comment dessiner *l'arbre*, qui ne soit qu'arbre, c'est-à-dire quelque chose qui soit à la fois peuplier et chêne, sans être ni un peuplier ni un chêne ? Ce qui y équivaut, c'est une définition énonçant les caractères communs à tous les arbres. L'impossibilité est plus grande encore pour les termes purement abstraits, et non généraux ni collectifs, qui expriment des qualités, des manières d'être, tous les accidents possibles de la substance. Comment se représenter la blancheur, la longueur, la force, sans se représenter une chose blanche, longue, forte ?

Faute de sentir cela, on prend les noms abstraits comme répondant à des réalités concrètes. Les esprits très jeunes, et que la réflexion philosophique n'a point affinés, ont une très forte tendance à se méprendre : presque toujours ils sont *réalistes*, comme on pouvait l'être au temps d'Abailart et de Guillaume de Champeaux. Ils ne conçoivent pas que ces mots-là ne représentent rien de sensible, et ils manient les abstractions à pleines mains comme le maçon ses moellons. J'ai lu quelque part, dans une composition d'élève sur les qualités que doit avoir le style : « Quand on a donné au style la clarté et la propriété, *on ajoute la brièveté*. » Sur de telles conceptions, si grossières et si carrées, l'intelligence ne peut mordre : elles échappent vraiment à la prise de la pensée.

TROISIÈME PARTIE.

DISPOSITION

Chapitre premier.

Rapports de l'invention et de la disposition

Il y a quelque chose de factice et de convenu dans la distinction nécessaire qu'on fait des diverses opérations par lesquelles l'intelligence mène un ouvrage de la conception première à l'entier achèvement. Toutes ces opérations sont simultanées autant que successives, et si l'esprit peut passer de la première à la seconde, c'est que la seconde est déjà dans la première, la continue et la parfait. L'invention s'accompagne forcément d'un certain arrangement des parties et arrête certaines expressions : il est impossible de trouver les idées qui conviennent à un sujet, sans prendre déjà, une sorte de parti sur la place qu'on leur assignera et les termes qui les traduiront. Il n'y a point de matière, si brute qu'elle soit, qui n'ait une forme : pareillement les pensées, matière des créations de l'esprit, ne peuvent être conçues hors de toute forme, c'est-à-dire sans un certain plan et sans un certain style.

D'autre part, quand on s'occupe de disposer les matériaux qu'on a amassés, et qu'on s'ingénie à trouver le meilleur ordre qui éclaire et mette en valeur les idées qu'on a choisies, l'activité inventive de l'esprit ne se repose pas pour cela. Sans que nous y fassions attention, et comme en dehors de notre conscience, l'esprit travaille et cherche, combine et découvre encore, et soudain parmi les lignes de plan que nous arrêtons nous voyons surgir une pensée nouvelle, importante souvent, parfois vraiment principale et maîtresse, à laquelle il faut tout soumettre, et qui nous oblige à bouleverser l'édifice commencé. En d'autres termes, l'effort de l'intelligence qui ordonne ses idées, et cherche la plus courte voie et la plus facile pour atteindre son but et y mener les autres, est éminemment suggestif. Le seul contact des idées qui doivent être rapprochées suscite d'autres idées : la série qu'on ordonne se continue d'elle- même, après qu'on a classé ses premières acquisitions ; l'œuvre maintenue dans sa droite direction par la sévérité du plan est poussée plus loin, plus haut, plus profondément qu'on n'avait pensé d'abord, et le terme qu'on espérait à peine d'atteindre est allègrement franchi.

Mais on perdrait tout le bénéfice et de l'invention et de la disposition, si, par trop de hâte, on commençait par s'enfermer dans un plan. Si l'on n'avait d'abord, par une aventureuse et libre recherche, récolté de tous côtés les matériaux qu'on emploiera, si l'on n'avait poussé son exploration en tous sens, un peu au hasard, prenant sans compter, fourrant pêle-mêle dans son sac tout ce qui pourra servir, sans trop s'embarrasser de savoir comment et quand il servira, si l'on n'avait battu tous les buissons, à gauche, à droite, devant, derrière, fait mille tours, s'arrêtant, allant, revenant, s'écartant, comme le chasseur qui sait qu'il y a du gibier dans une région, sans savoir où il est, il serait prématuré de choisir l'ordre selon lequel on traitera son sujet. Il faut conserver la liberté de ses mouvements, ne point gêner la naturelle allure de l'esprit, en lui imposant une direction trop rigoureuse, en l'emprisonnant dans des divisions trop absolues : il resterait stérile et ne trouverait rien. Il faut le laisser quêter à sa guise : en chasse, on découple les chiens, on ne les tient pas en laisse. Ce n'est que lorsqu'on a amassé un- grand butin qu'on doit songer à en faire l'inventaire, à le classer : et de la diversité naturelle des choses, de leurs analogies et de leurs oppositions, la réflexion dégage une ordonnance logique et sûre. Le procédé inverse ne mènerait à rien : à quoi bon tracer des cadres, quand on n'a rien à y mettre ? Le passage d'un plan rigoureusement arrêté aux idées qui doivent s'y distribuer est singulièrement difficile : les choses ne se présentent pas ainsi à notre appel ; on ne les a pas à commandement ; elles ne sont point là qui nous attendent, prêtes à passer à leur tour. Il faut les prendre à la pipée, selon le mot du vieux Régnier, comme des oiseaux sauvages et fantasques. Le dessin de l'œuvre entière, fait prématurément, retient l'inspiration, et détruit la spontanéité par la netteté impitoyablement sèche de ses lignes régulières. De plus, il arrivera qu'on fera ainsi le plan d'un ouvrage idéal, non d'un ouvrage possible : on consultera plus ses désirs que ses forces, et l'on échouera forcément dans l'exécution : on aura dessiné un palais de marbre, quand on aura juste de quoi faire une bicoque de moellons. De là bien des déceptions, des angoisses, des découragements, et finalement on lâche tout : pour avoir rêvé plus qu'on ne pouvait faire, on ne fait pas même ce qu'on peut.

Ce n'est pas à dire que l'on doive abandonner l'invention tout à fait au hasard. Non, dans cette chasse aux idées, on circonscrira le champ qu'on veut explorer, et dans ce canton qu'on aura délimite, on s'orientera : mais rien de plus. L'énoncé du sujet marquera les limites extrêmes hors desquelles il ne faut pas s'écarter, il donnera aussi le sens général dans lequel il faut marcher.

L'attention distinguera donc les diverses opérations qui s'unissent dans le jeu spontané des énergies naturelles. Elle se portera tout entière d'abord, et aussi longtemps qu'il faudra, sur l'acquisition des idées qui doivent être la matière de l'œuvre : et quand elle en aura amassé un assez grand nombre, quand elle croira que rien d'essentiel ne lui a échappé, elle s'occupera alors de les ordonner et de les placer selon leurs rapports intimes. Elle divisera l'acte unique de l'esprit, et, prêtant toute sa vigueur successivement à chacune des parties qu'elle aura séparées, elle rendra chaque opération plus efficace et plus féconde.

Chapitre II.

Utilité de l'ordre. — Rapport de l'ordre et de l'originalité

On affecte souvent de mépriser cette partie du travail qui consiste à disposer ses idées et à marquer d'avance tous les points de la route où l'on doit passer. Métier de manœuvre, dit-on : cette patiente régularité est l'œuvre d'un génie médiocre. Les grands esprits, qui prennent les choses de haut, n'ont qu'à se lancer, portés au but par le droit jet de l'inspiration. C'est là le langage de la paressa, qui fuit la peine, ou de l'orgueil, qui la dissimule. Tout ce qu'on prétend laisser à l'inspiration, on le livre au hasard. Il n'y a pas de maçon bâtissant une grange qui *ne s'abandonne plus à l'instinct du génie* que Michel-Ange construisant Saint-Pierre de Rome : il n'y mit point une pierre, pour ainsi dire, sans savoir d'avance pourquoi, sans en avoir médité l'utilité, les rapports avec tout l'édifice, ce qu'elle ajoutait à lu solidité de la masse, ce qu'elle devait porter de poids et fournir de résistance. Les génies supérieurs sont ceux qui prévoient tout.

Qu'il y ait eu des esprits privilégiés dont l'improvisation avait tous les caractères de la méditation, et qui dans le développement spontané de leur pensée gardaient l'ordre exact, la marche régulière, le mouvement égal et continu, qui n'appartiennent ordinairement qu'aux œuvres de patience et de réflexion : je ne le nie pas. Mais ces exceptions mêmes prouvent ce que je dis : si ces rares natures se dispensent de l'ennui de la composition, c'est que, par un don singulier, elles conquièrent d'une seule vue, par une rapide intuition, ce que le vulgaire n'obtient que par la longue patience et l'attention laborieuse : c'est que leur plan s'est fait en un moment, et leur œuvre se développe selon un modèle idéal que leur imagination contemple. S'ils vont au but avec cette sûreté, c'est qu'ils savent bien leur route. Il ne faut pas se croire trop aisément leur parent et leur pareil ; il faut aller avec le vulgaire et penser qu'on en est, tant qu'on n'a pas de fortes preuves du contraire. Si l'on n'imagine pas dans la dernière précision, avec tout le détail et les moindres parties, aussi nettement que s'il était sur le papier et sous nos yeux, le dessin complet de l'œuvre qu'on doit exécuter, on se résignera à n'être pas un génie supérieur ; et l'on suppléera à l'intuition par la réflexion qui combine et note un plan mûrement, patiemment, longuement.

Ce n'est qu'ainsi qu'on pourra acquérir, après un long exercice, la dextérité et la souplesse, qui permettent ensuite d'abréger le travail, d'ordonner promptement ses matériaux, et de classer presque en acquérant. Alors d'idée naîtra pour ainsi dire toute placée, logée en un coin le l'œuvre, sans pouvoir être mise ailleurs, et comme aillée à la mesure et en la manière qu'il faut pour adhérer à ses voisines. La disposition en arrive ainsi à s'absorber presque dans l'invention et dans l'exécution : elle ne se fait pas moins, elle se fait plus vite. Mais quel patient apprentissage, que de pratique il faut pour acquérir cette promptitude ! Qu'il faut avoir tâtonné, redressé, corrigé, pour acquérir cette justesse de coup d'œil et cette sûreté de main !

On refuse souvent de se livrer à ce travail, parce qu'on croit gagner du temps et avoir plus tôt fait. Il est très vrai qu'il y a des esprits d'une malheureuse fécondité, qui savent parler avant d'avoir pensé, échauffés de je ne sais quelle chaleur, qui emporte leur langue ou leur plume d'une folle et infatigable allure : n'ayant pas toujours le temps de se rendre compte de ce qu'ils disent, confiants en leur démon et dans la bonne foi du public, qui saura bien y trouver un beau sens. Mais, en général, on ne fait point par-là économie de son temps ni de sa peine. Ce qu'on a gagné en gros, on le reperd en détail. Car on se trouve arrêté, empêché à chaque moment : cette idée qu'on rencontre, est-ce bien là qu'il faut la mettre ? Est-elle assez développée, trop, ou trop peu ? Le sentiment des proportions fait défaut : à peine sait-on si la pensée que l'on tient est essentielle ou incidente, s'il faut glisser ou appuyer. Je ne sais quelle gêne, quelle incertitude vous envahit, vous empêche de vous livrer tout entier à votre œuvre : je ne sais quelle appréhension de ne faire que du provisoire, vous poursuit dans la moindre de vos phrases, vous glace, et vous empêche de rien écrire d'une main ferme et hardie.

À supposer que l'esprit soit assez décidé ou assez alerte pour ne pas s'inquiéter de l'absence de plan et n'en pas ralentir sa marche, il s'exemptera de la crainte de l'erreur, mais non de l'erreur même. Il se jettera dans les défauts qu'il n'aura pas redoutés. Que de livres on voit, où il y a plus de matière et plus de talent qu'il n'en fallait pour être bons, et qui sont mauvais ! Il n'y manque qu'une chose : l'ordre, et faute de ce mérite, presque négatif, semble-t-il, tout ce qu'ils ont d'excellent et de rare manque son effet et périt en pure perte. Je ne sais pas si la confusion et la mauvaise distribution n'ont pas fait tomber plus d'ouvrages que la pauvreté d'invention, le manque d'esprit, le mauvais style, et tous les défauts ensemble qu'on peut imaginer. Qu'on prenne le genre qu'on voudra, discours, histoires, romans, comédies, on verra qu'il y a peu d'œuvres qui réussissent, encore moins qui durent à travers les siècles, sans une bonne économie : et pour peu qu'on ait de curiosité, on découvrira dans la multitude innombrable des écrits oubliés, pour peu qu'on ait d'attention, on notera dans le passage incessant des écrits qui ne naissent que pour mourir, plus d'une œuvre que les plus hautes qualités, que des morceaux admirables, des beautés singulières, semblaient adresser à l'immortalité. Théophile était plus poète que Malherbe, mais Malherbe composait : Théophile jetait sur le papier tout ce que sa fantaisie créait, et, sous prétexte de libre inspiration, noyait son talent dans la facilité et ses beaux vers dans le fatras. Un moindre génie, qui sait ordonner ses inventions, touche plus sûrement le but, fait une œuvre plus forte et plus belle qu'un grand esprit qui dédaigne ce soin asservissant.

Si l'on n'a pas dressé avec exactitude le plan de son ouvrage, l'exécution aura presque à coup sûr des inégalités et des disproportions choquantes. Ceci sera trop court, cela trop long. Ici l'auteur se laissera aller sans nécessité, et même à contretemps, à développer quelque idée favorite ; il s'épanchera sur ce qui lui tient au cœur, sans trop regarder si c'est de son sujet. Il abondera dans son sens, et, suivant le fil de son idée, il s'éloignera insensiblement du droit chemin, et se retrouvera soudain fort loin du but. Saisi à chaque moment de la vérité de ce qu'il exprime, il poussera devant lui ; il s'enfoncera dans les affirmations de plus en plus absolues, et il ne s'apercevra pas que ce qu'il dit maintenant contredit ce qu'il a dit tout à l'heure, que ce sont des vérités partielles et relatives, qui doivent se tempérer et se limiter mutuellement L'humeur du moment donnera le ton à son œuvre, et l'on y lira toutes les lassitudes, tous les caprices, toutes les faiblesses de son esprit pendant l'exécution. Ne pouvant se corriger, il se répétera, ou il se démentira. N'ayant pas rapporté chaque partie au tout et aux autres parties, il ne taillera point chacune de ses pensées à la convenance du sujet, il leur laissera trop de largeur ou trop peu : il n'y touchera pas avec précision le point par lequel elles tiennent à sa matière ; elles garderont du vague et de l'incertitude : elles resteront plus ou moins à l'état de simulacres flottants et sans consistance, de silhouettes lumineuses parfois et vives, mais où l'on ne sentira point le solide soutien des muscles et des os. Enfin, ne calculant pas la distance à parcourir ni l'effort à donner, il écrira pour lui, non pour le lecteur : il estimera intéressant ce qui l'intéresse, clair ce qu'il comprend, vrai ce qu'il croira, et ainsi il ne saura éviter ni l'ennuyeux, ni l'obscur, ni le faux. Il prodiguera les vues originales, les pensées profondes, les mots d'esprit, les traits touchants : il sèmera dans son œuvre de quoi faire un chef-d'œuvre : et le lecteur, ne sachant pas où on le mène, égaré, rebuté, étourdi, aveuglé, n'y comprendra rien, bâillera, et jettera le volume : car tous les hommes ne sont pas d'humeur à refaire le livre qu'ils lisent. Quelques lecteurs d'élite goûteront ce qu'il y a d'exquis, trouveront que c'est dommage, qu'il y avait là quelque chose, que le public a jugé bien rigoureusement, et deux cents ans après la mort de l'auteur on le *réhabilitera*, c'est-à-dire qu'on l'éditera une fois, qu'on en parlera quelques jours et qu'on ne le lira guère plus.

Je ne sais que deux écrivains qui aient pu se passer d'être méthodiques sans y perdre. L'un est Montaigne : son désordre est une partie de son génie : le décousu rend sa fantaisie plus charmante et convient à son propos. Pour peindre ce sujet ondoyant et divers, qui est l'homme, il ne faut pas être régulier et correct : aligner, tailler, disposer symétriquement tous ces propos sceptiques, comme a fait ce lourd scolastique de Charron, c'est un contresens et une trahison.

L'autre est Fénelon : tous ses écrits ne sont guère que de charmantes improvisations. Et qui veut voir ce que l'absence d'un plan réfléchi peut introduire dans un ouvrage de contradictions, de digressions, de répétitions, d'exagérations, n'a qu'à relire la spirituelle, originale, délicieuse causerie de la *Lettre à l'Académie*.

Fénelon savait pourtant ce que vaut l'ordre, et dans cette même *Lettre à l'Académie* il en fait la plus rare et presque la plus essentielle des qualités de l'orateur.

« Il remonte d'abord au premier principe, dit-il, sur la matière qu'il veut débrouiller ; il met ce principe dans son premier point de vue ; il le tourne et le retourne, pour y accoutumer ses auditeurs les moins pénétrants ; il descend jusqu'aux dernières conséquences par un enchaînement court et sensible. Chaque vérité est mise à sa place par rapport au but : elle prépare, elle amène, elle appuie une autre vérité qui a besoin de son secours.....

« Tout le discours est un : il se réduit à une seule proposition mise au plus grand jour par des tours variés. Cette unité de dessein fait qu'on voit d'un seul coup d'œil l'ouvrage entier, comme on voit de la place publique d'une ville toutes les rues et toutes les portes, quand toutes les rues sont droites, égales et en symétrie. Le discours est la proposition développée, la proposition est le discours en abrégé.

« Quiconque ne sent pas la beauté et la force de cette unité et de cet ordre n'a encore rien vu au grand jour : il n'a vu que des ombres dans la caverne de Platon. Que dirait-on d'un architecte qui ne sentirait aucune différence entre un grand palais dont tous les bâtiments seraient proportionnés pour former un tout dans le même dessein, et un amas confus de petits édifices, qui ne feraient point un

vrai but, quoiqu'ils fussent les uns auprès des autres ?...

« Il n'y a un véritable ordre que quand on ne peut en
déplacer aucune partie sans affaiblir, sans obscur-
cir, sans déranger le tout......

« Tout auteur qui ne donne point cet ordre à son
discours ne possède pas assez sa matière ; il n'a
qu'un goût imparfait et qu'un demi-génie. L'ordre est
ce qu'il y a de plus rare dans les opérations de l'esprit : quand l'ordre, la justesse, la force et la véhé-
mence se trouvent réunis, le discours est parfait. »

Ceux qui penseraient que le mérite de bien placer chaque pensée est un mérite purement négatif, se tromperaient. Cela, du
reste, n'en diminuerait guère l'importance, et c'est par un injuste
mépris que nous appelons négatives les qualités sans lesquelles
toutes les autres, plus éclatantes, plus enviées, sont inutiles.
Mais celle-ci n'aide point seulement les autres à produire leur
plein effet : elle ajoute réellement quelque chose, elle ajoute
beaucoup à l'ouvrage. Selon la disposition qui leur est assignée,
les idées sont faibles ou fortes, fécondes ou stériles, non point
en apparence, mais en effet. Les idées sont susceptibles d'une
infinité de valeurs, comme les mots d'une infinité de sens : la
place qu'on leur donne exclut toutes les valeurs possibles, sauf
une seule qu'elle réalise ; elles n'existent vraiment que quand
elles sont ainsi localisées. Ce ne sont point des pièces d'un mé-
tal précieux, qui circulent de main en main sans se déprécier ni
acquérir de plus-value : ce sont des papiers qui sont aujourd'hui
en baisse, demain en hausse, chiffons aux mains du malhabile,
qui valent une fortune aux mains de l'homme avisé. Ce qui, mal
placé, est une niaiserie ou une platitude, peut-être, dans un autre
lieu, une vue profonde et fertile en conséquences.

Comme les pensées absolument et essentiellement neuves
sont rares, on peut dire que, dans la plupart des cas, la disposition est la vraie mesure de l'invention : la richesse et la fécondité
de l'esprit créateur se manifestent par l'ordonnance de l'œuvre.

En effet, comme l'invention consiste alors à découvrir des rapports inaperçus, à créer des liaisons nouvelles d'idées et de sentiments, elle est inséparable de l'ordre, et ne pourra se réaliser et s'exprimer que par lui. Invention, création, originalité, nouveauté, tout cela, en dernière analyse, se réduira à la conception d'une forme, c'est-à-dire d'un enchaînement, d'une subordination, d'une proportion, qui mettent en lumière des rapports nouveaux entre des pensées anciennes, et leur attribuent des valeurs nouvelles.

> « Qu'on ne dise pas, écrivait Pascal, que je n'ai rien dit de nouveau : la disposition des matières est nouvelle. Quand on joue à la paume, c'est une même balle dont on joue l'un et l'autre, mais l'un la place mieux.

> « J'aimerais autant qu'on me dît que je me suis servi de mots anciens ; et comme si les mêmes pensées ne formaient pas un autre corps de discours par une disposition différente, aussi bien que les mêmes mots forment d'autres pensées par leur différente disposition. »

Ainsi pensait Pascal, et tout son siècle avec lui. Dans ce siècle, le plus vraiment riche et fécond de notre littérature, nul ne semble se soucier d'inventer sa matière. Descartes part d'un mot de saint Augustin : *Je pense, donc je suis*, et ne prouve que de vieilles vérités, l'existence de Dieu, celle du monde extérieur, l'immortalité de l'âme. Bossuet évite comme une dangereuse tentation du mauvais esprit l'ombre d'une idée nouvelle, et ne veut rien dire qui ne soit dans l'Écriture ou dans les Pères. La Fontaine refait les fables d'Ésope et de Pilpay, Corneille met en français *le Cid* de Guilhem de Castro, et Racine prend à Euripide sa Phèdre et son Iphigénie. Molière prend dans Plaute, dans Térence, dans les Italiens, aux vivants comme aux morts : tout ce qui a été dit de comique est son *bien*. Et les plus grands écrivains de tous les temps et de tous les pays ont-ils fait autre-

123

ment ? Shakespeare prend ses sujets dans des chroniques anglaises ou danoises, dans les auteurs italiens ou dans Plutarque. Virgile met à contribution Ennius et Lucrèce, Homère et les Alexandrins. Plaute et Térence adaptent les pièces de Ménandre, de Diphile, d'Apollodore. Sophocle reprend les sujets d'Eschyle, et Euripide y revient après Sophocle. Les sujets sont à tout le monde ; chaque écrivain qui veut se les approprie, sans croire voler ses devanciers, comme nos peintres peuvent faire des *Sainte Famille* après Raphaël, des *Adoration des Mages* après Rubens, comme nos sculpteurs réalisent après les Grecs les types de Diane et de Vénus. Où donc est l'invention ? où l'originalité ? Dans la forme, dans l'empreinte particulière que l'artiste met sur un sujet banal : en d'autres termes, dans la combinaison nouvelle des éléments, dans l'expression de rapports inexprimés jusque-là ; il innove, suivant son tempérament personnel, suivant ses habitudes d'esprit et ses formules d'art, dans la distribution des lumières et des ombres, dans la composition des plans ; il change les proportions des parties, modifie leur valeur : enfin, par un agencement nouveau, il renouvelle une vieille matière.

Ainsi Descartes n'invente rien que sa *méthode*, c'est-à-dire une certaine manière d'ordonner ses pensées ; par elle, il établit entre des vérités anciennement connues une liaison inconnue, il féconde une parole stérile dans saint Augustin, et il en fait sortir Dieu, l'homme et le monde. Et de même pour tous les autres que j'ai cités : Racine et Pradon usent des mêmes matériaux : mais l'un les taille et les place mieux que l'autre.

Chapitre III.

Du meilleur plan. — Du plan idéal
et du plan nécessaire.

Buffon a très bien indiqué comment devait se faire cette partie si importante du travail de l'écrivain.

« Avant, dit-il, de chercher l'ordre dans lequel on présentera ses pensées, il faut s'en être fait un plus général et plus fixe, où ne doivent entrer que les premières vues et les principales idées. c'est en marquant leur place sur ce premier plan qu'un sujet sera circonscrit et que l'on en connaîtra l'étendue ; c'est en se rappelant sans cesse ces premiers li-néaments qu'on déterminera les justes intervalles qui séparent les idées principales, et qu'il naîtra des idées accessoires et moyennes qui serviront à les remplir…

« C'est faute de plan, c'est pour n'avoir pas assez réfléchi sur son objet qu'un homme d'esprit se trouve embarrassé et ne sait par où commencer à écrire. Il aperçoit à la fois un grand nombre d'idées ; et comme il ne les a ni comparées ni subordonnées, rien ne le détermine à préférer les unes aux autres : il demeure donc dans la perplexité. Mais lorsqu'il se sera fait un plan, lorsqu'une fois il aura rassemblé et mis en ordre toutes les pensées essentielles à son sujet, il s'apercevra aisément de l'instant auquel il doit prendre la plume, il sentira le point de maturité de la production de l'esprit, il sera pressé de le faire éclore, il n'aura même que du plaisir à écrire…..

« Pour bien écrire, il faut donc posséder pleinement son sujet ; il faut y réfléchir assez pour voir clairement l'ordre de ses pensées, et en former une suite, une chaîne continue, dont chaque point représente une idée ; et lorsqu'on aura pris la plume, il faudra la conduire successivement sur ce premier trait, sans lui permettre de s'en écarter, sans l'appuyer trop inégalement, sans lui donner d'autre mouvement que celui qui sera déterminé par l'espace qu'elle doit parcourir[5]. »

Voilà bien comme il faut procéder. De la foule des matériaux accumulés, on tire quelques idées maîtresses, qui sont comme la solide charpente de l'ouvrage ; puis, s'attachant à chacune d'elles successivement, on en fait le centre autour duquel on groupe une série d'idées moins essentielles et plus particulières. Passant encore en revue chacune de ces séries, on prend chacune des idées qui les composent comme le petit centre d'un groupe inférieur, et l'on ne s'arrête que lorsqu'on a épuisé les idées que l'analyse du sujet avait fournies, lorsque sont déterminés ainsi la place de chaque partie dans le tout, et son rapport au tout et aux autres parties.

On se tromperait gravement si l'on pensait qu'il n'y a qu'un plan de chaque sujet : chercher ici l'absolu est pure chimère. L'ordre s'impose dans une démonstration mathématique, où, abstraction faite des sentiments personnels, tout le monde opère sur les mêmes données et tend au même but. Dans une composition littéraire, la sensibilité de l'écrivain, celle de l'auditeur ou lecteur, l'occasion, mille circonstances, l'information plus ou moins complète, le penchant de l'esprit vers tel ou tel genre de preuves, interviennent sans cesse et font que, sur chaque sujet, il y a autant de plans possibles qu'il y a de gens pour le traiter, et que le même homme, à deux moments différents, peut suivre deux différents plans.

Ainsi Bossuet, prêchant sur la Providence à Dijon et à Paris, compose deux discours tout à fait dissemblables par l'ordre et le tour particulier des pensées. Le rapport des parties est changé : ce qui était au premier plan passe au second, et réciproquement.

Le fond commun des deux sermons est que le désordre apparent des choses humaines est réglé par la main divine, que, l'ordre se rétablissant au dernier jour, les heureux de ce monde auront à trembler, et la tristesse des misérables se tournera en éternelle joie. Mais, à Dijon, devant un public de petites gens de province, Bossuet rassure et console : il fait éclater en pleine lumière la compensation infinie que les affligés de la vie terrestre recevront dans le ciel. À Paris, écouté d'une assemblée de riches, de grands seigneurs, de courtisans, il étonne, il menace : il prédit les tortures sans fin du mauvais riche. La diversité des auditoires a déterminé ainsi la diversité des plans.

Souvent il arrive que le plan le meilleur dans la circonstance n'est pas le meilleur absolument : un plan idéal, d'une régularité, d'une exactitude, d'une proportion parfaites, ne servirait souvent qu'à accuser les lacunes de notre pensée et les faiblesses de notre science. On ferait des têtes de chapitres sous lesquelles on n'aurait rien à mettre ; ces trous, devant lesquels le lecteur serait brusquement arrêté, l'empêcheraient de nous suivre où nous voulons le mener, et lui ôteraient toute confiance. L'amour de la symétrie ne doit pas aller si loin. Il ne s'agit pas de mentir et de masquer son ignorance d'une aventureuse assurance. Il faut dire ce qu'on pense, ce qu'on sait, laisser le reste, ne pas soulever les questions qu'on ne peut résoudre : au lecteur de faire la critique de notre œuvre, de mesurer notre science, d'estimer la droiture de notre raisonnement. Nous étant fixé un but, il s'agit de choisir la voie le plus rapide pour y atteindre, la plus sûre pour y conduire autrui : il ne faut pas, sous prétexte de franchise et de hardiesse, aller par les endroits où l'on est certain de se casser le cou.

Au point de vue de l'ordre idéal, rien de plus mal ordonné que le Discours de Démosthène *sur la couronne*, le chef-d'œuvre peut-être de l'éloquence humaine. Le sujet est la défense de Ctésiphon, accusé d'avoir fait illégalement décerner une couronne à Démosthène par le peuple athénien. Au fond, c'est Démosthène lui-même qui est visé, et sa politique. De plus, la légalité du décret de Ctésiphon est difficile à soutenir. Ces deux considérations ont amené l'auteur à un plan bizarre, disproportionné, qui semble défier les méthodes traditionnelles et les préceptes de l'école, mais d'une habileté supérieure, singulièrement ajusté à tous les besoins de la cause, et, dans le mépris de toutes les règles oratoires, fidèle à la loi suprême, qui est de persuader. Que fait-il ? Il étrangle la discussion sur la légalité du décret, qu'il glisse au milieu de l'apologie de sa politique, entre deux parties très étendues, dont la seconde est mêlée de toutes les invectives et de toute la diffamation qui peuvent rendre odieux son adversaire Eschine.

Il est bon d'avoir conçu le plan idéal qui convient au sujet, et d'essayer de le remplir : si l'on n'y peut parvenir, on s'efforcera d'en rapprocher le plus qu'on pourra le plan qu'on arrêtera conformément à ses forces et aux nécessités accidentelles. Cet effort exaltera l'esprit, l'empêchera de se satisfaire à bon compte et de poursuivre par les petits moyens le succès du moment. Au reste, quel que soit le plan que lon adopte, on devra toujours se soumettre à certaines conditions, sans lesquelles l'œuvre ne saurait se tenir. Dans l'irrégularité apparente, il y a toujours certaines lois essentielles qu'il faut respecter. Et ces lois sont les mêmes pour l'œuvre de haute littérature et pour la modeste composition de collège : l'écrivain rompu à tous les secrets de l'art doit s'y asservir, et elles soutiennent l'enfant qui s'essaye à écrire. Impérieusement salutaires, elles résultent de la nature des choses et de la forme immuable de l'esprit humain.

Chapitre IV.

Unité et mouvement

Les deux lois essentielles sont celles de l'unité et du mouvement ; de celles-là dérivent toutes les autres.

Une œuvre a de l'unité, si les parties qui la composent sont en nombre assez restreint pour que l'esprit les embrasse toutes ensemble d'une seule vue, si ces parties ont entre elles assez d'affinité pour qu'il en saisisse aisément la liaison, si enfin les impressions qu'elles font sur lui ne sont pas diverses au point de se contrarier et de s'annuler. Notre intelligence est bornée en son étendue : elle ne voit pas au-delà d'un certain rayon ; ce qui est trop grand lui échappe. Elle est bornée en sa finesse : ce qui est trop complexe la confond. Elle est bornée en sa vivacité : dans la chaîne infinie des choses, elle conçoit bien la dépendance qui unit des anneaux médiocrement éloignés, mais pour ceux qu'une longue distance sépare, il faut qu'on lui montre les chaînons intermédiaires ; elle ne peut franchir d'un coup qu'un bien petit nombre de degrés dans l'échelle des idées et des sentiments. Enfin elle est accompagnée d'une sensibilité bornée : les sensations extrêmes sont douloureuses et confuses ; les sensations analogues se mêlent et se brouillent ; les sensations contraires se détruisent ; les sensations simplement différentes s'affaiblissent et vivent aux dépens les unes des autres ; les sensations fortes sont tyranniques et veulent être seules dans l'âme, chassant ou excluant toutes les autres. De cette constitution immuable de notre nature sort la nécessité qui s'impose à l'artiste et à l'écrivain de découper dans le monde immense et divers des formes et des pensées un fragment de médiocre dimension, formant un tout homogène, capable d'être supposé indépendant et isolé du reste, présentant un rapport des parties facilement intelligible à l'esprit, et fournissant une diversité d'impressions facilement réductibles en une émotion dominante.

Cette unité que l'on demande n'est point la monotonie et l'uniformité, et n'impose point la sécheresse, la raideur et la pauvreté. Elle n'est point matérielle, mais idéale : elle ne consiste pas dans la répétition indéfinie d'une seule note, dans l'extension indéfinie d'une seule couleur, dans le développement indéfini d'une seule passion ; elle est dans le rapport, dans l'harmonie que l'auteur établit et que le public saisit entre les notes, les couleurs, les passions différentes. L'unité n'est pas identité, mais accord. Elle suppose, au contraire, diversité et complexité. Elle a pour image l'être organisé, qui dans l'unité de son individu assemble des parties dissemblables, accomplissant des fonctions dissemblables, mais qui, soumises les unes aux autres, concourent toutes également à l'entretien de sa vie et à la poursuite de la fin marquée par la nature à son activité.

Au reste, il y aura, selon l'écrivain, selon le sujet, selon le lecteur, mille degrés depuis la simplicité rigoureuse jusqu'à la plus souple complexité. Le lien des parties sera plus serré ou plus lâche, l'homogénéité plus ou moins forte ; la diversité des impressions faites sur l'âme pourra aller jusqu'à une certaine contrariété, comme leur analogie pourra être resserrée dans une rigoureuse identité. C'est au goût individuel à fixer les nuances et choisir les mesures. Mais nulle part ne devra manquer l'unité suprême.

Il n'est point de chef-d'œuvre dans aucune littérature où elle fasse défaut. L'expérience de tous les pays, de tous les siècles vérifie avec éclat la loi : il apparaît, et que toujours les ouvrages transmis à l'immortalité ont leur unité, et que cette unité est obtenue par mille moyens et susceptible de mille formes.

Regardons seulement quelques-unes de ces œuvres fameuses, où l'on a cru qu'elle manquait : nous l'y trouverons, et là précisément où il fallait qu'elle fût.

La tragédie d'*Horace* présente trois actions : l'une, nationale et sublime, la victoire d'Horace sur les Curiaces, de Rome sur Albe : l'autre, domestique et brutale, le meurtre de Camille par son frère ; la troisième, judiciaire et froide, le procès du meurtrier. Corneille avait bien vu le péril d'un sujet, si dramatique dans le récit de l'historien, mais si rebelle, en effet, à la forme dramatique. Qu'a-t-il fait ? Il a conçu de telle façon les caractères du frère et de la sœur, il a si fortement éclairé l'opposition de leurs égoïsmes fanatiques, que la victoire d'Horace doive produire la douleur frénétique de Camille, et celle-ci exaspérer la rage patriotique de son frère jusqu'à l'assassinat : ce dernier effet de la passion d'Horace pour Rome nécessite à son tour le jugement, que le précédent effet, qui est la victoire sur Albe, fait forcément aboutir à un acquittement. Tout se tient ainsi d'une dépendance nécessaire et visible, et une seule cause se manifeste dans la diversité des effets successifs.

Dans *Cinna*, on ne laisse pas d'être étonné de trouver un premier acte tout républicain, tandis que la foi monarchique anime les quatre autres. Il y a pis que duplicité d'action, il y a déplacement d'intérêt. Le personnage sympathique perd notre sympathie, et le personnage odieux la gagne. L'unité de l'œuvre est ailleurs : elle est dans le caractère d'Auguste. Le poète a conçu et a voulu exprimer que, dans une âme mauvaise, un effort énergique de volonté, appuyé sur certains sentiments, la lassitude, la désillusion, le dégoût, pouvait engendrer la générosité. Pour le faire entendre, il fallait montrer le tyran haïssable avant de faire voir l'empereur magnanime : l'auteur des proscriptions devait paraître d'abord, pour se transformer jusqu'à pardonner à son assassin.

Dans *Polyeucte*, dans Pompée, dans *Nicomède*, on trouvera des personnages et des scènes où la familiarité touche au comique. Chez Molière, dans *le Tartufe*, dans *Don Juan*, dans *le Misanthrope*, le ton s'élèvera parfois, et la comédie semblera verser dans le tragique. Mais jamais ces émotions dissonantes ne seront dominantes et poussées jusqu'à faire obstacle à l'émotion supérieure, qui est propre au genre.

Cependant ce sont là des exemples pris de la littérature classique, et l'on ne trouvera point extraordinaire que, jusque dans leurs écarts apparents, les poètes du XVIIe siècle aient, au fond, respecté les règles universellement admises en France de leur temps.

On a coutume de leur opposer le génie libre et sans entraves de Shakespeare : mais Shakespeare, s'il ne subissait pas une tradition despotique, subissait les conditions que son génie et son bon sens lui disaient être nécessaires à l'œuvre d'art pour produire son effet : d'instinct, sans dogmatiser et sans disserter, il s'y conformait, il y en enfermait sa verve et son inspiration. Aussi n'a-t-il pas manqué d'imposer à ses œuvres une réelle unité, en dépit de leur aspect capricieux et désordonné.

Je pourrais faire voir cette unité dans *Othello* ou dans *Macbeth* : j'aime mieux la rendre sensible dans une des pièces où l'on s'attendrait le moins à la trouver, dans un de ces drames que sa fantaisie découpait dans les vieilles chroniques, et où il ne semblait guère songer à mettre un autre ordre que l'ordre historique des événements : dans *Richard III*. À la troisième scène, la reine Marguerite, veuve de Henri VI, est amenée devant la reine Élisabeth, femme d'Édouard IV, qu'entourent ses parents et ses courtisans : et là, pour tous les malheurs de Lancastre, pour son mari, pour son fils égorgés, elle prononce une terrible malédiction contre York et tous ses partisans :

> « Qu'à défaut de la guerre, votre roi périsse par la débauche, comme le nôtre a péri par le meurtre pour le faire roi ! Qu'Édouard, ton fils, aujourd'hui prince de Galles, pour Édouard, mon fils, naguère prince de Galles, meure dans sa jeunesse par une aussi brusque violence ! Toi-même, qui es reine, puisses-tu, pour moi, qui fus reine, survivre à ta gloire, ainsi que moi, misérable ! Puisses-tu vivre longtemps, à pleurer la perte de tes enfants, et, à ton tour, en voir une autre parée de tes droits, comme tu t'es installée dans les miens ! Que tes jours de bonheur meurent longtemps avant ta mort ! Et puisses-tu, après de longues heures de désespoir, mourir, n'étant plus mère, ni épouse, ni reine d'Angleterre ! — Rivers, et toi, Dorset, vous étiez là, et tu y étais aussi, lord Hastings, quand mon fils fut frappé de leurs poignards sanglants. Je prie Dieu que nul de vous ne vive son âge naturel, et que

vous soyez tous fauchés par quelque accident imprévu ... »

(*À Glocester, plus tard Richard III*). « Si le ciel tient en réserve des châtiments plus terribles que tous ceux que je puis te souhaiter, oh ! qu'il les garde jusqu'à ce que tes crimes soient mûrs, et qu'alors il précipite son indignation sur toi, le perturbateur de la paix du pauvre monde ... »

Voilà le lien de la pièce et comme l'âme : cette malédiction, qui porte avec elle une puissance fatale, ira s'accomplissant à travers le drame, jusqu'à ce que, toutes les victimes marquées par elle étant épuisées, leurs spectres se présentent au seul qui reste, à leur assassin, Richard III, et l'avertissent que son heure est venue. Encadrées entre la malédiction de Marguerite et la vision du roi, toutes ces scènes, où se distribuent les événements de tout un règne, vivent d'une même vie et s'éclairent d'un même jour, sinistre et effrayant.

En France, depuis la révolution romantique, on se pique de marcher sur les règles anciennes et de porter à tout propos des défis à Boileau. Il y a peu de gens qui aient le courage d'avouer que, bien comprises, ces règles valent encore aujourd'hui, et que les plus indépendants, s'ils ont un vrai sentiment de l'art, suivent d'instinct les lois qu'ils méprisent par théorie. C'est pourtant ce qui arrive : V. Hugo démolit bruyamment les trois unités, mais il avoue qu'*après tout un sujet concentré vaut mieux qu'un sujet dispersé*, sauvant ainsi ce qu'il y avait d'essentiel dans les unités, l'unité d'action et d'intérêt.

Dans un roman assez récent, l'unité se manifeste par un effet singulier et saisissant. L'auteur nous fait accompagner des marins bretons dans leurs lointaines expéditions : l'un pêche la morue en Islande, l'autre sert l'État en Indochine, tandis que les mères et les fiancées comptent tristement les jours, travaillant et écoutant les bruits de la mer. Ces scènes se passent sur trois points bien distants du globe. Mais l'écrivain, qui est poète et philosophe, y sent un rapport profond : le même soleil éclaire la froide Irlande, l'humide Bretagne, l'Inde ardente ; sur toutes les joies et toutes les douleurs de ces êtres, qui s'aiment, se regrettent, s'espèrent, il brille indifférent et verse également sa tranquille lumière.

Le matelot Sylvestre meurt sur un navire-hôpital, dans l'océan Indien.

« Pour lui faire plaisir, on finit par ouvrir un sabord, bien que ce fût encore dangereux, la mer n'étant pas assez calmée. C'était le soir, vers six heures. Quand cet auvent de fer fut soulevé, il entra de la lumière seulement, de l'éblouissante lumière rouge. Le soleil couchant apparaissait à l'horizon avec une extrême splendeur, dans la déchirure d'un ciel sombre ; sa lueur aveuglante se promenait au roulis, et il éclairait cet hôpital en vacillant, comme une torche que l'on balance......

« Il se débattait maintenant, il râlait. On épongeait aux coins de sa bouche de l'eau et du sang, qui étaient remontés de sa poitrine, à flots, pendant ses contorsions d'agonie. Et le soleil magnifique l'éclairait toujours......

« ... À ce moment ce soleil se voyait aussi là-bas, en Bretagne, où midi allait sonner. Il était bien le même soleil, et au même instant précis de sa durée sans fin ; là pourtant il avait une couleur très différente ; se tenant plus haut dans un ciel bleuâtre, il éclairait d'une douce lumière blanche la grand'mère Yvonne, qui travaillait à coudre, assise sur sa porte.

« En Irlande, où c'était le matin, il paraissait aussi, à cette même minute de mort. Pâli davantage, on eût dit qu'il ne parvenait à être vu là que par une sorte de tour de force d'obliquité. Il rayonnait tristement, dans un fiord où dérivait *la Marie*, et son ciel était, cette fois, d'une de ces puretés hyperboréennes qui éveillent des idées de planètes refroidies n'ayant plus d'atmosphère. Avec une netteté glacée, il accentuait les détails de ce chaos de pierres qui est l'Islande ; tout ce pays, vu de *la Marie*, semblait plaqué sur un même plan et se tenir debout. Yann, qui était là, éclairé un peu étrangement aussi, lui, péchait comme d'habitude, au milieu de ces aspects lunaires.

« ... Au moment où cette traînée de feu rouge, qui entrait par ce sabord de navire, s'éteignit, où le soleil équatorial disparut tout à fait dans les eaux dorées, on vit les yeux du petit-fils mourant se chavirer, se retourner vers le front comme pour disparaître dans la tête. Alors on abaissa dessus les paupières avec leurs longs cils, et Sylvestre redevint très beau et calme, comme un marbre couché[6]...... »

L'unité d'un roman pourra être plus lâche, ou plus idéale que l'unité d'une pièce de théâtre : celle-ci sera plus étroite et comme plus matérielle. Un épisode historique, comme la guerre de Jugurtha, n'aura pas la même unité qu'une histoire générale, comme l'ouvrage de Tite Live. Dans la nature, l'unité de l'individu n'est pas la même que l'unité du genre ou de l'espèce. En général, un long ouvrage admettra une plus grande diversité de parties et d'impressions secondaires qu'un ouvrage de courte étendue : dans vos compositions de collège, tant pour leur dimension que par votre inexpérience et par la nécessité de discipliner votre esprit, il ne faudra point vous écarter d'une assez rigoureuse simplicité. Tout devra être tendu vers l'unité : à vouloir trop combiner et trop nuancer, vous aboutiriez à la confusion et à l'indécision.

Ces parties qui s'accordent dans l'unité du tout ne sont point les matériaux inertes d'une construction immuable et fixe, ce sont les organes d'un corps mobile et vivant, assemblés pour l'action et pour une évolution sans arrêt qui les développe et les transforme. Le mouvement est aussi essentiel à tout ce qu'on écrit que l'unité : sans celle-ci, l'œuvre n'est pas ; sans celui-là, l'œuvre est morte. Si brève qu'elle soit, elle comporte un certain progrès, et le lecteur doit sentir à chaque minute qu'il fait un pas de plus vers la conclusion. Et comme, dans le mouvement général de l'univers, les êtres particuliers ont leur mouvement propre, ainsi, pour l'écrivain, tandis que l'ouvrage entier s'avancera vers sa fin, chaque partie accomplira son évolution particulière et aura son progrès propre. Partout où manque ce mouvement, la langueur, la froideur, l'ennui surgissent. Il est nécessaire dans un discours et une dissertation, dans un paragraphe de discours et de dissertation, tout autant que dans un roman ou une comédie, dans un chapitre de roman ou une scène de comédie. Les raisonnements de Démosthène courent d'une vive et dramatique allure, et se précipitent à leur conclusion, comme l'action d'Œdipe-roi marche à son dénouement. Sénèque, qui a de l'esprit et de l'imagination infiniment, lasse pourtant et ennuie souvent, faute de ce mouvement : il tâche d'en donner l'illusion, mais on sent qu'il s'agite et piétine sur place. Il arrête le lecteur en un endroit, et vingt fois lui met sous les yeux la même idée, diversement drapée et colorée : puis, d'un brusque saut, il se transporte dans une autre, où il nous arrêtera de même. Toutes ces idées se succèdent sans se tenir, elles ne s'amènent pas, ne s'engendrent pas, ne sortent pas les unes des autres. Ce n'est, pas la diversité continue d'un paysage qui se déroule aux yeux du voyageur, à mesure qu'il s'avance : ce sont les verres d'une lanterne magique, que l'opérateur présente successivement, et non pas si vite qu'il n'y ait entre les diverses vues un court moment où l'on ne voit rien. Quand il y a dans le discours un véritable mouvement, nulle part on n'aperçoit de solution de continuité : le développement s'achemine tout d'une suite à son but, comme, dans l'être vivant, chaque état du corps, chaque moment de la vie plongent dans l'état et dans le moment qui précèdent, et ne sauraient s'en distinguer : l'enfant devient homme insensiblement, et change en restant le même.

Pour assurer l'unité, et pour marquer le mouvement, il faut savoir où l'on doit commencer et où l'on doit finir. Toute action, toute démonstration ont un commencement, un milieu et une fin : toute œuvre qui racontera une action, ou développera un raisonnement, devra avoir un commencement, un milieu et une fin. Cela va de soi. Mais où prendre ce commencement ? Où fixer cette fin ? Voilà ce qu'il faut savoir résoudre, et cela ne laisse pas d'être souvent embarrassant. Dans les choses même qu'on croit le mieux connaître, si on veut les exposer, on ne sait souvent pas par quel bout les prendre. On les tâte de tous les côtés, on commence plusieurs fois ; cela ne va pas, on tire un fil, puis un autre, jusqu'à ce qu'on ait mis la main sur celui qui déroulera tout après lui.

Pascal, qui a fait une si profonde réflexion sur le travail de l'écrivain, et qui, là comme en toute chose, a vu plus nettement et plus loin que personne, a remarqué la peine que donne cette recherche nécessaire : « La dernière chose qu'on trouve en faisant un ouvrage est de savoir celle qu'il faut mettre la première. »

Et soit qu'on ait parlé, ou entendu les autres parler, n'a-t-on pas pu remarquer souvent comme il est difficile de finir ? On a beau savoir à fond la chose, et où elle se termine : on ne trouve pas l'idée et la phrase de la fin, celles qui doivent achever l'impression et conclure le discours ; on reprend son propos, on revient sur ses pas, on change un peu sa direction, sans pouvoir tomber juste au but.

Quand, ayant marqué votre point de départ, vous aurez aussi choisi le point d'arrivée, un grand pas sera fait : il ne s'agira plus que d'aller aussi droit que possible par la ligne qui les joint.

Dans ce trajet, la vitesse sera plus lente ou plus accélérée, selon le sujet et selon le lecteur. Quand les idées se succéderont, nombreuses et pressées, ne restant devant les yeux que le temps justement nécessaire pour en être bien reconnues et cédant la place à l'instant qu'on les a saisies, le mouvement sera vif, et le discours sera bref ; si chacune d'elles, au contraire, est retenue en scène, tournée et retournée sous tous ses aspects, le mouvement sera lent et le discours sera ample. Entre ces deux mouvements, il y a une infinité de degrés, selon qu'on précipitera plus ou moins le passage d'une idée à l'autre, selon qu'on s'arrêtera plus ou moins à considérer et à détailler chaque idée. Au-delà, sont deux défauts, deux excès, soit qu'on se hâte trop sans laisser le temps au lecteur de remarquer suffisamment les objets qu'on lui présente, soit qu'on s'attarde à lui montrer ce qu'il a bien vu d'un coup d'œil, à lui détailler ce qui n'en vaut pas la peine, à lui expliquer ce qu'il connaît. Un développement qui va trop vite, échappe ; un développement qui ne marche pas, ennuie.

Chapitre V.

Subordination et proportion des parties. — Choix et succession des idées

Ces premiers points étant acquis, le travail qui reste à faire consiste principalement à régler le nombre, la subordination et les proportions réciproques des parties que l'œuvre doit comprendre, à choisir parmi toutes les idées que la réflexion a suggérées celles qui doivent y être reçues, à déterminer enfin l'ordre dans lequel elles seront employées.

L'unité du tout admet diverses parties ; la continuité du mouvement comprend plusieurs étapes. Dans toute action, dans tout raisonnement qui se développe, il y a des moments décisifs, où l'on sent qu'un grand pas est fait, qu'un point important est acquis. Il est indispensable pour la clarté de constituer ces groupes secondaires où s'unissent les idées particulières qui ont entre elles le plus d'affinité. Ces groupes forment les chapitres d'un livre, les paragraphes d'un chapitre ou d'une courte composition. On s'efforcera donc de distinguer les divisions naturelles du sujet que l'on traite, de partager en autant de sections qu'il faut le trajet à faire. On marchera plus allègrement ; on portera plus légèrement son fardeau, et la brièveté de chaque étape fera oublier la longueur totale du chemin.

Il ne suffit pas ici de voir par l'esprit les parties et le progrès de l'œuvre que l'on compose : il faut rendre les choses sensibles, et l'exécution matérielle importe extrêmement. J'ai vu des volumes de 400 pages où il n'y avait point de chapitres, point même d'alinéas : ils pouvaient être excellents, ils étaient illisibles. Une composition de quatre pages qui n'est point partagée en paragraphes, où l'on ne va point à la ligne en passant d'une idée importante à une autre idée importante, où l'écriture enfin ne sépare point visiblement ce que l'esprit sépare idéalement, est insupportable ; la clarté n'y saurait être parfaite.

Mais il faudra se garder aussi du défaut opposé, qui consiste à passer à la ligne chaque fois qu'on commence une phrase. Ces alinéas mettent toutes les idées sur le même plan, et la confusion renaît : elle sort de l'excessive division, comme de l'indivision.

Diviser un sujet n'est pas le morceler ; en séparer les éléments naturels n'est pas le découper en menus fragments. On ne gagne rien à isoler toutes les idées particulières : autant vaudrait les laisser agglomérées en une masse confuse. Ranger ses pierres le long de la route, une par une, ne mène à rien : il faut bâtir la maison. La division qu'on fait du tout en ses parties, se complète par la subordination de ces parties entre elles ; il faut en régler la distribution et le rapport selon le plan général de l'œuvre. Elles se commandent les unes aux autres, s'étagent et se soutiennent.

> « Les interruptions, les repos, les sections, dit excellemment Buffon, ne devraient être d'usage que quand on traite des sujets différents, ou lorsque, ayant à parler de choses grandes, épineuses et disparates, la marche du génie se trouve interrompue par la multiplicité des obstacles, et contrainte par la nécessité des circonstances : autrement, le grand nombre de divisions, loin de rendre un ouvrage plus solide, en détruit l'assemblage ; le livre paraît plus clair aux yeux, mais le dessein de l'auteur demeure obscur ; il ne peut faire impression sur l'esprit du lecteur, il ne peut même se faire sentir que par la continuité du fil, par la dépendance harmonique des idées, par un développement successif, une gradation soutenue, un mouvement uniforme, que toute interruption détruit et fait languir. »

La constitution essentielle du sujet marque à l'écrivain les *reposoirs* naturels, où il peut reprendre haleine, et son lecteur avec lui ; elle délimite les portions où le regard peut successivement s'arrêter, quand le champ total est trop vaste et ne se laisse pas embrasser d'une seule vue. Si les repos sont trop multipliés, c'est que l'écrivain est poussif, ou bien le lecteur. Ainsi Montesquieu n'a pas l'haleine longue : son *Esprit des lois* est coupé en beaucoup de livres, chaque livre en beaucoup de chapitres, presque tous très courts ; chaque chapitre en petits alinéas de quelques lignes. Les lecteurs du XVIIIe siècle, d'autre part, esprits légers, mondains, incapables d'une attention longue et soutenue, avaient besoin qu'on leur divisât extrême-nient la matière : ils ne prenaient rien qu'à petite dose, et il fallait tout morceler. Mais quand les fragments sont trop nombreux et trop petits, on a beau les regarder tous successivement, on n'a point d'idée de l'ensemble : si on colle l'œil sur chaque feuille, chaque branche, chaque racine l'une après l'autre, on ne verra pas l'arbre : il faut se reculer et le saisir d'un regard.

Vous aurez donc soin, en distinguant les parties du sujet, d'en réduire le nombre au strict nécessaire, et de marquer la dépendance réciproque de ces parties. Leur division et leur subordination étant nettement conçues, vous tâcherez d'en trouver la juste proportion pour bien régler le développement. Chacune d'elles a sa mesure, relative à celle du tout et des parties voisines, que la logique et le goût indiquent. Selon l'étendue que vous pourrez donner à l'œuvre, chaque section aura plus ou moins de développement : mais, quelles que soient les dimensions qui vous seront imposées ou que vous choisirez, les proportions ne varieront pas.

C'est une affaire d'importance que cette justesse des mesures. Une composition où une idée s'étend aux dépens des autres et au-delà de ce que comporte sa valeur, est laide à voir et disgracieuse, comme un corps où quelque membre est hypertrophié, comme une statue qui a la tête trop grosse ou les bras trop longs. Ce défaut est des plus choquants : il est aussi des plus fréquents. La complaisance qu'on a pour ses idées, la peine qu'on éprouve à se retrancher, à repousser un trait d'esprit ou une pensée originale, font qu'on manque sans cesse aux lois de la proportion, qu'on développe les parties au gré de sa fantaisie et de son plaisir, non pas selon leur importance, et qu'on produit des œuvres boiteuses, bossues, des monstres difformes qui ne se tiennent pas debout et qui ne sauraient vivre.

Une fois qu'on aura arrêté les proportions de l'ouvrage qu'on se propose de faire, on passera à considérer les idées dont on a fait provision, pour mettre à part et retenir définitivement celles qui conviennent le mieux. Un choix attentif, une élimination rigoureuse sont nécessaires. Ne croyez pas que tout ce que l'esprit dans sa première et rapide inspiration a saisi, soit bon. Ge butin est très mêlé, il faut le trier.

D'abord l'esprit, dans la ferveur de l'invention, ne se pique pas d'une rigoureuse logique. Une idée lui plaît par un air de vérité : il l'accueille. Si bientôt une autre se présente, qui ne s'accorde pas avec la première, il ne la repousse pas pour cela. Il les reçoit toutes les deux, sans les opposer. Il n'y a guère d'improvisation où l'on ne voie subsister côte à côte, dans une démonstration, des arguments incompatibles, dans un récit, des circonstances inconciliables. Ces contradictions, ces incohérences doivent disparaître, quand l'ordonnance de l'œuvre est réglée avec réflexion. Il ne faut plus rien alors de flottant ou d'indécis dans la pensée : il faut prendre nettement parti ; entre deux explications contraires, se décider pour l'une et repousser l'autre ; entre deux versions d'un fait, opter franchement et ne point osciller de l'une à l'autre. Surtout gardez-vous de cette lâcheté d'esprit, qui se dispense d'affirmer en admettant tous les possibles également, ou de cette timidité conciliante, qui use en quelque sorte les contradictions, abat les angles, efface les reliefs, pour concilier les inconciliables dans une vague indécision. Allez au contraire hardiment : pensez-y aussi longtemps qu'il faudra, mais après déclarez-vous : ayez une manière de voir, une seule, et écartez tout ce qui ne s'y conforme pas. Éclairez ces douteuses lueurs dont souvent l'inspiration se laisse charmer, précisez ces formes flottantes ; et sans pitié, rudement, chassez tout ce qui romprait l'harmonie.

Le sacrifice est dur parfois. Il arrive que, dans cette liberté vagabonde qu'on donnait à sa pensée, lorsqu'on rêvait sur le sujet à traiter, on a rencontré des idées gracieuses, spirituelles, originales : elles ne tiennent peut-être pas de très près au sujet ; il faudra se détourner un peu pour les montrer au lecteur ; elles ne sont pas non plus toujours d'accord avec les vraies raisons ou les faits essentiels, avec le ton ou le sens général du développement. Mais elles sont si jolies, elles feront tant d'honneur à l'écrivain, elles se présentent dans une forme déjà achevée et qui les fait si bien valoir, qu'on n'a vraiment pas la force de les exclure. Quand on a tant de peine souvent à trouver que dire et à dire ce qu'on a trouvé, qui aura le courage de chasser ce qui s'offre de soi-même sous la main, ce qu'on peut prendre sans peine, sans travail, et qui avec cela joint l'éclat et la beauté ? Et pourtant ce courage, il faut l'avoir ; il faut être inaccessible à la séduction de ses propres découvertes. Tout ornement qui n'est qu'ornement, une beauté qui n'est que belle, un trait d'esprit qui n'est mis que pour être spirituel, tout cela est mauvais et doit être écarté. Il faut s'en rapporter au plan médité : tout ce qui n'est pas un anneau nécessaire de la chaîne, une pierre nécessaire de l'édifice, est de trop ; tout ce qui n'est pas indispensable, est à rejeter. Il n'y a point de beauté ou d'esprit qui tienne : le premier mérite, le mérite fondamental de toute partie, de la plus petite comme de la plus grande, c'est de servir à soutenir le tout ; la grâce, le piquant, le plaisant, le sublime s'ajouteront par surcroît : il faut d'abord que la chose contribue à prouver ou à peindre, à pousser l'œuvre vers la fin qui lui est assignée. Tout ce qu'on n'assoit point sur cette base, de quelque forme qu'on le revête, est une beauté en l'air, sans solidité, fragile et prompte à flétrir : ce n'est vraiment que du clinquant. C'est pour cela qu'on a dit que les beaux vers étaient la marque des mauvaises tragédies : non pas que les vers des bonnes tragédies ne soient beaux aussi, mais ce sont surtout des vers de situation, des traits de caractère, au lieu que les mauvaises tragédies ont seules ces beaux vers, qui ne sont que de beaux vers, qui ne jaillissent ni de la situation ni des caractères, qui, saisissant l'esprit et la mémoire du spectateur, le divertissent de la pièce avec laquelle ils n'ont pas de rapport nécessaire. Ce rapport nécessaire est tout pour les grands écrivains. Qu'est-ce que les mots sublimes de Corneille, ou les mots comiques de Molière ? des effets imprévus, mais logiques, qui sont tirés du sujet et le développent. Ce n'est pas Corneille qui fait de l'héroïsme, ni Molière de l'esprit. Que valent ces traits :

Rodrigue, as-tu du cœur ?

ou :

Sors vainqueur d'un combat dont Chimène est le
prix,

ou :

Soyons amis, Cinna,

et tant d'autres vers fameux, sans la situation qui les crée ? Et,
pour Molière, nous avons son propre aveu. Justifiant une plai-
santerie d'une de ses comédies, qu'on ne trouvait guère fine, il
disait qu'elle n'était *plaisante que par réflexion* au personnage :
« l'auteur n'a pas mis cela pour être de soi un bon mot, mais
seulement pour une chose qui caractérise l'homme, et peint
d'autant mieux son extravagance ».

Pascal, dans ses *Provinciales*, voulant adoucir pour les gens
du monde l'amertume de la théologie et en rendre agréable
l'austérité, s'y est pris de telle sorte que, faisant une démonstration de l'injustice, des erreurs et des scandales de ses adversaires, il n'a rien dit qui ne serve à cette démonstration : il n'a point
mis l'agrément dans son sujet, il l'en a tiré ; ce qui est ornement
est aussi argument, et ce qui plaît, prouve. Invention de personnages, indication de caractères, exposition dramatique, vivacité
piquante ou comique de dialogue, anecdotes amusantes, plai-
santeries, traits d'esprit, il n'est rien qui ne pousse en avant le
raisonnement et n'ajoute aux résultats déjà acquis. C'est son
mérite singulier : et c'est par là qu'il a été un incomparable artiste : il a, sans l'altérer, sans la travestir, ni la farder, donné une
forme souverainement aimable à une matière rude et sévère. Et
voici le secret de sa perfection : « Ce n'est pas assez, écrit-il,
qu'une chose soit belle, il faut qu'elle soit propre au sujet, qu'il
n'y ait rien de trop ni rien de manque. »

Ce retranchement exact assure l'unité et la brièveté. Comme
dit Fénelon, « on ne peut rien en ôter sans couper dans le vif ».

L'ouvrage est homogène, puisque tout fait corps, tout y est organe vital et essentiel : il est court, puisqu'il devient incomplet, quoi qu'on en retire.

Il ne suffirait pas de se retrancher les choses de pur ornement et manifestement superflues, pour accueillir des idées qui conviennent au sujet sans lui être nécessaires. Cette complaisance encore serait trop large. Vous ne sauriez trop vous astreindre à choisir sans indulgence : ce n'est pas assez qu'une chose *puisse* se dire, il faut qu'elle *doive* se dire. Sa présence ne gêne pas, semble-t-il : ne la tolérez pas pour cela, mais voyez si son absence gênerait. Là est le vrai critérium : il faut recevoir ce dont on ne peut pas se passer. Économisez vos idées, et faites votre récit, votre peinture, votre preuve avec le strict nécessaire : soyez sûr que si tout l'effet cherché, l'effet le plus grand que le sujet comporte, est produit par un certain nombre de détails, en ajouter encore n'augmentera pas, mais diminuera l'effet. De là vient que souvent un morceau gagne moins par ce qu'on laisse que par ce qu'on retranche.

Au reste, les idées que vous abandonnerez ainsi ne seront pas toutes perdues. Si vous renoncez à les exprimer, vous ne vous obligez pas à ne point les évoquer dans l'esprit de votre lecteur. Vous pourrez disposer ou rendre vos idées de telle façon que ce que vous dites mène à ce que vous ne dites pas par un insensible engagement, et que l'on soit conduit en vous lisant à découvrir soi-même ce qu'il ne vous était pas nécessaire d'exprimer. Et vraiment, quelque sujet que l'on traite, il est essentiel de garder ainsi par devers soi une certaine quantité de matière, et de ne point tout dépenser à fabriquer son ouvrage. Un écrit qui vide l'esprit de son auteur est, à l'ordinaire, étriqué et stérile : il n'est pas suggestif, il ne fait pas penser. Au contraire, on sent vite quand l'esprit et la science de l'écrivain débordent son œuvre, et l'on est soi-même sollicité sans cesse en la lisant d'aller au-delà du texte. Il se rencontre à chaque moment comme une foule d'amorces qui nous font pénétrer dans la pensée inexprimée de l'auteur et poussent notre esprit dans une féconde recherche. Il me semble qu'un livre, un discours, une dissertation, ne doivent être qu'une sorte d'affleurement continu de la pensée, qui permet de suivre la direction et de sonder la richesse de la veine intérieure de l'esprit. Si l'on ne pense que ce qu'on écrit, on est sec ; si on écrit tout ce qu'on pense, on est prolixe.

Enfin il faut prendre garde que l'esprit, dans l'activité de l'invention, ne se rend pas toujours un compte exact de ce qu'il crée : il produit plus de formes que d'idées, et ne s'aperçoit pas que des images, des tours qui lui plaisent ne sont en somme que les enveloppes différentes de la même chose. De là vient la surprise qu'on éprouve souvent, quand, tout échauffé encore d'une inspiration qu'on croit féconde, on veut faire l'examen rigoureux de ce qu'on a inventé : on sentait en soi un bouillonnement d'idées, prêtes à déborder, et voilà qu'on ne retrouve presque plus rien. Le désenchantement est grand. Toutes ces imaginations rentrent les unes dans les autres et finalement se réduisent à peu de chose. Par une sorte de mirage, le désert s'était peuplé de clochers, de palais et de forêts. Les idées brillantes dont on se laissait enchanter crèvent dès qu'on y touche, et ne laissent rien de solide entre les doigts. De là vient aussi la prolixité stérile des écrivains qui s'abandonnent à leur facilité naturelle : ils reçoivent dans leurs ouvrages tout ce que leur présente leur fantaisie agitée, mais ils ne remarquent pas qu'elle leur envoie toujours les mêmes idées diversement habillées, comme au théâtre on fait passer et repasser sans cesse les mêmes figurants sur la scène pour donner l'illusion des grandes armées. Aussi leur abondance n'est-elle qu'une apparence : l'esprit trouve peu son compte auprès d'eux, et se lasse vite. Sans compter que ce qu'ils ont de bon est plus difficile à rencontrer chez eux, qui n'excluent rien, que chez les écrivains qui font un choix sévère. Théophile a peut-être écrit plus de beaux vers que Malherbe ; mais Malherbe, par un contrôle inexorable, ne laisse guère passer sous sa plume que l'excellent, Théophile ne l'isole pas du médiocre et du pire. Sur 100 vers de Malherbe, il y en a 80 de bons ; et 80 bons vers de Théophile sont noyés dans un millier de vers plats ou ridicules : c'est un travail de sauveteur que de les y repêcher.

Quand vous aurez soigneusement distingué dans les produits de l'invention première ce qu'il faut garder ou rejeter, vous ne serez pas encore au bout de votre peine : il vous restera à distribuer, à ordonner ce que vous aurez gardé. Cela semble facile, puisque vous avez déjà arrêté le dessin général de l'œuvre, puisque vous avez pris votre point de départ et votre point d'arrivée, puisque vous avez compté, mesuré, subordonné les parties principales : et pourtant c'est encore une chose qui demande un soin minutieux. Si les rapports que peuvent avoir les idées entre elles étaient bien limités et bien sensibles, il serait en effet commode de les ranger dans le cadre qu'on a préparé : ce serait comme un jeu de patience, où chaque pièce, par sa dimension, par sa figure, par ses angles rentrants ou sortants, ne peut occuper qu'une place. Mais les idées se tiennent entre elles ou peuvent se tenir par une infinité de relations : elles peuvent occuper dans le plan dessiné une quantité de places. Et il faut choisir entre toutes ces possibilités : il faut couper la communication entre une idée et toutes les autres sauf deux, dont l'une la précédera et l'autre la suivra ; il faut lui fermer toutes les places qu'elle peut occuper, sauf une seule. Qui nous guidera dans ce choix ? Ce sera ce qu'on peut appeler la loi d'économie : on mettra chaque idée là où elle devra prendre le plus de force et produire le plu3 d'effet, là aussi où elle pourra le mieux s'acquitter de toutes les fonctions qui lui appartiennent, de façon qu'il n'y ait pas besoin de la rappeler dans le cours de l'ouvrage.

Étudiez l'agencement des scènes et la distribution du dialogue dans les tragédies de Corneille et de Racine : vous verrez ce que peut produire cette habile économie. On les a gâtées, là où on a prétendu les corriger. Les comédiens se sont longtemps obstinés à commencer *le Cid* par la querelle de don Diègue et du comte : c'était brusque, et partant dramatique, à leur avis. Corneille avait mis devant une grande, longue conférence de Chimène avec sa confidente : le maladroit ! On ne s'avisait pas que, dans cette peu saisissante ouverture, le public apprenait les sentiments réciproques des deux jeunes gens et l'accord certain des deux pères pour les marier. Donc la querelle, qui venait ensuite, si elle n'était plus une vive entrée en matière, devenait un coup de théâtre émouvant : intéressés à la passion des jeunes gens, nous sommes plus touchés de la dispute des pères ; mais voir entrer deux hommes, qu'on ne connaît pas. dont on ne sait rien, qui ne nous sont rien, et les entendre échanger des insolences et des injures, c'est vif, si l'on veut : mais d'effet dramatique, je n'en vois pas. Cela intéressera tout juste comme deux inconnus qu'on voit se colleter dans la rue ; les coups peuvent intéresser, les hommes, non.

Il faut saisir le point d'où l'idée rayonnera en quelque sorte sur l'œuvre entière, et sera présente, toutes les fois qu'il faudra, sans qu'on la répète. En principe, il faut se proposer de n'exprimer chaque idée qu'une fois. Ce n'est pas qu'il n'y ait des répétitions qu'on n'a pas le droit de blâmer : mais pour être tolérables, il faut qu'elles soient indispensables ; et cette nécessité ne doit pas être le produit de la maladresse, qui ne peut sortir autrement d'embarras, elle doit venir du fond des choses et de la constitution naturelle du sujet.

Je ne parle point ici de l'obligation où l'on peut être de répéter plusieurs fois de suite, en un même passage, la même idée, sous des formes diverses, pour la faire mieux saisir du public et l'enfoncer dans les esprits. J'entends qu'on peut être amené à évoquer en divers endroits une même idée, parce qu'en ces divers endroits elle est nécessaire à l'enchaînement exact de la pensée, parce qu'il y aurait, si on ne l'y rapportait, une lacune, un vide, que rien d'autre ne saurait combler ou couvrir. Ainsi les géomètres ne se font pas scrupule de répéter leurs axiomes, leurs définitions, leurs précédents théorèmes, aussi souvent qu'il le faut pour soutenir la démonstration qu'ils ont entamée.

Il y a, dans une composition littéraire, des idées qui n'ont rien par elles-mêmes de grand ou d'intéressant, et qui sont pourtant les ressorts et comme les nerfs de tout l'ouvrage. Un récit ne sera vraisemblable que par telle petite circonstance, qu'il faudra tenir toujours présente sous les yeux du lecteur : la dire une fois, ce serait tout risquer, on ne saurait la trop rappeler. Un raisonnement reposera tout entier sur un fait reconnu ou sur une proposition admise, qu'il ne faut jamais laisser perdre de vue : là encore on ne craindra pas de se répéter.

Dans le *Jules César* de Shakespeare, Antoine vient prononcer l'oraison funèbre du dictateur. Le peuple est défiant, hostile. « Il fera bien de ne pas dire du mal de Brutus ici », dit un citoyen. « Ce César était un tyran », crie un autre.

Antoine connaît les dispositions de cette foule brutale et tumultueuse : il faut l'amadouer pour la dominer et la retourner. Voici comment il parle :

« Amis, Romains, compatriotes, prêtez-moi l'oreille. Je viens pour ensevelir César, non pour le louer. Le mal que font les hommes vit après eux ; le bien est souvent enterré avec leurs os :qu'il en soit ainsi de César ! Le noble Brutus vous a dit que César était ambitieux : si cela était, c'était un tort grave, et César l'a gravement expié. Maintenant, avec la permission de Brutus et des autres (car Brutus est un homme honorable, et ils sont tous des hommes honorables), je suis venu pour parler aux funérailles de César. Il était mon ami fidèle et juste ; mais Brutus dit qu'il était ambitieux, et Brutus est un homme honorable. Il a ramené à Rome nombre de captifs, dont les rançons ont rempli les coffres publics : est-ce là ce qui a paru ambitieux dans César ? Quand le pauvre a gémi, César a pleuré : l'ambition devrait être de plus rude étoffe. Pourtant Brutus dit qu'il était ambitieux, et Brutus est un homme honorable. Vous avez tous vu qu'aux Lupercales je lui ai trois fois présenté une couronne royale, qu'il a refusée trois fois : était-ce là de l'ambition ? Pourtant Brutus dit qu'il était ambitieux, et assurément c'est un homme honorable. Je ne parle pas pour contester ce qu'a déclaré Brutus, mais je suis ici pour dire ce que je sais. Vous l'avez tous aimé naguère, et non sans motif : quel motif vous empêche donc de le pleurer ? »

Il continue sa harangue, répétant encore diverses fois que Brutus est un homme honorable ; mais à mesure qu'il se sent plus

maître de la populace qui l'entend, à mesure qu'il peut louer
César sans ameuter contre lui toutes les fureurs, il espace le
retour de l'éloge donné à Brutus, jusqu'à ce qu'enfin cet éloge ne
serve plus qu'à provoquer contre lui les mêmes injures dont le
nom de César était couvert tout à l'heure.

Voltaire, imitant Shakespeare, a tout réduit, sous prétexte de
régularité et de correction, à une précaution oratoire d'Antoine
prend une fois pour toutes :

Contre ses meurtriers je n'ai rien à vous dire ;

C'est à servir l'État que leur grand cœur aspire......

Sans doute il fallait bien que César fût coupable.

Je le crois.

Mais que cela est froid et pâle, à côté de cette répétition infatigable qu'on trouve dans Shakespeare ! Combien le discours du
poète anglais est plus fort, plus naturel, plus vraisemblable ! On
voit Antoine, à chaque fois qu'il a dit un mot en faveur de César,
averti par une agitation houleuse, par un sourd grognement de la
canaille, se hâter de retirer tout, et de décerner à Brutus un
compliment aussi creux que pompeux.

En général, dans une courte et simple composition, comme
sont les exercices d'école, il n'y a guère lieu de répéter en divers
endroits la même idée. Et pourtant il n'est rien qu'on lasse plus
fréquemment, faute d'avoir suffisamment réfléchi sur la réparti-
tion de la matière entre les diverses parties du sujet. On a cédé à
une liaison naturelle des choses, et de fil en aiguille on est arrivé
à dire ce qu'on n'avait pas besoin de dire encore : plus tard,
quand le moment est venu de placer l'idée, quand on ne peut
plus s'en passer, pour ne pas avoir à défaire l'ouvrage fait et à
tout recommencer, par paresse, on aime mieux la répéter que de
la retirer de l'endroit où elle s'était glissée à tort. La composition
se couvre ainsi d'idées parasites, qui doublent les idées utiles,
leur font ombrage et en escomptent l'effet.

L'ordre qu'on donne à ses idées doit être tel, en résumé, que ce qu'on dit, à chaque moment s'explique pleinement par ce qui a été dit déjà : ne demandez jamais de crédit au lecteur, ni pour donner la preuve d'une proposition, ni pour expliquer la possibilité d'un fait. N'ayez jamais recours à ces avertissements, qui sont comme les béquilles d'une composition boiteuse : « *On verra plus tard pourquoi. — J'en donnerai la preuve tout à l'heure.* » Ne cherchez pas à piquer la curiosité aux dépens de la clarté, à faire du mystère pour frapper un coup plus grand. Ce sont des artifices indignes le plus souvent d'un esprit sérieux. On peut suspendre l'intérêt pour l'accroître : mais suspendre l'intelligence, cela ne mène à rien qu'à déconcerter, fatiguer, dégoûter le lecteur.

Quand la matière est ample, et l'ouvrage étendu, il peut être utile de remettre de temps à autre sous les yeux du lecteur les résultats acquis, de lui faire mesurer le chemin déjà parcouru et celui qui reste à faire. Mais dans un devoir d'écolier, où les proportions sont nécessairement fort modestes, les récapitulations, les indications préalables de plan ne sont que rarement utiles. Tout au plus pourra : t-on, dans certains cas, annoncer au début la marche qu'on se propose de suivre, refaire à la fin dans un résumé rapide tout le travail qu'on a fait pour atteindre la conclusion. Si, au lieu d'une composition écrite, on faisait une exposition orale, cette précaution serait toujours utile, souvent nécessaire, pour faciliter l'attention de l'auditeur et remédier à ses distractions possibles. Mais alors il faut éviter les divisions scolastiques et les dénombrements arides : Fénelon n'a pas eu tort de blâmer là-dessus les habitudes de Bourdaloue. Bossuet ne manque jamais de faire connaître le plan qu'il se propose de suivre dans ses oraisons funèbres : mais il le fait sans le dire, sans compter sur ses doigts les parties et les parties des parties, sans sécheresse en un mot ni nomenclature rebutante. On a saisi son plan, sans avoir songé un moment que c'était son plan qu'il faisait : ou bien on croit l'avoir deviné, lui avoir dérobé son secret, et ce petit et imaginaire triomphe de l'amour-propre enfonce les choses dans l'esprit.

Chapitre VI.

Exordes. — Péroraisons. — Transitions.

Quand on aura étudié ainsi que je viens de l'indiquer le plan et l'ordre de l'ouvrage, on n'aura pas à s'embarrasser de mettre en pratique toutes ces recettes érigées jadis en règles par les rhéteurs, et qui de leurs cahiers ont passé dans presque tous les traités sur la composition littéraire. Quand on domine une matière et qu'on lui donne sa forme, on se trouve appliquer ces préceptes dans ce qu'ils ont de juste et d'utile : il n'y a pas lieu de pousser plus loin le scrupule et de se piquer là-dessus d'une exactitude entière et littérale. On n'y verra pas surtout des secrets merveilleux, qui opèrent par une sorte de vertu magique, pour donner sans aucune autre condition une perfection accomplie à ce qu'on fait.

Ainsi l'on ne traitera point l'*exorde* ou la *péroraison* avec une sollicitude superstitieuse. On se proposera, en commençant ou en finissant, d'exposer son sujet ou de faire ressortir sa conclusion, non pas de manifester qu'on s'est conformé à de certains procédés et qu'on connaît les règles. Il n'y a pas à chercher finesse, et le soin qu'on met souvent à inventer un *exorde*, à trouver une *entrée en matière*, à hausser le ton dans la *péroraison*, et à finir par un mot fort ou fin, par un *effet*, ce soin est une puérilité. On s'imagine volontiers qu'il faut de toute nécessité pour le début une idée ingénieuse, un tour saisissant, et l'on va au besoin chercher hors du sujet. À ce jeu-là, on risque de dérouter d'abord son lecteur et de le lancer sur une fausse piste, d'où on le ramènera dans la vraie voie, déjà fatigué et de mauvaise humeur. Ou bien l'on conte une anecdote, amusante ou singulière, et on ne s'aperçoit pas qu'on allonge outre mesure son début, et que, perdant son temps à ces bagatelles extérieures, l'on n'en aura plus guère pour le développement sérieux et essentiel. De cette persuasion encore, où l'on est que l'exorde doit être rare et surprenant, viennent ces *exordes à ricochets*, comme on pourrait les appeler, qui visent une idée très étrangère au sujet, pour rebondir brusquement vers lui par un retour inattendu : *ces exor-*

des en cascade, où d'une idée très générale on descend à une autre, et de celle-ci à une autre encore, jusqu'à ce qu'au dernier degré on rencontre celle qui ouvre le sujet, comme dans les jardins français une eau, tombant de vasque en vasque et de marche en marche, s'arrête enfin et se repose dans le bassin inférieur. N'y faites point tant de façons : dites bonnement ce que vous vous proposez de faire ; si c'est clair, précis, exact, ce ne sera jamais un mauvais début. Pareillement ne croyez pas qu'il faille se guinder à la fin : point de grands mots, point d'emphase, point de tragédie : exposez votre conclusion ; si elle sort nécessairement de ce qui précède, si elle est mise dans tout son jour, il n'en faut pas davantage. À chercher une tirade à effet, vous risqueriez de ne trouver qu'une platitude ambitieuse.

N'affectez pas non plus, dans le cours du développement, des transitions trop rigoureuses. C'est là encore une superstition un peu puérile. Si vous avez bien ordonné votre matière, les idées sortent les unes des autres, une partie entraîne l'autre, il n'y a pas de transitions à chercher : tout se tient d'une suite continue ; nulle part on ne voit de rupture, de bâillement, d'hiatus. Ce qu'on appelle souvent une transition est une chose factice et plutôt mauvaise que bonne : c'est une liaison ingénieuse entre deux idées qui n'en sont pas susceptibles et qui ne doivent point en avoir. Certains écrivains médiocres et patients triomphent dans cette partie : c'est un mince succès et un art inférieur. Mieux vaut laisser séparé ce qui n'est pas logiquement et naturellement lié.

Faute d'avoir pris ce parti, dans le second chant de son *Art poétique*, Boileau a sué pour trouver des transitions, et elles sont telles, qu'il vaudrait mieux qu'il n'y en eût pas. Elles lui ont coûté infiniment de travail, et elles sont détestables, parfois ridicules.

1. Telle est de ce poème (l'églogue) et la force et la grâce.

D'un ton un peu plus haut, mais pourtant sans audace,

La plaintive élégie...

2. Il faut que le cœur seul parle dans l'élégie.

L'ode avec plus d'éclat, et non moins d'énergie…

3. Apollon de son feu leur fut toujours avare.

On dit, à ce propos, qu'un jour ce dieu bizarre

Inventa du sonnet les rigoureuses lois…

4. Pour enfermer son sens dans la borne prescrite,

La mesure est toujours trop longue ou trop petite.

L'épigramme, plus libre en son tour plus borné…

5. La ballade, asservie à ses vieilles maximes,

Souvent doit tout son lustre au caprice des rimes.

Le madrigal, plus simple et plus noble en son tour…

Si Boileau avait songé que tous ces genres n'avaient rien de commun que d'être des genres de poésie, et qu'ils ne se reliaient point l'un à l'autre, mais chacun à part à l'idée générale de ce second chant, destiné à exposer les règles des genres secondaires, il se serait épargné bien de la peine et n'aurait pas fait la joie de ses ennemis. Remarquez en effet que souvent des idées se suivent, qui ne dépendent point les unes des autres, mais qui se rattachent toutes pour ainsi dire parallèlement à une idée maîtresse, génératrice, que le titre et le début du chapitre et du morceau expliquent : chercher des transitions entre celles de ces idées qui se suivent, c'est chercher le point de rencontre de deux lignes parallèles. Il ne faut pas lier ces idées, il suffit de les juxtaposer, et que leur liaison à l'idée première soit toujours sensible.

Il y a des écrits qui n'ont pas de sujet délimité, où l'on rassemble tout ce que la circonstance et le besoin présentent. Ce serait une faute ici de vouloir mettre de l'unité. Dans une lettre, on passe d'une chose à l'autre au hasard de la pensée et de l'occasion, on ne s'inquiète pas qu'elle soit décousue. Et c'est à l'unité, à la cohésion trop exacte que se trahissent l'étude et la méditation dans certains recueils de lettres : on sent que chaque lettre est *écrite*, que c'est style d'auteur, et non langage de causeur. On a beau, comme Pline le Jeune, s'étudier à glisser parfois un peu d'incohérence : le procédé se devine, et nous ne sommes pas dupes. À quoi bon chercher des transitions entre choses qui peuvent n'avoir aucun rapport ? On ne trouverait au reste la plupart du temps que des transitions plates, ou de fausses transitions, qui ne lient pas les choses, mais les phrases : comme sont toutes ces formules banales de rapprochement, de comparaison et d'opposition, qui s'appliquent à tout, pareilles aux crochets dont on raccommode les assiettes cassées ; porcelaine fine ou terre grossière, cela mord partout ; peu importe l'objet, pourvu qu'il ne soit pas entier. Mieux vaut laisser les choses dans leur naturelle incohérence et, quand on a fini de l'une, passer bonnement à l'autre sans plus de cérémonie. Ce décousu, dans une lettre, et dans tout écrit dont la matière est déterminée par des causes extrinsèques et particulières, comme dans les écrits périodiques, qui suivent forcément non pas la logique et la nature, mais la date des événements, ce décousu ne peut guère disparaître sans emporter le naturel.

Chapitre VII.

Narrations. — Dialogues.

— Dissertations.

Je viens d'indiquer les considérations les plus générales sur lesquelles il faut se guider dans l'ordonnance de la matière qu'on doit développer. Elles suffisent à vrai dire, et si l'on s'en pénètre bien et qu'on en fasse l'application, on donnera toujours une disposition convenable à ce qu'on écrit. Il ne sera pas inutile pourtant d'ajouter ici quelques conseils particuliers sur certaines catégories de sujets, qui peuvent être souvent proposés à des élèves, et qui se ramènent volontiers à certaines formes et à certaines proportions.

Si l'on a des faits, historiques ou imaginaires, à raconter, si l'on fait une *narration*, une difficulté se présente. Avant même qu'on y ait mis la main, la nature des choses, la réalité impose à ces faits un certain ordre, indépendant à vrai dire de l'intelligence : tout ce qui arrive est nécessairement situé dans l'espace et dans la durée ; de là, selon les sujets, une distribution géographique et un ordre chronologique : souvent l'un et l'autre s'imposent à un même sujet. Cette facilité qui s'offre à l'écrivain de laisser les choses aller selon leur cours naturel et de s'abstenir de les soumettre à un plan original, est une dangereuse et forte tentation. Si le lieu est unique, on déroule tout simplement les faits selon l'ordre des temps : chacun a sa place fixée par sa date. S'il n'y a pas succession de temps, mais dispersion dans l'espace, on va d'un lieu à l'autre, sans s'embarrasser de rien. L'art n'intervient pas. Quand plusieurs actions se développent pendant une certaine durée en des lieux différents, on combine l'un et l'autre ordre : on choisit une unité de temps, d'après laquelle on coupe chaque action en fragments égaux, et l'on montre successivement de petites séries partielles et simultanées, jusqu'à ce qu'on ait épuisé sa matière. Ainsi Tacite, s'imposant la loi de faire l'histoire du monde romain année par année, raconte d'abord l'histoire extérieure, les campagnes, les guerres, les révoltes, puis l'histoire intérieure, les événements du palais impérial, et les affaires du sénat, enfin les menus incidents, les singularités, les circonstances secondaires, ce qu'on peut appeler les faits-divers de la vie romaine : et dans tous ces morceaux juxtaposés, il n'empiète guère d'une année sur l'autre. Ou bien on épuise d'un seul coup chaque série chronologique, et l'on ne quitte chaque localité que lorsque rien n'y doit plus arriver. Ainsi Voltaire, dans son *Siècle de Louis XIV*, raconte d'abord toutes les guerres du règne, puis, arrivé à la paix d'Utrecht, revient à l'avènement du roi, pour raconter les anecdotes de la cour et des mœurs du temps, après quoi il reprend encore les choses au début pour développer le gouvernement intérieur, les lois, les réformes, les principes d'administration, les mesures heureuses ou funestes dans chaque département, enfin il finit par exposer chacune des principales disputes religieuses : faisant ainsi non pas une histoire générale du siècle de Louis XIV, mais une dizaine d'histoires spéciales, qui sont simplement mises bout à bout et n'ont d'unité que par le titre unique.

Ce n'est pas ainsi qu'il faut procéder : l'ordre des temps, la division des lieux doivent être un secours et non une tyrannie pour l'écrivain. Il doit y prendre un appui et ne les jamais perdre de vue dans la disposition des faits : mais il les soumettra à son intelligence et fera dominer sur eux l'ordre logique, qui se tire de la nature essentielle des choses et de leur rapport au but suprême de l'œuvre.

On peut appliquer à tout récit, roman ou histoire, long ou court, ce que Fénelon dit en excellents termes du genre historique seulement :

> « La principale perfection d'une histoire consiste dans l'ordre et dans l'arrangement. Pour parvenir à ce bel ordre, l'historien doit embrasser et posséder toute son histoire ; il doit la voir tout entière comme d'une seule vue ; il faut qu'il la tourne et qu'il la retourne de tous côtés jusqu'à ce qu'il ait trouvé son vrai point de vue. Il faut en montrer l'unité, et tirer,

pour ainsi dire, d'une seule source, tous les principaux événements qui en dépendent : par là il instruit utilement son lecteur, il lui donne le plaisir de prévoir, il l'intéresse, il lui met sous les yeux un système des affaires de chaque temps, il lui débrouille ce qui en doit résulter, il le fait raisonner sans lui faire aucun raisonnement, il lui épargne beaucoup de redites ; il ne le laisse jamais languir, il lui fait même une narration facile à retenir par la liaison des faits...

« Un sec et triste faiseur d'annales ne connaît point d'autre ordre que celui de la chronologie : il répète un fait toutes les fois qu'il a besoin de raconter ce qui tient à ce fait ; il n'ose ni avancer ni reculer aucune narration. Au contraire, l'historien qui a un vrai génie choisit sur vingt endroits celui où un fait sera mieux placé pour répandre la lumière sur tous les autres. Souvent un fait montré par avance de loin débrouille tout ce qui le prépare. Souvent un autre fait sera mieux dans son jour étant mis en arrière : en se présentant plus tard, il viendra plus à propos pour faire naître d'autres événements. C'est ce que Cicéron compare au soin qu'un homme de bon goût prend pour placer de bons tableaux dans un jour avantageux. »

On combinera donc les événements moins selon leur place sensible dans le temps et dans l'espace que selon leur liaison intime. On ne sera l'esclave ni des dates ni des lieux. Qui peut, en lisant les *Annales* de Tacite comme il les a écrites, prendre une idée claire des guerres de Germanie ou d'Arménie ? Tout ce qui ne commence pas, ne se développe pas, ne s'achève pas dans les limites d'une année, ne laisse qu'une impression confuse, à moins que par un travail qui veut du temps et de la patience on ne rejoigne les tronçons épars de l'événement démembré par la chronologie. D'autre part, à lire Voltaire, on saisit bien l'ensemble des guerres, ou l'ensemble de l'administration financière : mais les rapports de ces parties entre elles, l'action et la réaction réciproques de la politique extérieure, de la politique intérieure, des guerres, de l'administration, de la vie de la cour, comment la situation de la France à chaque année du règne et le développement ultérieur de chaque partie de l'histoire dépendent du développement antérieur de toutes les parties, comment tout vient de tout et aboutit à tout, voilà ce qu'on ignore. Quand on lit l'histoire des guerres, on ne voit que des généraux et des soldats : il n'y a pas autre chose en France : quand on lit l'administration, il n'y a que des bureaux, des commis et des ministres ; la France, semble-t-il, est seule dans le monde et sans voisins.

Entre ces deux excès apparaît la route à suivre. Les séries simultanées de faits ne sont point uniformément parallèles. Elles se rapprochent, se croisent, se confondent, se séparent de nouveau. Il ne s'agit que de choisir quelques-uns de ces points de coïncidence ou d'intersection, en se conformant à la nature intime du sujet et à l'idée maîtresse qui doit tout dominer : ces points donneront les divisions naturelles de la matière. On ira de l'un à l'autre dans chaque série, et ainsi les séries se développeront en se réunissant et en se divisant sans cesse, jusqu'à ce qu'elles aboutissent enfin au dernier point et convergent à la fin de l'ouvrage. C'est ce que font les romanciers quand ils suivent les aventures de plusieurs individus ou de plusieurs groupes : dans la dispersion des actions particulières, il y a de temps à autre comme des nœuds qui resserrent tous les fils : les individus, les groupes se mêlent et se démêlent incessamment, et le sujet, à chaque moment dispersé, à chaque moment rassemblé, reste toujours facile à suivre pour l'esprit qui y trouve l'ordre et la clarté nécessaires.

Dans un sujet simple et court, dans une composition de collège, histoire ou fiction, dont l'unité est toujours stricte et le dessin peu compliqué, la forme la meilleure, la plus maniable et la plus efficace, est la forme dramatique : dialogue à part, bien entendu. Les lois si simples, si exactes de la composition dramatique s'appliqueront à merveille aux narrations qu'on pourra vous donner à développer. Exposer son sujet, c'est-à-dire indiquer le temps, le lieu, toutes les circonstances particulières, présenter les personnages, marquer les caractères, annoncer l'action qui va mettre aux prises ces personnages et ces caractères, en rappelant tous les événements antérieurs qu'il est nécessaire de connaître pour comprendre ce qui va se passer ensuite ; développer le sujet, c'est-à-dire montrer le jeu des caractères, l'évolution des idées et des sentiments, la série des faits qui résultent des états d'âme et qui les modifient aussi, faire agir en un mot et souffrir les personnages, dénouer enfin le sujet, c'est-à-dire pousser l'action et les caractères vers un but où l'une s'achève et les autres se complètent, de telle sorte que le lecteur n'ait plus rien à désirer et que toutes les promesses du début soient remplies, voilà la formule classique de l'œuvre dramatique, qui s'adapte merveilleusement aux conditions des brèves narrations.

Ce caractère dramatique, cette exacte combinaison de détails rapportés à un but unique, et placés pour produira leur plus grand effet, ce progrès constant de l'action, cette rigoureuse analyse des passions, l'appropriation merveilleuse des discours et des faits, la rapidité du développement, la précision des effets, c'est par là surtout que les *Fables* de La Fontaine ont réussi : si ces qualités ne sont pas plus précieuses en elles-mêmes et plus essentielles que l'imagination pittoresque et le sentiment poétique, elles sont du moins plus utiles ; si elles ne font pas l'auteur plus grand, elles contribuent plus à la fortune du livre. Et elles mettent en valeur les autres qualités. Etudiez les *Fables* de La Fontaine et prenez M. Taine pour guide[7] : vous n'en sauriez choisir de meilleur, ni qui vous fasse mieux saisir comment La Fontaine a composé ses *Fables*, comment on doit composer toute espèce de récit.

Il faut observer, dans le choix des détails qui exprimeront l'action et les caractères, que tout ce qui est réel et vrai n'est pas à recevoir. Il ne faut prendre que ce qui est *significatif*. Il y a dans la nature mille traits accidentels, nécessaires, si Ton veut, puisqu'ils sont, mais qui ne disent rien à l'esprit, et qui ne sont que la condition des autres, le fond où ils se détachent. L'homme ne peut vivre sans manger ; ce qui n'empêche pas que, s'il n'y a pas une raison spéciale qui vienne du sujet, on ne fait pas dîner devant nous les héros du roman, ni les personnages de l'histoire. Généralement aussi, nous ne les voyons ni dormir, ni s'habiller, ni tousser ; ils entrent, ou sortent, sans qu'on nous dise qu'ils ouvrent les portes, qu'ils montent ou descendent les escaliers ; quand ils vont dans la rue, il ne nous importe guère de quel côté du trottoir, et ce n'est que par le caprice d'une nouvelle école que nous lisons parfois l'émouvante énumération des rues, quais et boulevards par où passe un homme pour aller de Montrouge aux Batignolles. Sauf toujours le besoin des cas particuliers, cela en soi n'a rien d'intéressant et est en dehors de l'art : cela seul a droit d'entrer dans le récit, qui est expressif, qui contribue à peindre les caractères ou à faire avancer l'action.

Pareillement, quand vous faites parler vos personnages dans une narration, ou que vous avez choisi ou reçu la forme du dialogue, il ne s'agit pas de copier aussi exactement que possible l'allure et le ton d'une conversation réelle. Il y a beaucoup à en retrancher : il faut resserrer, condenser, concentrer. « Quand deux personnes conversent, dit très bien M. Taine, vont-elles droit au but ? Le discours ne traîne-t-il pas en détails interminables ? Si la passion y jaillit, n'est-ce pas une saillie, et si l'éloquence y éclate, un hasard ? À peine trois ou quatre points brillants sur un fond monotone et terne ; le reste n'est que monotonie et confusion. » L'écrivain, dans le dialogue qu'il compose, à l'imitation de la conversation réelle, ne garde que ces points brillants et fait abstraction du reste.

Mais il a beaucoup à ajouter aussi. Quand deux personnes causent, c'est par une série d'allusions : elles savent ce dont elles parlent, elles se connaissent, et un mot en dit long pour chacune d'elles. Même si elles sont étrangères l'une à l'autre, elles n'ont pas le souci de se faire connaître, d'étaler leur caractère. Ainsi, comme elles disent mille choses insignifiantes, elles ne disent pas la plupart des essentielles. L'écrivain doit les dire : il faut qu'il leur fasse dire leur secret, ouvrir le fond de leur âme sans en avoir l'air. De là vient la difficulté que présente à manier la forme du dialogue. S'il suit la réalité, il risque d'être insignifiant, plat, superficiel : s'il tire les idées et les sentiments du fond des cœurs, il devient symbolique, froid, invraisemblable. Car comme on ne se confesse pas au public, et qu'en outre on se connaît mal d'ordinaire, ce qu'on doit dire pour se peindre au lecteur n'est pas ce qu'on dirait dans la réalité. Le dialogue que demandent la logique des événements et la nature intime des individus, n'est pas celui que composent dans le monde les circonstances, les convenances et l'intérêt : ce qui est philosophique et vrai n'a guère l'air de la vie et de la réalité. Le problème à résoudre, délicat, s'il en fut, est de choisir dans le dialogue réel les mots expressifs, de les achever au besoin, et de se servir ainsi de la réalité sensible épurée et modifiée sans violence, pour atteindre et manifester le vrai intime et invisible. Il n'est pas aisé d'y réussir : on voit des hommes de talent, au théâtre, présenter des personnages qui sont à tour de de rôle de plates photographies et des types abstraits, qui tantôt parlent le verbiage insignifiant de leur condition dans le monde, et tantôt proclament la théorie profonde de l'auteur sur leur caractère.

Les écrivains les plus déterminés à serrer de près la réalité font un choix plus large, mais font un choix, pour peu qu'ils soient artistes. Et s'ils font des peintures saisissantes, des dialogues émouvants avec des incidents insignifiants, et des mots inexpressifs, c'est que l'adoption même de ces détails, de ces mots, leur accueil et leur place dans le cadre que l'auteur a tracé, leur donnent une signification d'autant plus profonde, une expression d'autant plus intense, qu'elles sont plus inattendues. La petitesse même des moyens en fait la puissance, et le choix qui en est fait parmi les milliers et les milliers de moyens pareils, également petits et méprisables. Cet homme que nous fait entrevoir le grand romancier Tolstoï, lorsqu'il peint le défilé interminable des blessés de Borodino qui passe sous les yeux de son héros ému et navré, cet homme couché sur le ventre au fond d'une charrette, dans la demi-ombre de la bâche, blessé, on ne sait où ni quand, d'on ne sait quelle blessure, sans visage, sans nom, sans passé, sans avenir, forme obscure et vague un moment devinée et disparue pour jamais : c'est là, semble-t-il, un détail insignifiant ; et pourtant que de pensée, que d'émotion ramassée en ce seul trait ! Quel autre peindrait plus l'horreur de la scène et l'inhumanité de la guerre ? Mais rien n'est plus idéaliste que ce réalisme : ce blessé anonyme et invisible n'était rien : il est devenu pour l'artiste le symbole des milliers d'individus que la même fatalité soumet à la même misère, il les personnifie, les exprime, les évoque. Le grand écrivain n'a pas pris dans la nature le détail expressif : il a créé l'expression par son choix volontaire, qui a exclu tous les autres détails identiques pour en recevoir un seul. La grande différence qu'il y a entre cet art-là et l'art classique ne serait-elle pas que l'art classique choisit le fait suprême, intense, où tous les semblables sont contenus, comme le moins dans le plus ; l'autre, au contraire, l'art réaliste ou naturaliste, quand il ne cesse pas d'être un art, choisit encore, mais choisit le fait moyen, rigoureusement équivalent, identique aux faits de la collection qu'il représente, n'ayant rien de plus, rien de moins, comme une expérience de physique ne doit rien contenir qui ne se retrouve dans toutes les apparitions ou reproductions du phénomène qu'elle manifeste ?

Si vous avez à faire une démonstration, une dissertation, il y aura de même à choisir entre les diverses preuves que vous aurez aperçues. Il va de soi que, si vous avez une raison décisive, incontestable, il ne faudra pas vous amuser à dérouler une série de probabilités ou d'arguments peu concluants. Encore moins faudra-t-il les servir après la preuve qui emporte tout : celle-là dite, il n'y a qu'à conclure, elle dispense des autres. Mais il est rare qu'il y ait cette inégalité entre les arguments qui s'offrent : on choisira alors les plus efficaces et on les disposera autant que possible selon leur degré de force, de façon que les plus décisifs viennent à la fin et terminent toute contestation. Cette gradation est nécessaire à observer : si ce qui précède immédiatement la conclusion était facilement réfutable, le lecteur se révolterait, et la démonstration n'aboutirait pas. Ce qui fait le plus d'effet, c'est ce qu'on lit ou ce qu'on entend en dernier lieu : l'impression en est plus forte sur l'esprit, et la fortune du raisonnement en dépend.

On pourra, selon les matières, se décider pour la forme inductive ou la forme déductive : prouver par l'expérience des faits réels, ou par les conséquences des principes évidents. À l'ordinaire, les deux méthodes peuvent se combiner. Il est bon de contrôler par les faits les conclusions de la théorie ; il est bon aussi d'appuyer les vérités d'expérience sur les principes de la raison. Selon les sujets, selon la force différente de chaque catégorie de preuves, on commencera d'abord par les faits ou par la théorie : de façon que toujours la vraisemblance augmente et fasse place enfin à l'évidence.

Souvent aussi la division exacte entre les preuves de fait et les raisons théoriques ne saurait se faire, et une dissertation n'est qu'un enchaînement continu d'inductions et de déductions, de spéculations et d'observations, qui, par une progression régulière, par une clarté croissante, forment la conviction du lecteur.

Ordinairement la vérité n'est pas si évidente ni si absolue, qu'elle ne puisse être contestée par des arguments sérieux et contredite par une opinion vraisemblable. Il ne suffit pas alors de donner les raisons pour lesquelles on s'est rangé d'un côté : il faut aussi discuter celles qui pourraient engager à passer de l'autre. Il faut prévoir ce qu'on peut dire en faveur de la thèse contraire, et ce qu'on peut dire contre la thèse que vous défendez. Vous êtes donc souvent en présence de trois catégories d'arguments : 1º ceux dont l'adversaire se servira pour établir son opinion ; 2º ceux qu'il emploiera à détruire la vôtre ; 3º ceux qui établissent votre opinion. Ce sont là trois parties naturelles de la démonstration. Comment devront-elles s'ordonner ? Il est clair qu'il faut proposer d'abord la solution ou les solutions de la question que d'autres ont présentées ou peuvent présenter, et que vous ne croyez pas devoir accepter : en les repoussant, vous donnez vos raisons qui réfutent celles qu'on a données pour les autoriser. Puis vous proposez la solution qui vous paraît véritable. Vous écartez les difficultés qui peuvent empêcher de la recevoir, vous réfutez les objections, et quand vous avez ainsi doublement débarrassé et aplani le terrain, vous passez aux preuves directes, positives, décisives. Parfois, vous ne pourrez réfuter les objections et démêler les difficultés qu'après avoir montré les raisons concluantes : il arrive que celles-ci sont nécessaires pour venir à bout de celles-là et qu'il faut les connaître d'abord. Le goût, la justesse d'esprit, la logique en avertissent. Mais il n'est guère possible qu'il ne faille pas démolir la thèse adverse avant d'élever la sienne : c'est une règle qui ne souffre

guère d'exception, et l'on peut dire que dans toute question su-
jette à controverse, où l'on peut répondre sans absurdité : *oui* ou
non, il faut examiner d'abord les raisons qui engagent à répondre
oui, quand on doit répondre non, et commencer par les raisons
qui sont en faveur du non, quand on doit conclure par le *oui*. Ce
serait favoriser l'adversaire que d'agir autrement et d'intervertir
cet ordre.

Chapitre VIII.

Utilité de l'étude du plan et de la composition des ouvrages qu'on lit

Pour se bien pénétrer des conseils qui viennent d'être donnés, et en bien saisir le sens et l'application, il serait bon de s'habituer à connaître l'ordonnance et la composition des ouvrages qu'on lit : disséquez, réduisez à la substance essentielle, dressez des plans, des tables de matières. Les sermons de Bossuet et de Bourdaloue sont à cet égard d'une étude facile et féconde. Inversement, quand un livre se présente avec une table de matières ample et exacte, étudiez-en le rapport avec le corps du développement. Les ouvrages qui ont de ces tables bien faites, ou dont chaque chapitre est précédé d'un sommaire détaillé, comme sont beaucoup de livres de critique et d'histoire contemporains, vous offriront ainsi le plan à côté de l'édifice, et vous aideront à vous initier à la disposition et à l'enchaînement des idées. Ce vous sera un exercice plus salutaire, que de faire des cahiers de pensées brillantes et de phrases à effet.

QUATRIÈME PARTIE.

ÉLOCUTION

Chapitre premier.

Du rapport des idées et des mots

« Jamais les mots ne manquent aux idées, a dit Joubert : ce sont les idées qui manquent aux mots. Dès que l'idée en est venue à son dernier degré de perfection, le mot éclôt, se présente et la revêt. »

Cela est vrai, mais au fond cela ne dit pas grand'chose. Comme nous ne pouvons penser que par des mots, comme nous ne pouvons penser que des mots plus ou moins nettement conçus et évoqués, amener une idée à sa perfection, c'est penser le mot qui lui correspond parfaitement : les deux termes sont donc équivalents. Le difficile, c'est d'atteindre ce dernier degré où l'idée se parfait dans le mot propre et définitif.

L'expression n'est au fond que l'effort suprême de l'invention. D'abord l'esprit, parcourant en tous sens le sujet qu'il s'est proposé, interrogeant l'expérience d'autrui et la sienne propre, s'est fait une provision de pensées, encore vagues et informes, flottantes ou troubles. Puis, mesurant exactement l'espace à remplir, il y a distribué ces pensées, dont la forme s'est déjà précisée par cette seule attribution d'emploi : en leur marquant leur place, il les dégrossit et les taille.

Mais jusque-là nous avons travaillé pour nous, pensé pour nous, avec nos mots, nos phrases à nous : nous nous sommes parlé une langue sommaire, un jargon inintelligible à tout autre. Si l'on veut en effet se faire une fois le spectateur de sa réflexion solitaire, on s'apercevra qu'on ne pense point avec le langage de tout le monde, et que la rapidité de la conception crée à chaque moment un langage nouveau, hiéroglyphique, symbolique, sténographique surtout, où les mots prennent des sens étranges, lointains, méconnaissables à tous, où ils s'associent selon des affinités créées par les caprices les plus imprévus de notre mémoire, où ils se groupent selon les lois d'une grammaire et d'une

syntaxe qui sont un perpétuel défi à la grammaire et à la syntaxe
établies. Rien de complet, ni d'achevé : il nous suffit, sans dérouler les pensées dans toute leur étendue, d'en prendre un échan-
tillon et de le fixer à l'endroit convenable. Nous nous y recon-
naissons toujours, et nous ne savons ce que chaque lambeau,
chaque signe rappellent.

Maintenant il faut travailler pour les autres, penser pour eux,
avec les phrases, les mots qu'ils entendent. Cette langue personnelle doit se réduire à la langue commune ; nos idées, nos
sentiments doivent revêtir dans notre esprit les formes qui les
feront reconnaître de tous les esprits. Il s'agit de substituer, par
des approximations successives des expressions de plus en plus
explicites à ces signes qui étaient plutôt l'étiquette que le miroir
de la pensée : on ne peut plus se contenter de marquer la place
des choses, c'est le temps de les y mettre effectivement. Ce travail achève l'invention et crée le style : les choses, rapprochées,
se limitent, se déterminent, se précisent ; les mots qui les représentaient font place à d'autres qui les montrent mieux. L'opération est unique et simple : c'est en changeant de mot qu'on modifie l'idée, et le mot et l'idée arrivent ensemble à leur forme juste
et parfaite. La comparaison qu'on fait souvent de l'œuvre littéraire à un édifice est fausse, et bonne pour encourager la pire
rhétorique. Quand l'architecte a fait ses plans, son œuvre est
finie, celle du maçon commence. L'édifice ne serait jamais cons-
truit, qu'il n'importerait guère : la création de l'artiste est entière
et parfaite sur le papier ; il pouvait, s'il voulait, indiquer la dimension de chaque pierre. Pour l'écrivain, le dessin et le plan de
l'œuvre ne valent que si l'on passe à l'exécution, et ne se complètent à vrai dire que dans l'exécution : tant qu'il ne l'a pas toute
écrite, elle reste flottante et vague, à l'état de pure possibilité : il
ne peut donner à chaque chose sa place propre et sa juste
grandeur que par le style : la seule mesure de l'idée, c'est le mot.
Écrire donc, c'est achever de penser ; la forme, c'est l'organisation de la matière, et la pensée n'est véritablement née que lorsqu'elle est exprimée.

Quand on pose ainsi le problème, on n'a plus que faire des
recettes et des formules des rhéteurs et des grammairiens : on

s'épargne une stérile et fastidieuse manipulation des mots et des phrases. Mais le labeur qu'on aperçoit n'est pas moindre ; il a de quoi épouvanter au contraire.

« Qu'est-ce qu'un mot ? dit M. Taine. Et quels sont les mots qui peignent ? Comment faut-il les choisir pour faire apercevoir au lecteur les gestes, les détails, les mouvements ? Comment, avec du griffonnage noir aligné sur du papier d'imprimerie, remplacerez-vous pour lui la vue personnelle des couleurs et des formes, l'interprétation des visages, la divination des sentiments ? Comment le ferez-vous sortir de la conception abstraite et de la notion pure ? Et par quelle merveille trois lettres lui feront-elles voir un âne, et cinq lettres un chien ? C'est que, s'il y a des mots secs, comme les termes philosophiques et les chiffres, il y en a de vivants comme les vibrations d'un violon ou les tons d'une peinture. Bien plus : à l'origine, ils sont tous vivants et, pour ainsi dire, chargés de sensations, comme un jeune bourgeon gorgé de sève ; ce n'est qu'au terme de leur croissance, et après de longues transformations, qu'ils se flétrissent, se raidissent, et finissent par devenir des morceaux de bois mort. Au premier jet, ils sont sortis du contact des objets ; ils les ont imités par la grimace de la bouche ou du nez qui accompagnait leur son, par l'âpreté, la douceur, la longueur ou la brièveté de ce son, par le râle ou le sifflement du gosier, par le gonflement ou la contraction de la poitrine. Encore aujourd'hui, si éloignés que nous soyons de l'imitation corporelle, ils gardent avec eux une partie du cortège qui les entourait à leur naissance ; ils renaissent en nous accompagnés par l'image des gestes que nous avons faits lorsqu'ils sont venus sur nos lèvres ; ils traînent après eux la figure de l'objet qui pour la première fois vous les fait jaillir... De sorte qu'un mot bien

choisi fait en nous comme un éveil de sensations ;
par lui un point clair se détache, et tout alentour
apparaissent et s'enfoncent par échappées les choses environnantes. Si les mots suivants ont la
même vertu, le style est comme un flambeau qui,
promené successivement devant toutes les parties
d'une grande toile, fait passer devant nos yeux une
suite de figures lumineuses, chacune accompagnée
par le groupe vague des formes qui l'entourent, et
sur lesquelles la clarté principale a égaré quelques
rayons. Par cette puissance, l'imagination reproduit
et remplace la vue ; le livre tient lieu de l'objet ; la
phrase rend présente la chose qui n'est pas là.
C'est pour cela que le premier talent du poète consiste dans l'art de choisir les mots. Il faut qu'ayant
l'idée d'un objet et d'un événement, il trouve d'abord
non pas le mot exact, mais le mot naturel, c'est-à-
dire l'expression qui jaillirait par elle-même en leur
présence et par leur contact. Il y a cent expressions
pour les désigner sans qu'on puisse se méprendre ;
il n'y en a que deux ou trois pour les faire voir[8]. »

Chapitre II.

Du sens et de la valeur des mots

Il n'y a point d'idée à laquelle ne corresponde un mot où elle s'incorpore et s'incarne. Les plus légères nuances de la pensée, les plus fugitifs mouvements de la sensibilité peuvent être rendus par le langage : tout ce qui peut être senti, peut être nommé. Même où manquent la raison et la conscience, les vagues appréhensions et les confuses agitations des sentiments trouvent des termes pour s'exprimer. Par les mots, l'intelligence a prise sur l'inintelligible, et définit l'infini. Quand Pascal s'abîme dans la méditation de l'immensité des espaces, quand son imagination est lasse et sa pensée impuissante, la langue lui fournit encore des signes capables de représenter l'inconcevable : « C'est une sphère infinie dont le centre est partout, la circonférence nulle part. » Formule vide de sens littéral, mais évidente et substantielle pourtant : sorte d'expression algébrique qui soumet l'infini à la même notation que le fini, et qui, par une combinaison de termes positifs et négatifs, arrive à donner la mesure de l'incommensurable.

Comment la langue possède-t-elle cette capacité illimitée ? Les idées sont innombrables : le nombre des mots est restreint ; le dictionnaire de l'Académie en contient environ 27 000. Il ressort évidemment de là que les idées qui ont un équivalent fixe et permanent dans un mot du dictionnaire sont le petit nombre. La plupart du temps, la pensée s'exprime par des combinaisons passagères de termes qui se limitent réciproquement et projettent les uns sur les autres le reflet de leur couleur. Ainsi sont comblés les intervalles que le dictionnaire semble laisser entre les mots, et la langue a une infinie dégradation de teintes pour rendre l'infinie modification des idées et des sentiments.

Celui qui exploiterait le vocabulaire comme on exploite une carrière pour en tirer des pierres, qui prendrait les mots comme des blocs d'invariable dimension, de poids immuable, inaltérables et résistants, qu'on n'a qu'à poser côte à côte et par assises successives, n'écrirait jamais que sèchement, lourdement et sans justesse. Le sentiment du style est précisément le discernement délicat de l'élasticité des mots : il faut posséder, par un don naturel ou une patiente étude, le secret de cette sorte de manipulation chimique, qui, parla combinaison des mots, change la couleur, le parfum, le son, la nature même de chacun d'eux et peut obtenir un tout, homogène et simple en apparence, où les éléments associés n'ont souvent gardé aucune de leurs propriétés individuelles.

Le dictionnaire donne le sens des mots. Mais ce sens propre et exact n'est pas, tant s'en faut, adéquat à leur valeur. De même que la définition d'une espèce ne donne que les caractères communs à tous les individus de l'espèce, et de même que ces caractères communs ne peuvent jamais se présenter isolés, mais s'accompagnent toujours de caractères individuels qui sont infiniment variables, de même la définition d'un mot ne donne que la portion de sens commune à tous les emplois que les écrivains ont fait de ce mot : à cela vient s'ajouter une valeur spéciale, qui résulte de la combinaison particulière où le mot est entré. Quand le philologue, outre le sens primitif ou général du mot, en note les acceptions dérivées ou particulières, il ne fait que ce que fait le naturaliste, qui divise une espèce en variétés et en races : il y a toujours un point où il faut s'arrêter, et les dernières subdivisions où l'on parvient réunissent toujours des individus qui ont des caractères communs et des caractères propres. De même, si loin qu'on pousse la distinction des sens d'un mot, on réunira toujours sous une même définition des exemples qui ne seront point du tout identiques, et qui modifient chacun à leur façon le sens commun à tous.

Le sens défini restant le même, le sens intelligible se diversifie à l'infini. Tantôt le mot s'atténue ou s'efface, tantôt il s'enfle ou reluit. Il transforme, déforme, rapetisse, grandit, colore de mille façons l'objet qu'il est chargé de présenter. Vingt fois par jour nous prononçons le nom de *Dieu* sans penser à Dieu. Quand Massillon, entamant l'oraison funèbre de Louis le Grand, nous dit : « *Dieu* seul est grandi mes frères », alors le nom de Dieu dresse l'idée même de Dieu dans nos cœurs. Racine fait dire à Burrhus :

Je parlerai, madame, avec la liberté

D'un *soldat* qui sait mal farder la vérité.

Et Voltaire nous enseigne que :

Le premier qui fut roi fut un *soldat* heureux.

Est-ce le même soldat que notre imagination se figure dans les deux vers ?

Jodelle mourant s'écrie au roi qui l'a employé et ne Fa pas nourri :

Qui se sert de la lampe, au moins de l'huile y met.

Leconte de Lisle écrit :

Seule la lune pâle, en éclairant la nue,

Comme une morne lampe oscillait tristement.

Enfin Pascal invite l'homme à regarder le soleil, « cette éclatante lumière mise comme une lampe éternelle pour éclairer l'univers ». Le mot, dans ces trois cas, fait-il voir trois fois la même lampe à notre esprit ?

Les mots sont donc susceptibles d'une infinité de valeurs, dont le dictionnaire n'indique que la partie commune et en quelque sorte irréductible. Tout ce qui fait, à vrai dire, la physionomie individuelle du mot, vient de la place et de l'entourage : c'est là qu'il prend sa forme et sa mesure précises, s'étendant ou se ramassant selon l'espace accordé, grâce à son élasticité naturelle, et fixant dans un emploi unique sa multiple capacité.

C'est une des raisons qui obligent de condamner l'ancienne théorie du style noble : elle attribuait aux mots un degré invariable d'énergie, et méconnaissait cette pénétration réciproque, cette sensible communication, qui reflète sur les uns la couleur des autres, et les imprègne de leur vertu. C'est ce qui fait aussi que la plus belle poésie puisse se contenter du langage de tout le monde et de tous les jours, et qu'« une douzaine de mots ordinaires, assemblés d'une façon ordinaire [9]», puissent ravir l'âme et la pénétrer jusqu'au fond.

Il y a des langues qui ont plus de sonorité ou d'éclat que le français. Qu'on le prenne dans le dictionnaire : la plupart des mots sont gris, muets, éteints. Mais aussi, quand on s'en sert pour la pensée, quand l'imagination ou le sentiment les assemblent, ils s'allument, et leur contact mutuel fait jaillir la lumière et sortir de fines nuances. Au lieu que les mots plus beaux des langues étrangères font obstacle à la pensée en lui imposant, quelle qu'elle soit, leur musique et leur teinte, le mot français, incolore, atone, ne garde qu'un sens net, où l'esprit aperçoit tous les effets, tous les usages dont il est capable ; il prend le relief, l'harmonie, la lumière, la chaleur, que l'idée réclame ; il s'amortit ou éclate, il prête ou emprunte sa flamme, infiniment souple et mobile, élastique et subtil comme le plus léger des gaz, malgré la précision rigoureuse de sa définition, qui, dans aucun emploi, ne s'altère ni ne s'obscurcit. Mais il n'offre pas à l'écrivain sa richesse ; il la cède : il ne faut point compter sur son soutien ; il faut le maîtriser et le dompter. Certaines langues portent leur homme, leur éclat dore les plus pauvres idées ; le français ne prête qu'aux riches. Il laisse aux faibles leur faiblesse, mais il ne manque jamais aux forts, et, quand on sait le prendre, il peut tout.

Chapitre III.

Association des mots entre eux
et des mots avec les idées

D'où viennent cette élasticité et cette capacité presque infinie des mots ? Quelle est cette vertu qui les fait vivants et lumineux, de glacés et ternes qu'ils étaient ?

Celui qui n'aperçoit dans le mot que le sens défini, est bien loin d'en avoir épuisé l'énergie. L'idée à laquelle le mot correspond exactement, a des affinités naturelles ou habituelles avec d'autres idées : chaque fois qu'elle est présente, elle tend à les rendre présents ; elle les évoque et les suscite. Pareillement le mot qui l'exprime est lié avec d'autres mots qu'il attire partout où il va et qui lui font cortège. De sorte que derrière chaque mot de la langue se cache une longue file d'idées, d'images et de mots, prête à surgir avec lui et à se dérouler après lui. Mais le plus souvent cette série n'a pas le temps de se développer : le mot suivant la réprime et la fait rentrer ; l'on n'a que le temps d'apercevoir quelques-unes des formes qui la composent, et de subir une impression plus ou moins nette ou confuse, fugitive ou durable.

Ces associations font la valeur expressive et la richesse des mots. Il y en a de plusieurs sortes. Il y en a qui sont générales et communes, et qui existent dans tous les esprits, au moins dans tous les esprits des hommes qui parlent la même langue. Quand M. Sully-Prudhomme dit à l'hirondelle :

Toi qui peux monter solitaire

Au ciel, sans gravir les sommets,

Et dans les vallons de la terre

Descendre sans tomber jamais…,

ce mot de *ciel* traîne après lui pour tout le monde les mêmes images : l'espace libre, profond, sans limites, d'un bleu intense ou laiteux, baigné de soleil, ou traversé de nuages. Mais il est rare en somme que toutes les imaginations s'envolent ainsi de concert. La diversité des tempéraments, des classes, des occupations, des habitudes, l'inégale connaissance de la langue et du sens précis des mots font qu'ils n'ont pas pour tous la même puissance d'évocation et qu'ils n'évoquent pas les mêmes choses. Le mot *mer* évoque pour un jeune Parisien l'idée de la saison joyeuse et du grand soleil, de la libre vie en plein air, de l'expansion irréfrénée de l'énergie musculaire, des jeux d'après-midi sur la plage et des danses du soir au casino, des bruyantes parties de bain ou de pêche aux crevettes : pour le pêcheur, la *mer*, c'est le mystérieux ami et le terrible ennemi, le pain d'aujourd'hui et la mort de demain : toute la destinée roule dans ces vagues. Un champ de blé met une vision dorée dans les yeux du peintre : le paysan y voit tant de sacs qui valent tant sur le marché. Les lapins n'ont de grâce et de gentillesse que pour un poète comme La Fontaine : ce nom fait voir au forestier des arbres rongés, avec des plantations dévastées, un ennemi qui pullule et qu'on ne peut exterminer. Pourquoi le pathétique simple ne fait-il pas d'effet souvent sur la foule ? pourquoi l'emphase du mélodrame ta ravit-elle ? c'est que les grands mots, qui étonnent et détonnent, forcent les imaginations endormies et grossières, et y suscitent des images que les mots simples, employés aux usages domestiques, sont devenus par là même incapables d'y évoquer.

Il y a enfin des associations purement personnelles que les hasards de notre vie ou les singularités de notre humeur ont liées en nous. Quand nous lisons ou que nous entendons prononcer le mot de *Tuileries*, nous prenons tous l'idée du même lieu, du jardin qui borde la Seine entre le Carrousel et les Champs-Élysées : mais des images s'éveillent en outre les mêmes pour tous, des dômes de verdure, de grises statues parmi les feuillages verts ou jaunissants, des enfants et des joueurs de ballon ; selon notre âge, nous voyons se dessiner un palais ou des ruines ; certains de nous aperçoivent les hôtes disparus de l'édifice détruit, les fameuses journées que l'histoire y compte ; selon le caprice de nos goûts et de nos études, la salle des maréchaux ou la salle des machines nous reviennent en mémoire, et nous peuplons les allées de muscadins ou de petits-maîtres. Enfin, pour ceux qui ont joué là dans leur enfance, un souvenir lointain, triste ou gai, s'y joint, qui est à nous seuls et qu'on ne partage avec personne. De même le mot de *bataille* évoque, à la suite de son sens, des idées et des images qui sont les mêmes pour tous : mais les soldats, qui ont vu des batailles, ajoutent à ce fonds commun des impressions ignorées de ceux qui n'ont vu que les tableaux des musées et les descriptions des livres. Enfin chacun de ces soldats a dans son expérience propre une émotion, une image, une pensée qui n'est qu'à lui et que le mot n'éveillera que pour lui. Lui seul entendra, chaque fois que le mot sera prononcé, certain sifflement de balle, certain amortissement de ce bruit dans la chair vivante, lui seul verra certaine grimace, certaine contorsion de l'homme qui meurt, certain geste indifférent du vieux soldat, certaine colère du vaincu, lui seul évoquera certain regard d'un ennemi rencontré dans une charge, certaine parole, certaine lumière, certain paysage : un monde d'impressions ressenties une seule fois par un seul homme surgira au son de deux syllabes banales.

Ce n'est pas tout : séparons le mot de l'idée qu'il exprime ; il évoquera non plus des idées, des images, des sentiments, mais des mots. L'habitude est puissante sur lui comme sur l'être vivant. Quand un long usage l'a accouplé à un autre mot, ou enchaîné dans une phrase, il tend toujours à tirer après lui sa compagnie. Nos pères, en exprimant leurs pensées, ont accoutumé chaque mot à frayer avec certains autres : nos pensées ne sont plus les mêmes, mais nos mots sont les mêmes et ne changent pas volontiers leurs relations. Affranchis de l'esprit d'autrefois nous sommes liés encore par le langage d'autrefois, et à chaque moment les mots tentent de nous imposer leurs anciennes convenances et leurs anciens groupements. De là l'influence de ce qu'on appelle les *phrases toutes faites*, les *clichés*. De là vient que tant de substantifs ont de la peine à se séparer de tant d'adjectifs : de là vient que tel sujet tire presque toujours après lui tel verbe. Boileau a exprimé cette attraction que les mots exercent les uns sur les autres par l'habitude qu'ils ont d'être réunis, dans les vers si connus de sa seconde satire :

Si je louais Philis *en miracle féconde,*

Je trouverais bientôt à *nulle autre seconde* ;

Si je voulais vanter *un objet non pareil,*

Je mettrais à l'instant *plus beau que le soleil.*

Chaque phrase d'un écrivain crée une liaison de mots, qui tendra à se reproduire avec plus ou moins de fréquence ou de force selon la célébrité de l'écrivain et de la phrase. C'est là l'origine de ces citations qu'on fait si souvent, et dont une partie seulement convient à ce qu'on dit. Le mot qu'on prononce accroche un vers, une phrase où quelque écrivain l'a logé : et il nous amène les autres mots qui y sont avec lui, bien qu'on n'ait affaire que de lui seul. Alors les idées n'ont qu'un rapport partiel et lointain : c'est par les mots que la liaison se fait. Certaines façons de parler proverbiales ne le sont devenues que par là :

Belle Philis, on désespère,

Alors qu'on espère toujours.

On ne s'attendait guère

À voir Ulysse en cette affaire.

Voilà, belle Émilie, à quel point nous en sommes.

Quand on se sert de ces phrases, on ne passe point par le long détour de l'association des idées : on ne songe même pas à Philis, à Ulysse, à Émilie, et en les nommant on ne va point au-

179

delà des sons. Mais le besoin qu'on a des expressions *espérer, s'attendre, voilà où nous en sommes*, amène ces formes toutes faites qui les contiennent, et la pensée se coule comme elle peut dans ce moule d'occasion. Au premier vers d'une tragédie :

Vous souvient-il, ma sœur, du feu roi notre père ?

le plaisant qui répliqua à l'instant :

Ma foi, s'il m'en souvient, il ne m'en souvient guère,

n'avait pas eu le temps de mesurer l'idée, et le public vit peut-être avant lui ce qu'il y avait d'esprit et de juste critique dans cette application. La même attraction se voit encore quand on récite un morceau par cœur, et que soudain la mémoire déraille sur un mot, qui, du groupe où il figurait et qui l'a amené, la lance dans un autre où il figure encore et qu'il amène.

Enfin l'analogie des sons détermine dans les mots une tendance à s'évoquer réciproquement, sans qu'aucun rapport de sens intervienne. « Et vous qui êtes cause de leur folie, dit le bon Gorgibus en manière de moralité après la fâcheuse aventure des Précieuses ridicules, pernicieux amusements des esprits oisifs, romans, vers, chansons, sonnets et sonnettes, puissiez-vous être à tous les diables ! » Ces *sonnettes* ne sont là que pour escorter les *sonnets* et en doubler le son. « Es-tu content, Coucy ? » dit Vendôme dans la tragédie de Voltaire. — Couci couça », répond un plaisant du parterre, et ce mot, que l'oreille seule suggère, se trouve être un jugement sur la pièce, et la tue. Il arrive à chaque moment qu'un son appelle un son et le mot un mot : on s'amuse de leur cliquetis, et le hasard fait parfois qu'il en jaillit l'étincelle d'une idée : quand on regarde ce qu'on dit, après qu'on a parlé, il se trouve qu'on a dit quelque chose ; l'oreille a chassé pour l'esprit. « *Traduttore, traditore* », dit-on : sans la ressemblance des sons, on n'eût peut-être pas sitôt ni si bien remarqué la trahison que faisaient les traducteurs à leurs originaux.

Ces deux dernières catégories d'associations, qui n'évoquent que des mots, sont de mince secours pour l'écrivain. À part quelques cas exceptionnels, on ne cherche guère à suggérer des sons ou des groupements de mots, mais des idées et des images, laissant au lecteur le soin de les nommer en sa langue. Ce qui arrive, c'est que l'écrivain lui-même se laisse entraîner à ces associations et n'a pas la force de les repousser. L'inconvénient est grave : car quand la pensée se coule dans des phrases toutes prêtes, elle perd sa marque originale. Souvent alors on se sent une facilité merveilleuse : les mots viennent sous la plume et s'y rangent docilement. C'est qu'ils se groupent selon leurs habitudes antérieures : on ne fait que les enregistrer machinalement quand ils se présentent : ce n'est plus nous qui pensons, ce sont les mots qui nous imposent par leur banale combinaison ce que tout le monde leur a le plus souvent fait dire. Il serait ridicule de prétendre éviter tout enchaînement de mots qui ait jamais été fait avant nous. Mais il faut exercer un contrôle sévère, et ne point sacrifier la légitime exigence d'une idée personnelle à la vieille camaraderie des mots. On ne saurait être trop circonspect aussi à recevoir les mots que la ressemblance des sons évoque. Il faut proscrire sans indulgence tout ce cliquetis qui amuse l'oreille sans passer outre : ces analogies de sens, qui obligent à donner aux mots une articulation plus nette, un accent plus fort, doivent faire jaillir des rapports de sens ; il faut qu'elles enfoncent ou qu'elles illuminent la pensée.

Mais la puissance que les mots ont de tirer après eux des séries d'idées et d'images, est de première importance pour le style : selon l'art qu'on a de l'employer, il est terne ou expressif, plat ou relevé. D'où vient qu'un discours sensé où les expressions ont leur sens exact et précis, où il semble qu'il ne manque rien d'essentiel, manque son effet, et soit faible, froid, ennuyeux ? La cause est précisément que les mots, bornés à leur objet propre, ne sollicitent pas l'esprit à penser au-delà de leur sens, ne lui ouvrent point de vue sur des choses inexprimées ; la phrase n'a ni dessous ni profondeurs ; mettant toute sa richesse en dehors et comme en étalage, ne tenant rien en réserve, elle est toisée, prisée d'un coup d'œil : il y manque ces groupes d'images et d'idées, qui, surgissant derrière les mots, saisissent l'esprit et transforment la lecture distraite des yeux en une avide curiosité de toute l'âme.

Il ne faut pas croire que les mots colorés, pittoresques, sonores, aient le privilège de ces évocations fécondes. Elles appartiennent aussi aux termes simples, effacés, éteints, aux termes abstraits : le tout est, quand on s'en sert, de ménager un passage de l'idée qu'ils expriment aux idées qui sont en relation avec elle, de les tourner du côté qui fera paraître cette mutuelle dépendance.

Et même, les mots abstraits par l'impossibilité où l'on est de se représenter l'état, l'action, la qualité qu'ils désignent en dehors d'un individu qui fasse cette action, soit dans cet état ou possède cette qualité, se prêtent merveilleusement à la suggestion qui multiplie leur force et porte l'esprit bien au-delà de leur définition littérale. De là vient que, contrairement à ce que souvent on s'imagine, ce n'est pas en se privant des mots abstraits qu'on donnera au style la vie, la couleur et l'éclat. Ils ne sont pas seulement à l'usage du philosophe ou du savant, qui, n'exprimant que de pures idées, ne cherchent à évoquer aussi que des séries d'idées pures. La poésie de notre temps a fait des mots abstraits un large emploi, qui met en lumière combien leur force d'attraction peut remuer en nous d'images et de sentiments. En voici quelques exemples :

Le sable rouge est comme une mer sans limite,

Et qui flambe, muette, affaissée en son lit.

Une ondulation immobile remplit

L'horizon aux vapeurs de cuivre où l'homme habite.

        (Leconte de Lisle, *les Éléphants*.)

La nuit roule de l'Est, où les pampas sauvages

Sous les monts étagés s'élargissent sans fin...

De cime en cime, elle enfle, en tourbillons crois-
sants,

Le lourd *débordement* de sa haute marée.

> (Leconte de Lisle, *le Sommeil du con-
dor.*)

Un air humide et lourd enveloppe le monde ;

Au bord de l'horizon, comme des caps dans l'onde,

Les nuages rayés s'allongent lentement ;

Et le soleil, immense au fond du firmament,

Heurtant au brouillard gris sa lueur inégale,

Sur le globe muet penche son disque pâle.

Aucun bruit sur la terre, aucun bruit dans les cieux,

Que l'*oscillation* des grands océans bleus.

> (Bouilhet, *les Fossiles.*)

Et de tous les côtés, sous le soleil plus clair,

La *végétation* monte, comme la mer.

C'est un *bruit doux et lent*, qui va des monts aux
grèves,

Frisson des germes nus, et *murmure* des sèves,

Travail de la racine entr'ouvrant le sol dur,

Feuillages déployés qui tremblent dans l'azur.

> (Bouilhet, *les Fos-
siles.*)

Et ces phrases de prose ne doivent-elles pas ce qu'elles ont de pénétrant et de profond aux mots abstraits, qui, n'emprisonnant point l'imagination dans une réalité particulière, lui ouvrent par là même de plus vastes horizons ?

Les cieux : « Le silence éternel de ces espaces infinis m'effraye. »

(Pascal.)

La mer : « L'étendue brille et miroite sous le soleil éternel. »

(Loti.)

Tout mot, donc, abstrait ou concret, est capable de susciter dans l'esprit d'un lecteur, outre ce qu'il contient par définition, de longues séries de pensées qu'il évoque par association. C'est à l'écrivain de savoir faire jaillir l'abondante source d'impressions qu'ils recèlent, souvent sous une apparente aridité. Il faut disposer les mots de façon qu'ils se prêtent un mutuel secours et que leur assemblage découvre la richesse de chacun d'eux. Il faut faire attention qu'ils ne se contrarient pas, et que l'un d'eux ne vienne pas dérouler soudain un cortège inattendu de formes et d'idées dont on n'a point affaire. Souvent, par une maladresse ou une étourderie de l'écrivain, une vision importune détourne l'attention du lecteur, et l'arrache à la domination qu'il commençait de subir : quand on le reprend, il ne reste plus en lui trace de l'impression première ; c'est comme s'il avait cédé la place à un autre, qui commencerait de lire au milieu d'une page.

J'avoue que je n'ai jamais pu, dans la belle pièce de V. Hugo qui a pour titre *la Vache*[10], lire le vers où il parle

Du beau coq *vernissé* qui reluit au soleil

sans penser plutôt à une enseigne de cabaret et d'auberge qu'à une cour de ferme. Cependant l'épithète est juste et bien appliquée : mais elle évoque des images d'animaux en bois, en plomb, en fer-blanc revêtus de tons splendidement criards, comme en ont manié tous les enfants, des formes d'hommes et de bêtes, qu'on voit dans les rues de village, pendues à des tringles, se balancer au vent et faire éclater au soleil leur luisante peinture : jamais le naturel, le vivant n'est *vernissé*.

Voici une admirable page de M. Taine :

« J'étais hier vers cinq heures du soir sur le quai qui longe l'Arsenal, et je regardais en face de moi, de l'autre côté de la Seine, le ciel rougi par le soleil couchant. Un demi-dôme de nuages floconneux montait en se courbant au-dessus des arbres du Jardin des plantes. Toute cette voûte semblait incrustée d'écailles de cuivre ; des bosselures innombrables, les unes presque ardentes, les autres presque sombres, s'étageaient par rangées avec un étrange éclat métallique jusqu'au plus haut du ciel, et, tout en bas, une longue bande verdâtre qui touchait l'horizon était rayée et déchiquetée par le treillis noir des branches. Çà et là, des demi-clartés roses se posaient sur les pavés ; la rivière luisait doucement dans une brume naissante ; on apercevait de grands bateaux qui se laissaient couler au fil du courant, deux ou trois attelages sur la *plage* nue, une grue qui profilait son mât oblique sur l'air gris de l'orient. Une demi-heure après tout s'éteignait ; Il ne restait plus qu'un pan du ciel clair derrière le Panthéon ; des fumées roussâtres tournoyaient dans la pourpre mourante du soir et fondaient les unes dans les autres leur couleur vague. Une vapeur bleuâtre noyait les rondeurs des ponts et les arêtes des toits. Le chevet de la cathédrale avec ses aiguilles et ses contreforts articulés, tout petit, en un seul tas, semblait la carapace vide d'un crabe. Les choses tout à l'heure saillantes n'étaient plus que des esquisses ébauchées sur un papier terne. Des becs de gaz s'allumaient çà et là comme des étoiles isolées ; dans l'effacement universel ils prenaient tout le regard. Bientôt des cordons de lumière se sont allongés à perte de vue, et le flamboiement indistinct, fourmillant du Paris populeux a surgi vers l'ouest, tandis qu'au pied des arches, le long des quais, dans les remous, le fleuve, toujours froissé, continuait son chuchotement nocturne. »

Chaque fois que j'ai relu cette page, une vision se formait en moi dès les premières lignes, qui allait sans cesse se précisant et s'agrandissant, jusqu'à ce qu'au milieu j'arrivais au mot *plage* : alors dans ce tableau parisien surgissait soudain, crevant, déchiquetant les premières images, un paysage maritime, comme les Flamands et les Hollandais en ont tant peint, une mer houleuse et jaune, une côte basse et large, presque du même ton que la mer, de lourds bateaux, des charrettes, des moulins, un clocher lointain. Le malheur était que la phrase précédente : *de grands bateaux qui se laissaient couler au fil du courant*, ne contenait rien qui fût trop caractéristique et s'opposât absolument à la nouvelle vision, que ne détruisait pas assez vite le profil tout parisien de la *grue au mât oblique*. Il me fallait un effort ensuite pour rappeler le premier tableau et en continuer le développement.

Il arrivera souvent que du même mot pourront dépendre diverses séries d'idées et d'images comme dans une forêt de longues percées convergent au même carrefour. Là, il faudra prendre garde de bien lancer le lecteur dans l'association qui convient au sujet : il faudra entourer le mot de termes qui l'étranglent et ne laissent passer que le groupe qu'il s'agit d'évoquer, barrant la route à toutes autres impressions. Les adjectifs surtout y peuvent servir. Voyez ces deux vers, l'un de La Fontaine :

Un pauvre bûcheron, tout couvert de ramée ;

l'autre de V. Hugo :

D'étranges bûcherons qui travaillent la nuit.

Au premier vers, l'adjectif n'admet, parmi les idées que peut éveiller le mot *bûcheron*, que celles qui se rapportent à l'aspect physique, le visage tanné et ridé, le dos voûté, les jambes pliantes, les vêtements noircis et usés. Au second, l'adjectif n'évoque que la silhouette, qui se découpe en noir et fantastiquement agrandie, le geste, le mouvement, la cognée qui se lève et s'abat, le groupe s'agitant entre les troncs sveltes et droits sous la haute futaie. Quand M. Sully-Prudhomme écrit :

Les villages sont pleins de ces petites filles

Roses avec des yeux rafraîchissants à voir,

Qui jasent en courant sous le toit du lavoir ;

Leur enfance joyeuse enrichit leurs guenilles,

il exclut, par le choix et la combinaison des mots, toutes les images désagréables ou répugnantes que la misère et les guenilles peuvent suggérer : s'il en surgissait une seule, tout le morceau en serait gâté et manquerait son effet.

Chapitre IV.

Des figures : métaphores,
métonymies, périphrases

Voilà donc les ressources que nous offrent les mots, soit isolément, par l'élasticité de leur sens propre et la puissance d'évocation qui leur appartient, soit assemblés, par leur simple contact et la modification particulière qui en résulte pour chacun d'eux. Il faut considérer en eux maintenant d'autres propriétés, qui achèvent de les rendre capables de servir à tous les besoins de la plus agile et plus curieuse pensée. D'abord ils sont capables d'exprimer d'autres objets que ceux auxquels ils correspondent par définition. Outre leur sens propre, ils peuvent prendre des sens figurés : c'est à ces emplois qu'on a donné le nom de *tropes*. Quelques *figures de pensées*, ou *figures de passions*, ne sont aussi que des corruptions momentanées et voulues du sens exact des mots[11]. Ensuite, par certains arrangements de mots qui ne sont pas conformes aux rigoureuses prescriptions de la grammaire, on peut ajouter au sens où la construction régulière des mêmes mots atteindrait, ou lui donner la nuance précise que la pensée exige : c'est ce qu'on appelle les *figures de construction*. Enfin par certaines combinaisons régulières ou du moins correctes, mais qui détournent les constructions de leur emploi ordinaire comme les *tropes* détournent les mots de leur sens commun, on peut rendre certains sentiments et certaines idées dont la langue ne pourrait autrement marquer l'exact degré et la couleur particulière. C'est ce qu'on appelle les *figures de pensées, figures de passion, d'imagination* ou *de raisonnement*. En général, les *figures* servent à rendre ce qui échappe à la prise brutale et matérielle des mots : on ne s'étonnera donc pas qu'elles servent surtout à traduire ce qui est *sentiment* ou *passion* ; les pures idées intellectuelles et les objets du monde réel sont en général directement touchés par les mots et par l'application littérale des lois communes de la grammaire et de la syntaxe.

Notre esprit, percevant soudain une qualité commune en deux objets différents, ou créant entre eux un rapport qui les assimile, nomme l'un du terme qui convient ou qui appartient à l'autre : il fait une *métaphore*. Je n'ai pas à insister sur l'importance de la métaphore : sans elle, il est impossible de parler ou d'écrire. Elle a été un des procédés les plus féconds qui aient contribué à former le langage humain ; et dans le développement et l'évolution de chaque langue, son rôle a été immense.

L'homme a distingué d'abord et nommé ce qui le touchait de plus près : quand le cercle de ses idées et de ses connaissances s'est élargi, il n'a point créé les mots à profusion ; il a appliqué autant qu'il a pu ceux qu'il possédait déjà aux objets nouveaux qu'il découvrait, et n'a enrichi sa langue que par la multiplication des métaphores. Le soleil et les astres se sont *couchés* et se sont *levés*, comme lui. Le temps a *marché*, comme un voyageur, s'est *écoulé*, comme un fleuve. Le monde matériel a prêté tout son vocabulaire au monde spirituel : un *souffle*, un *vent* a désigné *l'âme*. Elle a été dotée de toutes les épithètes, de tous les verbes qui indiquent les qualités et les actions des objets sensibles : elle a été *élevée, basse*, elle a eu des idées *étendues, étroites*, des sentiments *vifs* ou *lents, ardents* ou *froids*. Les passions l'ont *agitée, bouleversée, déchirée* ; la souffrance l'a *blessée, fait saigner, écrasée, fait plier* : elle s'est *élancée*, elle a *tremblé*, elle a *reculé*. Elle a été *échauffée* par l'enthousiasme, *embrasée* par l'amour, *glacée* par la terreur.

Les langues de récente formation ont hérité en grande partie de cette abondante provision de métaphores, qui est allée sans cesse s'enrichissant depuis les temps anciens, et elles y ont encore ajouté. Un bon nombre de mots de la langue française ne sont que des métaphores, quand on les rapporte à leur origine latine. La tête, c'est en latin un *tesson de pot* ; la gorge est un *gouffre*, et le talent, un *poids*. À chaque instant, on se trouve en présence de termes détournés de leur sens propre : ils nous économisent des mois qu'il aurait fallu forger ; nulle idée de comparaison ne s'éveille quand on les prononce ; ce ne sont plus des métaphores que pour le philologue : dans la pratique ils font l'office de mots propres. Le roitelet, la bergeronnette, le bouvreuil, ne sont pas pour nous un *petit roi*, une *petite bergère*, un *petit bouvier* : nous ne songeons guère à ces gentilles et poétiques images ; et ces mots valent pour nous autant que *chat* ou *cheval*, où l'étymologie ne découvre pas de figure. Pareillement nous ne croyons pas *prendre dans la trappe* celui que nous attrapons, ni *attirer avec le leurre* celui que nous leurrons ; les gens *délurés, hagards, niais*, ne représentent guère des faucons à notre imagination, et quand nous *dessillons les yeux* de quelqu'un, nous ne nous figurons point être un fauconnier qui découvre les paupières de l'animal enfin dompté. Une *feuille d'or* ou *de papier*, un *cheval ferré d'argent*[12], sont des expressions qui dans l'usage désignent leurs objets sans métaphore. Faute d'autres, elles se sont vidées de toute image et sont devenues simples.

Il en est aussi qui, moins nécessaires, ont cependant été si constamment et communément reçues que toute image, toute métaphore a disparu. Quand nous parlons d'*exprimer* une pensée, nous ne pensons point nous comparer au sculpteur qui tire une figure d'un bloc de marbre. Quand les lettres de commerce font *courir* le mois et l'année, quand les règlements administratifs font *courir* les appointements des fonctionnaires, soyez sûres que les rédacteurs ne croient pas faire une *figure*, et que nulle forme légère et mobile ne passe devant leurs yeux : ils ne voient pas d'autres mots pour ce qu'ils veulent dire. Le créancier qui apprend que son débiteur *suspend* ses payements ne voit aucune image là-dedans, et ne se représente rien que l'ennui de n'être pas payé. Le préfet qui *suspend* un maire, ne se le figure pas autrement qu'exclu pour un temps de la mairie. Quelle exubérante fantaisie, quelle richesse d'inventions grotesques et imprévues le langage vulgaire fournirait, si l'on voulait rappeler à leur sens propre toutes les métaphores qu'on fait sans cesse sans s'en douter et sans pouvoir faire autrement ! Il n'y aurait presque point de phrase que le crayon du dessinateur ne pût traduire : et que de fois la traduction serait une caricature !

Je n'ai point à m'arrêter ici sur ces métaphores inconscientes et effacées, qui sont l'expression pure et propre des objets. On devra seulement remarquer qu'il ne faut, quand on les emploie, ni les modifier ni les développer : il y faut du moins beaucoup de précaution et une grande légèreté de main. Sinon, en voulant y faire reparaître le sens métaphorique, on s'exposerait à parler le langage des *Précieuses ridicules*.

> « Mais de grâce, Monsieur, ne soyez pas inexorable à ce fauteuil qui vous tend les *bras* il y a un quart d'heure, contentez un peu l'envie qu'il a de vous embrasser. »

La véritable métaphore présente à la fois deux objets à l'imagination, l'un qui est dans le sens propre du mot, l'autre qui par le moyen du premier s'éveille dans la pensée. Généralement elle contient en germe une comparaison, et manifeste une certaine communauté de nature ou d'état entre les deux objets qu'elle accouple.

> Le sang de vos rois *crie* et n'est point écouté.
>
> (Racine.)

> Lorsque je vois, parmi tant d'hommes différents,
>
> Pas une *étoile fixe*, et tant d'astres *errants*.
>
> (Racine.)

> Le soir vint : l'orgue *en deuil* se tut dans le saint lieu.
>
> (V. Hugo.)

> La nuit vint : tout se tut ; les flambeaux s'éteignirent :

Dans les bois assombris les ruisseaux se *plaigni-
rent*.

(V. Hugo.
)

Sa barbe était *d'argent*, comme un ruisseau d'avril.

(V. Hugo.
)

Les éléphants rugueux, voyageurs lents et rudes,

Vont au pays natal à travers les déserts.....

Et creusant par derrière un sillon sablonneux,

Les *pèlerins* massifs suivent leur *patriarche*.

(Leconte de Lis-
le.)

Souvent la métaphore se continue en plusieurs mots, dont l'un
exprime la comparaison des deux objets, et les autres ce que
l'on compare en eux. Ainsi Rotrou appelle les jeunes martyrs du
christianisme :

Ces fruits à peine éclos, déjà mûrs pour les cieux.

Ailleurs l'objet auquel on compare celui qu'on veut faire connaître, et d'où se tire la métaphore, n'est pas désigné : il n'est révélé
que par les qualités qui lui sont propres, et qu'on attribue à l'autre. C'est ce qui arrive toutes les fois que la métaphore porte sur
un verbe ou un adjectif. V. Hugo, comparant la France à un vaisseau, n'a pas nommé le vaisseau, quoiqu'il pût le faire sans vio-

lence entrer dans son vers, et il a préféré écrire, enserrant la métaphore entre deux mots propres :

Nous sommes un *pays* désemparé, qui flotte,

Sans boussole, sans mâts, sans ancre, sans pilote,

Sans guide, à la dérive, au gré du vent hautain,

Dans l'ondulation obscure du *destin*.

Le sentiment qui crée la métaphore peut, de l'idée sur laquelle elle est née, se communiquer aux idées voisines, et les transformer en images analogues. Quand V. Hugo eut vu de ses yeux de poète la terre, non échauffée par le soleil, mais se *chauffant au soleil*, elle lui parut naturellement *frileuse* plutôt que *froide*, et ce dernier mot précisant l'image, la poussa à s'assimiler encore les idées prochaines :

Frileuse, elle se chauffe au soleil éternel,

Rit, et fait cercle avec les planètes du ciel,

Comme des sœurs autour de l'âtre.

Ailleurs, la vulgaire comparaison du croissant de la lune à une faucille, gagnant par une contagion semblable les autres idées réunies dans la même phrase, entourant l'image primitive d'images complémentaires, a créé un merveilleux tableau :

Tout reposait dans Ur et dans Jerimadeth ;

Les astres émaillaient le ciel profond et sombre ;

Le croissant fin et clair, parmi ces fleurs de l'ombre,

Brillait à l'occident, et Ruth se demandait,

193

Immobile, ouvrant l'œil à moitié sous ses voiles,

Quel dieu, quel moissonneur de l'éternel été

Avait, en s'en allant, négligemment jeté

Cette faucille d'or dans le champ des étoiles.

Il arrive que la métaphore, dans cette extension spontanée, teint de sa couleur tout un groupe d'idées : elle devient alors indépendante, elle se suffit à elle-même, et le sens propre des mots qui sont assemblés dans la phrase et dérivent tous de la même image, contente l'esprit, en dehors de toute réflexion sur le sens figuré. La métaphore tourne alors à l'allégorie.

Ce vieillard possédait des champs de blés et d'orge ;

Il était, quoique riche, à la justice enclin ;

Il n'avait pas de fange en l'eau de son moulin,

Il n'avait pas d'enfer dans le feu de sa forge.

(V. Hugo.)

Vouloir classer les métaphores usitées serait faire le dénombrement de tous les rapports perçus dans l'univers par l'esprit de l'homme : vouloir répartir en catégories les métaphores possibles serait aussi chimérique que de prétendre faire le tableau des découvertes futures de l'humanité. Tout tient à tout ; tout peut se comparer à tout, il suffit d'un moment pour qu'un rapport inaperçu soit perçu et qu'il existe au moins dans l'esprit qui le perçoit.

Cependant on a distingué certaines espèces de métaphores[13], dont il est assez aisé de donner la formule : ce sont celles où l'idée que l'on a dans l'esprit, et celle dont on applique l'expression à la première, sont entre elles dans un rapport simple, nettement défini, permanent même, et dépendant le moins possible de la fantaisie de l'écrivain, connu de tous ou facilement perceptible à tous. Ainsi l'on nomme la cause pour reflet ; l'effet pour la cause ; l'instrument pour l'acte ou l'acteur ; l'œuvre pour l'auteur ; les dieux pour les actions, les objets, les éléments auxquels ils président ; le contenant pour le contenu ; la résidence pour l'habitant ; le lieu d'origine pour le produit ; le signe pour la chose signifiée ; le possesseur pour la chose possédée ; les parties du corps pour les facultés ou les qualités dont on convient qu'elles sont le siège ; l'espèce pour le genre ; le genre ou l'individu pour l'espèce ; la matière pour l'objet qui en est fait ; la partie pour le tout ; le fleuve pour le pays qu'il arrose ou pour le peuple qui vit sur ses bords. De ces figures les unes contiennent une comparaison :

Devant ce grand Dandin l'innocence est hardie :

Oui, devant ce *Caton* de basse Normandie,

Ce soleil d'équité qui n'a jamais terni.

(Racine.)

Ne les raillez pas, camarade :

Saluez plutôt chapeau bas

Ces *Achilles* d'une Iliade

Qu'Homère n'inventerait pas.

(Th. Gautier.)

Mais le plus grand nombre ne renferme point de comparaison. Elles substituent au nom propre de l'objet le mot qui fait ressortir un attribut, une propriété, un caractère, sur lequel le mot propre n'appellerait pas suffisamment l'attention : ainsi lorsqu'Alfred de Musset représente les paysans de la Forêt-Noire qui viennent perdre leur argent à la roulette de Bade, il ne nomme pas l'*ar-*

gent, mais la *sueur* qu'il leur a coûtée, *le pain* qu'il leur donnerait :

> Je les ai vus, debout, sous la lampe enfumée,
>
> Avec leur veste rouge et leurs souliers boueux,
>
> Tournant leurs grands chapeaux entre leurs doigts calleux,
>
> Poser sous les râteaux la *sueur* d'une année,
>
> Et là, muets d'horreur devant la destinée,
>
> Suivre des yeux leur *pain* qui courait devant eux.

On ne s'inquiète plus guère aujourd'hui de la noblesse de la figure, et on ne lui demande que la justesse et la convenance. Au reste le vieux Malherbe ni Corneille ne faisaient pas tant de façon, ni Pascal, ni Bossuet ; et ils ont plus d'une fois scandalisé la délicatesse grimacière de La Harpe et de ses pareils. La liberté de prendre ses métaphores dans la réalité familière, triviale même, a été reconquise avec le droit d'employer le mot propre, et nul ne s'étonne plus, quand V. Hugo, montrant l'armée de Sennachérib miraculeusement anéantie, écrit :

> Mais le ciel eut pitié de vingt peuples tremblants,
>
> Dieu *souffla* sur cet astre aux crins étincelants,
>
> Et soudain s'éteignit l'effrayante merveille,
>
> Comme une lampe aux mains d'une veuve qui veille.

La préoccupation de la noblesse des métaphores mène souvent à la banalité. Il faut s'en garder soigneusement, repousser la tentation facile des images que dix générations se sont léguées pour décorer le discours. Le *poison de la flatterie*, le *flambeau de la sédition*, le *torrent de la démocratie*, la *hache du despotisme*, le *bandeau de la superstition*, les *ténèbres de l'ignorance*, le *glaive de la loi*, la *balance de la justice*, l'*hermine du magistrat*, l'*aigle de Meaux*, le *cygne de Cambrai*, la *perfide Albion* et la *moderne Babylone*, l'*Athènes de la Champagne* ou l'*Athènes du Midi*, l'*esclavage* ou la *tyrannie des passions*, les *foudres de l'éloquence* ou *de la vengeance divine*, et les *lions*, les *lauriers*, les *astres*, les *trésors* métaphoriques qui depuis trois cents ans ont *régné, débordé, fleuri* dans la littérature ; etc., etc. : autant de vieilleries, dont on ne saurait trop sévèrement s'interdire l'usage. Ce n'est pas à dire qu'on ne puisse renouveler ces mêmes images ; si ce n'était trop long, il me serait aisé de les signaler presque toutes dans les plus beaux vers de nos poètes contemporains. Mais il ne faut pas les prendre comme usitées et traditionnelles ; il ne faut pas y être conduit par l'opération mécanique de la mémoire : il faut qu'elles jaillissent, créées à nouveau pour un besoin nouveau, du sentiment intime et de l'imagination personnelle. Alors elles seront fraîches, sincères, originales, bien que vieilles comme le monde.

On ne saurait aussi se mettre trop en garde contre les métaphores qui n'ont pour effet que de provoquer le lecteur à la recherche du terme propre qu'elles cachent. Si la figure n'est qu'un *rébus*, si ce n'est qu'un *mot* à deviner, elle est mauvaise, et il faut la supprimer. Un bon nombre de métaphores qui appartiennent aux catégories que j'ai énumérées en dernier lieu et qu'on appelle proprement *métonymies* et *synecdoches*, seront dans ce cas. Aussi, à moins qu'elles n'aient acquis par l'usage la force des termes propres, et que se suffisant comme eux à elles-mêmes elles n'aient plus besoin d'être traduites, elles nuisent plus qu'elles ne servent ; elles détournent l'esprit sur une étude purement verbale, et affaiblissent par-là l'effet de la pensée qu'elles sont chargées d'exprimer. C'est pourquoi nos écrivains ne se soucient plus guère de les employer, et l'on a renoncé à dire *Cérès* pour du *pain, Neptune* pour la *mer*, et *Bellone,* pour la *guerre*. On aime mieux dire la *tragédie* que *Melpomène*, et la *justice* que *Thémis*, un *homme* qu'un *mortel*, l'*épée* que le *fer*, la *cloche* que l'*airain*. Mieux vaut appeler la chose par son nom, qui

évoquera mieux les idées et les images qui s'y sont associées :
à cet égard, le mot *mer* est plus expressif, traîne un plus riche
cortège d'impressions, que le mot *Thétis*. Pour que la figure soit
bonne, il faut qu'éveillant instantanément l'idée de l'objet sans
que l'esprit sente le besoin de repasser par le mot propre qui le
désigne, elle le présente accompagné et comme enrichi de tout
ce que peuvent suggérer et l'objet signifié et l'expression figurée.

Delille traduit ainsi un vers de Virgile ;

Et Mars forge ses dards des armes de Cérès.

Ces métaphores ne nous proposent rien que la recherche des
deux mots : *guerre* et *agriculture* : là s'arrête leur énergie. Virgile
avait dit : « Des faux recourbées on forge de dures épées » ; et
les mots propres, par leur force d'attraction, nous mettaient sous
les yeux le paysan qui fauche et le soldat qui tue. Le mot propre
surpasse donc ici la métaphore. Mais quand V. Hugo écrit :

Vos régiments, pareils à l'hydre qui serpente,

Vos Austerlitz tonnants, vos Lutzen, vos Lépante,

   Vos Iena sonnant du clairon,

Vos camps pleins de tambours que la mort pâle
éveille

Passent pendant qu'il (Dieu) songe, et font à son
oreille

   Le même bruit qu'un moucheron ;

l'esprit, n'ayant besoin d'aucun effort pour ramener l'idée du
mot propre, *les batailles* et *les victoires*, n'ayant même pas à
repasser par ce mot propre, s'abandonne tout entier à l'impression de la figure, et l'imagination voit défiler toutes les scènes

terribles ou glorieuses que ces grands noms font surgir de la mémoire.

Je n'ai pas besoin de dire que les métaphores doivent être claires : cela va de soi. On condamne les métaphores *forcées*, et l'on a raison, mais il est bon de dire qu'une métaphore *forcée* est une métaphore qui n'est pas suffisamment claire. Tout peut se comparer à tout : mais il faut bien saisir et bien montrer le rapport. Que de métaphores hardies passeraient pour forcées, si l'auteur ne les avait pas éclairées précisément comme il fallait. Montrer *des canons accroupis* à la porte des Invalides peut paraître bizarre : la figure cependant est d'une justesse saisissante dans le vers de V. Hugo :

Les canons monstrueux à la porte accroupis.

C'est que l'adjectif *monstrueux* a jeté un rayon de lumière sur le participe *accroupis*, et l'on saisit immédiatement la comparaison de ces canons aux monstres que les Égyptiens et les Assyriens plaçaient aux portes de leurs palais.

On s'est souvent préoccupé chez nous de l'incohérence, de la préparation et de la suite des métaphores : et la question ne laisse pas d'être embarrassante.

On blâme l'incohérence des métaphores : tout le monde connaît la fameuse phrase : « Le char de l'État navigue sur un volcan. » Corneille a été censuré par l'Académie pour avoir écrit :

Malgré des *feux* si beaux qui *rompent* ma colère.

Et ces vers de J.-B. Rousseau ont été tournés en ridicule :

Et les jeunes zéphirs, de leurs chaudes haleines,

    Ont *fondu l'écorce* des eaux.

Cependant l'incohérence des images ne déplaît ni dans Eschyle ou Aristophane, ni dans Shakespeare ou Shelley. Et chez nous c'est chicane de grammairien que de ne pas goûter ce fier début d'une ode de Malherbe :

Donc un nouveau labeur à tes armes s'apprête ;

Prends ta *foudre*, Louis, et va comme un *lion*

Donner le dernier coup à la *dernière tête*

    De la rébellion.

De même, dans ces strophes de V. Hugo, les métaphores se greffent l'une sur l'autre :

L'Angleterre prit l'a*igle*, et l'Autriche l'aiglon.

Vous savez ce qu'on fit du *géant* historique.

Pendant six ans on vit, loin derrière l'Afrique.....

Cette grande figure en sa cage accroupie,

    Ployée, et les *genoux aux dents*.

Encor si ce banni n'eût rien aimé sur terre !...

Mais les *cœurs de lion* sont les vrais cœurs de père.

    Il aimait son fils, ce vainqueur.

Deux choses lui restaient dans sa *cage* inféconde,

Le portrait d'un enfant et la carte du monde,

Tout son génie et tout son cœur.

On veut que les métaphores soient préparées. Ainsi, dans ce couplet de Corneille, tout aboutit à l'image hardie du dernier vers et en fait le couronnement logique et nécessaire de la pensée.

Se pare qui voudra du nom de ses aïeux ;

Moi, je ne veux porter que moi-même en tous lieux.

Je ne veux rien devoir à ceux qui m'ont fait naître,

Et suis assez connu sans les faire connaître.

Mais pour en quelque sorte obéir à vos lois,

Seigneur, pour mes parents je nomme mes exploits ;

Ma valeur est ma race, et mon bras est mon père.

D'autre part, il arrive souvent que rien n'annonce la métaphore : elle se présente toute seule, et si elle est claire et juste, elle n'a pas besoin d'introducteur ; on ne lui demande pas de passeport. Même parfois elle est d'autant plus expressive qu'elle est plus inattendue, et la brusquerie en double l'énergie. Voici une période de V. Hugo où, faisant succéder les images et les groupes d'images sans les préparer, il nous ménage pour finir une surprise saisissante : il peint l'enfance du roi de Rome, fils de Napoléon :

Ô revers, ô leçon ! Quand l'enfant de cet homme

Eut reçu pour hochet la couronne de Rome ;

Lorsqu'on l'eut revêtu d'un nom qui retentit ;

Lorsqu'on eut bien montré son front royal qui tremble

Au peuple émerveillé qu'on puisse tout ensemble
        Être si grand et si petit ;

Quand son père eut pour lui gagné bien des batailles,

Lorsqu'il eut épaissi de vivantes murailles

Autour du nouveau-né riant sur son chevet ;

Quand ce grand ouvrier, qui savait comme on
fonde,

Eut, à coups de cognée, à peu près fait le monde
        Selon le songe qu'il rêvait ;

Quand tout fut préparé par les mains paternelles

Pour doter l'humble enfant des splendeurs éternelles ;

Lorsqu'on eut de sa vie assuré les relais ;

Quand, pour loger un jour ce maître héréditaire,

On eût enraciné bien avant dans la terre
        Les pieds de marbre des palais ;

Lorsqu'on eut pour sa soif posé devant la France

Un vase tout rempli du vin de l'espérance ;

Avant qu'il eût goûté de ce poison doré,

Avant que de sa lèvre il eût touché la coupe,

Un cosaque survint qui prit l'enfant en croupe,
        Et l'emporta tout effaré.

On loue les métaphores bien soutenues comme dans ces vers de Boileau :

À peine du *limon* où le vice m'engage

J'arrache un *pied* timide, et *sors* en m'agitant,

Que l'autre m'y reporte et *s'embourbe* à l'instant.

Mais écoutons un peu les Précieuses :

Mascarille. — Le mérite a pour moi des charmes si puissants que je *cours* partout *après* lui.

Madelon. — Si vous *poursuivez* le mérite, ce n'est pas *sur nos terres* que vous devez *chasser*.

Cathos. — Mais, de grâce, Monsieur, ne soyez pas *inexorable* à ce fauteuil *qui vous tend les bras* il y a un quart d'heure ; contentez un peu l'*envie qu'il a* de vous *embrasser*.

Jodelet. — Je me trouve un peu *incommodé* de la *veine* poétique, pour la quantité des *saignées* que j'y ai faites ces jours passés.

Et les Femmes savantes avec leur poète :

PHILAMINTE

Servez-nous promptement votre aimable *repas*.

TRISSOTIN

Pour cette grande *faim* qu'à mes yeux on expose,

Un *plat* seul de huit vers me semble peu de chose.

Et je pense qu'ici je ne ferais pas mal

De joindre à l'épigramme ou bien au madrigal

Le *ragoût* d'un sonnet, qui chez une princesse

A passé pour avoir quelque délicatesse.

Il est de sel attique assaisonné partout,

Et vous le trouverez, je crois, d'assez *bon goût*.

Qu'y a-t-il de ridicule dans ce langage ? C'est précisément l'exacte précision avec laquelle chaque métaphore est suivie et développée.

Comment ménager le passage des expressions métaphoriques aux termes propres ? Peuvent-ils se mêler dans la même phrase ? Tout réduire à la métaphore, c'est le procédé des précieux : mais jeter la métaphore au milieu des termes propres, n'est-ce pas scabreux aussi, et souvent ridicule ? J'ai lu quelque part cette phrase : « *Le sabre qui gouvernait* (Napoléon Ier) ne s'inquiétait guère de Calderón ni de Schiller. »

Et cependant nul ne s'étonne ni n'est choqué des vers suivants :

Rome buvait, gaie, ivre, et la face rougie.....

Rome horrible chantait. Parfois, devant ses portes,

Quelque Crassus, vainqueur d'esclaves et de rois,

Plantait le grand chemin de vaincus mis en croix.....

(V. Hugo.)

Je ne suis qu'un *limon* par les *vices* noirci.....

(V. Hugo.)

Ainsi le grand vieillard en *images* hardies
Déployait le tissu des saintes mélodies.

(A. Chénier.)

Pourquoi cite-t-on ce vers comme burlesque :

Le *vrai feu d'artifice* est d'être magnanime ?

et pourquoi admet-on celui-ci :

L'herbe que je voulais arracher de ce lieu,
C'est ton *oisiveté* ?

(A. de Musset.)

Cette confusion des métaphores et des termes propres n'est pas propre aux écrivains de notre siècle. On la rencontre dans Bossuet, paraphrasant Ézéchiel. « Assur, dit ce saint prophète, s'est élevé comme un grand arbre, comme le cèdre de Liban : *le ciel l'a nourri de sa rosée, la terre l'a engraissé de sa substance ; les puissances l'ont comblé de leurs bienfaits, et il suçait* de son côté le sang du peuple. C'est pourquoi il s'est élevé, superbe en sa hauteur, beau en sa *verdure*, étendu en ses branches, fertile en ses *rejetons* ; les *oiseaux* faisaient leurs nids sur ses branches ; les familles de ses domestiques, les *peuples* se mettaient à couvert sous son *ombre*. »

Ailleurs Bossuet compare l'homme à un *édifice ruiné*, et ajoute : « Il est *tombé en ruine* par sa *volonté dépravée* », ce qui ne peut se dire d'un édifice et déplaît à Condillac.

Voilà bien des contradictions. Où est la vérité ? où est la règle ? La règle de Condillac, « ne rien ajouter qui ne soit dans
l'analogie du premier trope », ne subsiste pas, après les exemples que j'ai donnés ; et d'autre part, toutes les discordances ne
sont point acceptables ; il y a une certaine harmonie dont il faut
observer la secrète finesse. Si l'on regarde les exemples contradictoires que j'ai rassemblés, on verra peut-être surgir quelques
indications. Voici ce que l'on en pourra conclure. Les métaphores
n'ont pas besoin d'être préparées, ni annoncées par l'écrivain,
mais comprises par le public ; et elles sont suffisamment ame-
nées, dès qu'on les rend claires et justes. L'incohérence des
métaphores n'est guère choquante que quand les mots qui les
expriment sont étroitement subordonnés entre eux par des rapports de dépendance grammaticale, et cesse de provoquer les
objections, dès qu'elles sont contenues dans des expressions
juxtaposées et des propositions parallèles ; alors l'esprit voit
sans chagrin défiler devant lui les images les plus différentes,
dont chacune brille un moment, s'éclipse et fait place aux autres,
et il n'y a à craindre de sa part que la fatigue et l'éblouissement
de tant d'éclairs successifs, non la révolte du goût offensé. La
métaphore soutenue plaît ou déplaît, selon que dans cette continuité l'on sent une rencontre naturelle ou une recherche laborieuse ; elle est de bon goût, quand les expressions figurées qui
font cortège à la figure initiale naissent d'une création incessante
de l'imagination, qui garde l'image comme elle la changerait, par
la découverte instantanée et toujours renaissante de ressemblances successives ; elle est de mauvais goût, quand, par un
renversement des rôles, l'esprit sacrifie la pensée à la figure,
quand celle-ci, devenant tyrannique en cessant d'être dépen-
dante, avide de durer, ne laisse plus pénétrer dans la phrase que
les idées qu'elle peut absorber et amalgamer. Il y a une grande
différence entre un groupe d'images homogènes exprimant des
idées connexes, et la dislocation d'une image unique dont on
présente successivement tous les membres. Pour le mélange
des termes propres et des expressions métaphoriques, il est
indispensable pour maintenir la rigueur du sens, la précision de
la pensée et la justesse de la figure, et il faut seulement éviter
d'établir entre des mots qui jurent une dépendance grammaticale
qui surchargerait la figure d'une autre figure[14]. Enfin il ne faut

jamais oublier que la métaphore a pour objet d'indiquer à l'esprit une comparaison possible, et non d'instituer une comparaison formelle : le point de contact du mot propre et du terme figuré doit être indiqué avec une précision rigoureuse, mais rien de plus. Le charme s'évanouit, si le développement de la métaphore emprisonne l'imagination : il ne faut pas tracer des sentiers, ni planter des jalons et des piquets dans le champ où on l'introduit. C'est une porte qu'on lui ouvre sur des espaces illimités dont elle visitera ce qu'elle voudra, selon son humeur paresseuse ou vagabonde. Étudiez l'incomparable style de Bossuet ; prenez le *Sermon sur la mort*, et tous ces conseils s'éclairciront ; vous y verrez la métaphore brusque ou préparée, suivie ou abandonnée, plongée au milieu des termes propres ou de métaphores dissemblables, lâchée dès qu'elle ne serait plus qu'une curiosité ou un obstacle, avec une souplesse et une fortune merveilleuses, sans autre règle apparente que l'universelle et l'infaillible règle de donner à la pensée l'expression adéquate, transparente, qui n'y ajoute rien et n'en retranche rien :

Multipliez vos jours, comme les cerfs que la fable ou l'histoire de la nature fait vivre durant tant de siècles ; durez autant que ces grands chênes sous lesquels nos ancêtres se sont reposés et qui donneront encore de l'ombre à notre postérité ; entassez, dans cet espace qui paraît immense, honneurs, richesse, plaisir : que vous profitera cet amas, puisque le dernier *souffle* de la mort, tout faible, tout languissant, abattra tout à coup cette vaine pompe, avec la même facilité qu'un château de cartes, vain amusement des enfants ? Que vous servira d'avoir tant *écrit* dans ce *livre*, d'en avoir rempli toutes les *pages* de beaux *caractères*, puisque, enfin, une seule *rature* doit tout effacer : encore une rature laisserait-elle quelque trace, du moins d'elle-même ; au lieu que ce dernier moment, qui *effacera d'un seul trait* tout notre vie, s'ira *perdre* lui-même avec tout le reste dans ce grand *gouffre* du néant...

Qu'est-ce donc que ma substance, ô grand Dieu ? J'entre dans la vie pour en sortir bientôt ; je viens me *montrer* comme les autres ; après, il faudra disparaître. Tout nous appelle à la mort ; la nature, comme si elle était presque envieuse du bien qu'elle nous a fait, nous *déclare* souvent et nous *fait signifier qu'elle* ne peut pas nous laisser longtemps ce peu de matière qu'elle nous *prête*, qui ne doit pas demeurer dans les mêmes *mains*, et qui doit être éternellement dans *le commerce* ; elle en a besoin pour d'autres formes, elle la redemande pour d'autres ouvrages.

Cette *recrue* continuelle du genre humain, je veux dire les enfants qui naissent, à mesure qu'ils croissent et qu'ils *s'avancent*, semblent nous *pousser de l'épaule* et nous dire : Retirez-vous, c'est maintenant notre tour. Ainsi comme nous en *voyons passer* d'autres devant nous, d'autres nous verront passer, qui doivent à leurs successeurs le même spectacle. O Dieu ! encore une fois qu'est-ce que nous ? Si je *jette la vue* devant moi, quel *espace* infini où je ne suis pas ! si je la *retourne en arrière*, quelle suite effroyable où je ne suis plus ! et que j'occupe peu de *place*, dans cet *abîme* immense du temps ! Je ne suis rien ; un si petit intervalle n'est pas capable de me distinguer du néant ; on ne m'a envoyé que pour faire nombre, encore n'avait-on que faire de moi, et la *pièce* n'en aurait pas moins été *jouée*, quand je serais demeuré derrière le *théâtre*.

Au lieu de remplacer le mot propre par un autre mot qu'on détourne de son sens habituel, on peut lui donner pour équivalent un groupe de mots dont l'ensemble éveille l'idée que le mot propre exprime. On peut se servir d'une *périphrase*. Le pas est facile à franchir de la métaphore à la périphrase : souvent, pour être comprise et trouver son application, la métaphore a besoin de s'allonger en périphrase. On le voit par ces vieilles et ridicules locutions : l'*aigle de Meaux*, le *Térence français*. Aussi tout ce qu'on a dit de la métaphore s'applique à la périphrase : elle contient aussi tantôt une comparaison plus ou moins marquée, tantôt une définition plus ou moins complète ou une classification plus ou moins superficielle. *Ce Caton de basse Normandie*, est une comparaison ; l'*animal qui s'engraisse de glands*, est une définition ; *ce grand empereur*, est une classification.

La périphrase qui n'a d'autre but que d'éviter le mot propre, ou d'amuser à sa recherche la curiosité du lecteur, la périphrase qui n'est qu'un masque ou une charade, ne saurait être trop rigoureusement condamnée. C'est celle de Delille et de ses contemporains. Alors on ne disait pas : « Mon père labourait son champ ; un soldat est venu lui saisir ses bœufs », on disait noblement :

Mon père, au pied des monts

Qui bordent Unterwald et que nous habitons,

Ouvrait avec le soc son antique héritage ;

Un soldat se présente avide de pillage,

Et d'un bras forcené saisit les animaux

Qui servaient à pas lents ses rustiques travaux.

(Lemierre, *Guillaume Tell*.)

J'ai regret qu'André Chénier ait dit dans ses admirables *lambes* :

Peut-être avant que l'heure en cercle promenée

Ait posé sur l'émail brillant,

Dans les soixante pas où sa course est bornée,

Son pied sonore et vigilant,

Le sommeil du tombeau pressera ma paupière.

Mais on est toujours de son siècle par quelque endroit. Le romantisme, en brisant la hiérarchie des mots qui faisait les uns éternellement nobles et les autres à tout jamais bas, a mis fin à ces périphrases ingénieuses et froides, qui faisaient dévier la poésie de sa véritable voie et l'amusaient à des jeux d'enfants :

Je nommai le cochon par son nom : pourquoi pas ?...

J'ai de la périphrase écrasé les spirales...

J'ai dit au long fruit d'or : Mais tu n'es qu'une poire,

(V. Hugo.)

Toutes les périphrases ne sont pas des *rébus*, qui ne donnent qu'un mot à découvrir. Il y en a qui sont bonnes, fécondes, nécessaires, et la même change de valeur selon l'occasion. « Il y a des lieux, dit Pascal, où il faut appeler Paris Paris, et d'autres où il le faut appeler capitale du royaume. » La condition essentielle sans laquelle la périphrase n'est pas recevable, c'est qu'elle désigne si vivement l'objet qu'on ne s'aperçoive même pas de l'absence du mot propre. Mais cela ne suffit pas : si elle ne contenait rien de plus, elle serait inutile, et dans tous les arts, ce qui ne sert pas nuit ; ce qui n'est pas bon est mauvais. Il faut donc que la périphrase à cette parfaite transparence ajoute quelques avantages positifs, qu'elle présente des idées et des images intéressantes, convenables, et dont le retranchement mutilerait la pensée de l'écrivain. Voltaire écrit quelque part :

Bellone va réduire en cendres

Les courtines de Philipsbourg

Par cinquante mille Alexandres

Payés à quatre sous par jour.

S'il eût dit sans périphrase, *cinquante mille soldats*, qui ne sent ce que la pensée eût perdu ? Précisément toute sa poésie, ce qui fait rêver, cette pointe de philosophie railleuse et désabusée, qui ouvre un jour soudain sur les grandeurs et les petitesses de la vie militaire. Et quand Gilbert attaque la coterie encyclopédique :

Eux seuls peuvent prétendre au rare privilège

D'aller au Louvre, en corps, commenter l'alphabet,

Grammairiens jurés, immortels par brevet :

s'il eût dit simplement le *privilège d'entrer à l'Académie*, la moitié de sa pensée fût restée au bout de sa plume.

Quand Racine fait dire à Joad :

Celui qui met un frein à la fureur des flots,

Sait aussi des méchants arrêter les complots,

la périphrase contient la preuve de l'idée exprimée ensuite. Et de même dans la fameuse période par où Bossuet commence l'oraison funèbre de la reine d'Angleterre, la périphrase par laquelle il désigne Dieu rend tout croyable de sa puissance, et dispose à voir sa main dans les malheurs des rois. Voilà la périphrase excellente, parfaite, qui, étant partie intégrante de la pensée, n'a que l'apparence de l'ornement, et n'est pas moins nécessaire en paraissant plus libre.

Chapitre V.

Figures de construction et figures de pensées. — Alliances de mots et antithèses

Je n'insisterai pas sur les autres figures, et ne m'arrêterai point à les énumérer : ce serait sans intérêt comme sans utilité. Je me contenterai là-dessus de faire quelques observations.

Il y a des figures qui consistent dans une impropriété voulue d'expression : les mots, soit individuellement, soit assemblés en un groupe, sont détournés de leur sens, et donnent à entendre plus, moins, ou autre chose qu'il ne résulterait de leur interprétation littérale, parfois même tout le contraire[15]. On comprendra aisément que l'emploi en est délicat, puisqu'il faut que le lecteur soit en état d'ajouter et de retrancher, en qualité et en quantité, au sens rigoureux des mots, précisément ce qui leur manque pour équivaloir à la pensée de l'écrivain, dont il n'a point de connaissance directe, et dont il faut lui faire deviner le degré précis et la nuance exacte. Il faut pour cela que l'écrivain connaisse son lecteur autant qu'il s'en fait connaître, et juge d'avance l'effet que fera sur lui l'impropriété du terme, pour le contraindre à faire la correction nécessaire. Si le lecteur prend l'hyperbole à la lettre, ou l'ironie au sérieux, l'écrivain a manqué son coup, comme le chasseur maladroit qui tue son chien en tirant un lièvre.

Ce qu'on appelle les *figures de construction* sont des incorrections plus ou moins fortes : comme elles se rencontrent assez souvent chez les grands écrivains, on les a décorées de noms savants qui les voilent ou même les proposent à l'admiration : *syllepse, ellipse, pléonasme*, etc. Il y a sans doute des lois secrètes de la pensée et du langage, qui peuvent dispenser parfois un écrivain d'obéir au code de la grammaire : mais c'est la postérité qui prononce dans ce cas s'il y a abus ou beauté, et, en tout cas, ces libertés ne sont pas à l'usage de ceux qui apprennent à écrire. Il faut faire tout ce qui est humainement possible pour exprimer sa pensée par les moyens que la langue et la grammaire mettent à la disposition de tous : si l'on se trouve à l'étroit, il ne faut pas conclure à leur tyrannie, mais à sa propre ignorance, et se remettre à l'école, au lieu de s'insurger.

Quant aux *figures dépensées*, ou figures *de passion, d'imagination*, de *raisonnement*, elles ont été en général constituées par des grammairiens et des rhéteurs, qui, regardant le discours par le dehors, ont pris pour adresse de langage ce qui était le mouvement naturel de l'intelligence et de l'âme. Quand Démosthène prévoit les objections d'un adversaire ou lui accorde ce qu'il y a de vrai dans sa thèse, il ne fait pas une *prolepse* ou une *concession*, il dit ce qu'il a à dire, sans figure, et sans façon, et ne saurait le dire autrement. Quand Andromaque rappelle la dernière nuit de Troie, elle ne fait pas une hypotypose ; elle exprime simplement ce qui se représente à son imagination. Ce ne sont pas là des façons de parler, ce sont des façons de penser. Ici l'élocution rejoint si bien l'invention, qu'elle ne s'en saurait distinguer. Il n'y a plus de choix : l'idée impose la forme et l'emporte.

Le nom de *figures* convient mieux à certaines constructions, et certains groupes de mots, où le choix et le goût de l'écrivain ont plus de part, et qu'il emploie, pouvant ne pas les employer. Ainsi parfois, on interroge, sachant très bien ce qu'on demande ; on doute, étant certain ; on interpelle son lecteur, sans avoir besoin qu'il réponde ; on fait des questions, pour faire soi-même les réponses ; on s'écrie, voulant affirmer ; on n'achève pas sa pensée, pour la faire mieux entendre ; on dit qu'on ne parlera pas d'une chose, et l'on en parle. Dans toutes ces figures, on détourne une construction, une forme de phrase de son usage propre ; on la substitue à celle qui équivaudrait proprement à la pensée.

Sous ce nom de *figures de pensées*, on a rangé les choses les plus disparates. La *prosopopée*, par laquelle on fait parler les morts, les absents, ou les choses, se ramène à la métaphore et à l'allégorie, qui la contiennent en germe.

L'*alliance de mots* n'est le plus souvent qu'une métaphore brusque et courte :

Soyez-moi de *vertus*, non de soye *habillés*.

(Ronsard.)

Vêtu de probité candide et de lin blanc.

(V. Hugo.)

Sa *gerbe* n'était point *avare* ni *haineuse*.

(*Id.*)

Sublime monument, deux fois impérissable,
Fait de gloire et d'airain.

(*Id.*)

… Dans la cave il *enserre*
Son argent et sa joie à la fois.

(La Fontaine.)

… Quand ils auront du bien,
Et que leur belle muse, à mordre si cuisante,
Leur don'ra, comme à luy, dix mil escus de rente,
….
Et qu'ils sçauront *rimer* une aussi bonne *table*.

(Régnier.)

… Et quand sa bouche, ouverte avec effort,
Crie, il y plonge ensemble et la flamme et la mort.

(Chénier.)

Souvent c'est l'expression soudaine d'une affinité ou d'une convenance inattendues, d'une qualité, d'une propriété, d'un état dont l'objet ne paraissait pas susceptible :

Mathan de nos autels infâme déserteur
Et de toute vertu *zélé persécuteur*.

(Racine.)

Il fallait bien souvent me *priver de vos larmes*.

(Racine.)

Et Dieu trouvé *fidèle* en toutes ses *menaces*.

(Racine.)

Mais comme ce qu'on s'attend le moins à trouver dans un objet, c'est ce qui en paraît exclu par la définition, il arrivera que les plus frappantes *alliances de mots* assembleront des termes contradictoires :

Dans une longue *enfance* ils l'auraient fait *vieillir*.

(Racine.)

Ah ! si dans l'*ignorance* il le fallait *instruire*.

(Racine.)

Les dieux, ces *parvenus*, régnent, et seuls debout

Composent leur *grandeur* de la *chute de tout*.

(Racine.)

Quelle mâle *gaité, si triste* et si profonde,

Que lorsqu'on vient d'en rire, on devait en pleurer.

(A. de Musset.)

Ces *alliances de mots* ne sont que des *antithèses* resserrées.

L'antithèse est le contraste de deux pensées, dont le rapprochement fait saillir l'opposition.

Sire, vous pouvez prendre à votre fantaisie

L'Europe à Charlemagne, à Mahomet l'Asie,

Mais tu ne prendras pas demain à l'Éternel.

(V. Hugo.)

Borné dans sa nature, *infini* dans ses vœux,

L'homme est un *dieu tombé* qui se souvient des cieux.

(Lamartine.)

Voici une large période qui n'est au fond qu'une antithèse :

Cent mille hommes criblés d'obus et de mitraille,

Cent mille hommes couchés dans un champ de bataille,

Tombés pour leur pays par leur mort agrandi,

216

Comme on tombe à Fleurus, comme on tombe à
Lodi,

Cent mille ardents soldats, héros et non victimes,

Morts dans un tourbillon d'événements sublimes,

D'où prend son vol la fière et blanche Liberté,

Sont un malheur moins grand pour la société,

Sont pour l'humanité, qui sur le vrai se fonde,

Une calamité moins haute et moins profonde,

Un coup moins lamentable et moins infortuné

Qu'un innocent, un seul innocent, condamné,

Dont le sang ruisselant sous un infâme glaive,

Fume entre les pavés de la place de Grève,

Qu'un juste assassiné dans la forêt des lois,

Et dont l'âme a le droit d'aller dire à Dieu : Vois !

(V. Hugo.)

Souvent, dans V. Hugo, une ample pièce n'est qu'une antithèse amplifiée ; et les caractères des personnages de ses drames tiennent presque tous dans une antithèse, qui en est la formule.

Considérée dans son juste emploi, non dans son excès, l'antithèse ramasse dans une phrase courte et condensée les pensées qu'elle oppose : moins il y a de mots, plus le contraste ressort, et il semble qu'en l'étendant on met entre les idées un tampon qui en affaiblit le choc. Il suffit d'ouvrir le livre de La Bruyère pour rencontrer à chaque page l'antithèse dans sa pure et forte brièveté.

Il est évident que si l'on emploie des mots qui généralement s'opposent, l'opposition particulière des idées en sera plus saillante. Aussi est-ce la forme la plus fréquente de l'antithèse : le choc des mots fait éclater le contraste des idées :

Enfant, on me disait que les voix sibyllines

Promettaient l'avenir aux murs des sept collines,

Qu'aux pieds de Rome, enfin, mourrait le temps
dompté,

Que son astre immortel n'était qu'à son aurore....
Mes amis, dites-moi *combien d'heures* encore
               Peut durer son *éternité* ?

                                        (V. H
ugo.)

L'honneur leur appartient d'avoir ouvert la porte
À quiconque osera d'une âme belle et forte
Pour vivre dans le ciel en la terre mourir.

                                        (Malhe
rbe.)

Ici la faute est juste et la loi criminelle ;
Le prince pèche ici bien plus que le rebelle ;
J'offense *justement* un *injuste* pouvoir
Et ne crains pas la mort qui punit le devoir.....
Elle m'affranchira de votre autorité,
Et ma *punition* sera ma *liberté*.

                                        (Rotr
ou.)

« Dans ce temps-là, de grands hommes comman-
daient de petites armées, et ces armées faisaient de
grandes choses. »

(Hamilton.)

Enfin si les mots opposés ont des sons analogues, cette ressemblance donnera plus de relief au contraste des sens ; elle
l'accusera, le soulignera, en forçant le lecteur à donner une articulation plus nette, un accent plus ferme aux mots presque identiques. L'idée se matérialise en quelque sorte, et, même avant
l'intelligence, la voix seule et l'oreille marquent et sentent l'antithèse.

J'offense justement un injuste pouvoir.

(Rotrou.)

« Que l'homme étant revenu à soi considère *ce qu'il
est* au prix *de ce qui est.* »

(Pascal.)

« Mais parce que, selon le saige Salomon, la
science n'entre point en âme malivole, et *science*
sans *conscience* n'est que ruine de l'âme, il te convient servir, aymer et craindre Dieu. »

(Rabelais.)

À plus forte raison, le même effet est obtenu par l'exacte répétition des mêmes mots.

« Car enfin qu'est-ce que l'homme dans la nature ?
Un *néant* *à* l'égard de *l'infini*, un *tout* à l'égard du
néant, un milieu entre *rien* et *tout*. »

(Pascal.)

« L'homme *connaît* qu'il *est misérable*. Il *est* donc
misérable, puisqu'il l'*est* ; mais il est bien grand,
puisqu'il le *connaît*. »

(Pascal.)

« S'il se *vante*, je l'*abaisse* ; s'il *s'abaisse*, je le
vante et le contredis toujours, jusqu'à ce qu'il *comprenne* qu'il est un monstre *incompréhensible*. »

(Pascal.)

L'antithèse n'est point, à vrai dire, une figure. C'est l'expression
vive d'une perception vive. Ni les mots, ni les constructions ne
sont détournés de leur sens et de leur usage propre. Cela même
marque l'emploi et les limites de l'antithèse ; si les idées ne se
sont pas violemment rencontrées dans l'esprit, le cliquetis des
mots est vain : le bruit qu'ils font est la fin dernière de leur choc ;
c'est ferrailler, ce n'est plus s'escrimer. L'antithèse de mots est
toujours et partout détestable, et d'autant plus dangereuse
qu'elle offre plus de tentation et de facilité. Il n'y a qu'à se laisser
aller : les mots s'attirent par la contrariété des sens et par l'analogie des sons, et, si l'on n'y prend garde, la phrase s'achève
pour l'oreille et non pour la pensée. Aussi Pascal, dont la vive
imagination saisissait avec force tous les rapports et toutes les
oppositions des idées, et qui excellait à les rendre sensibles par
des rapports et des oppositions pareilles de mots, comparait les
vaines antithèses faites pour arrondir les phrases aux *fausses
fenêtres* qu'on peint sur les murs *pour la symétrie*.

Chapitre VI.

De l'emploi des figures et de la condition qui les rend légitimes : la nécessité

Si l'on me demandait de marquer quand doivent s'employer les figures, pour toute règle je répondrais volontiers : *Jamais*. Soyez sûrs qu'en vous proposant de n'en jamais mettre dans votre discours, il s'y en rencontrera toujours assez. Celles qui resteront se seront imposées à vous, non comme figures, mais comme propres expressions de votre pensée et de votre sentiment : elles auront ce caractère de nécessité, qui seul les justifie.

Le souci de relever le style par l'éclat ou l'agrément des figures trahit le rhéteur, l'homme qui n'écrit que pour faire dire qu'il écrit bien. Mais l'homme qui écrit par besoin, pour défendre ce qu'il croit ou ce qu'il aime, pour réaliser un idéal d'art, ou même pour satisfaire son ambition, son égoïsme ou ses vices, ne songe qu'à parler juste, et qu'à trouver les mots qui rendent sa pensée et l'approchent de son but : celui-là est aussi éloigné de concerter ses figures que l'homme du peuple, qui, en jurant, ne pense guère à faire une imprécation.

Il faut que les figures soient spontanées, qu'elles naissent dans l'esprit avec la pensée qu'elles revêtent, comme s'il n'y avait pas d'autres termes qui la pussent rendre. La règle absolue et souveraine de la propriété des expressions s'étend aux figures comme à toutes les autres parties du style. Où le travail de l'esprit fait éclore une métaphore, c'est qu'elle est plus propre en ce lieu que le mot propre : comment cela se peut-il faire ? On le concevra sans peine, si l'on songe que souvent l'expression propre ne rend que l'idée, tandis que dans l'esprit l'idée est doublée d'un sentiment, d'une impression quelconque, qui en sont inséparables, qui doivent se manifester avec elle et par les mots même qui la rendent. Cette partie de la pensée qui ne s'isole pas, qui n'a point d'expression indépendante, ce sont les figures qui la rendent et la mettent en lumière. De là vient que la même idée peut être traduite par une infinité de phrases métaphoriques, dont chacune lui donnera une nuance particulière, et affectera différemment la sensibilité ou l'imagination. Et de même, à la proposition affirmative qui énonce le fait, pourront se substituer des propositions interrogative, dubitative, exclamative, etc., qui, contenant toujours l'affirmation du fait, y ajouteront l'émotion que l'écrivain en éprouve et veut communiquer. De là vient aussi que plus l'homme est passionné, plus il redouble les figures, moins l'expression propre et nue de l'idée lui suffit. Les sentiments débordent les idées, et le langage se colore, peignant moins la réalité des choses que leur représentation dans l'âme et les mouvements qu'elles y déterminent.

Mais là est précisément le danger, et il ne suffit pas que les figures jaillissent spontanément de l'esprit, pour avoir ce caractère de nécessité que j'y réclame. En effet, si l'on sent vivement, la conception peut être en retard sur l'émotion ; l'intelligence n'arrive pas à se mettre au même pas que la sensibilité et l'imagination : alors la figure qui traduira le désir ou la passion sera vague et n'offrira point une idée claire à l'esprit. Même en fournissant à la pensée une expression telle quelle, elle s'opposera à la précision et à la clarté : on sera dupe soi-même de ses métaphores, et l'on ne se rendra point compte qu'on n'a exprimé que des impressions insaisissables à l'intelligence, intraduisibles dans le langage des idées pures, qu'on n'a rien dit en un mot de raisonnable, de scientifique, ou de pratique.

Cela n'a point d'inconvénient toutes les fois que la fin dernière du discours est la représentation d'un état de l'imagination ou de l'âme : toutes les métaphores alors, toutes les hyperboles, toutes les figures naturelles sont bonnes, du moment qu'elles font connaître cet état d'âme ou d'imagination au lecteur ou le suscitent en lui. Quand Chimène a *lâché* l'aveu célèbre :

Sors vainqueur d'un combat dont Chimène est le prix,

Rodrigue, dans un transport d'héroïque confiance, s'écrie :

Est-il quelque ennemi qu'à présent je ne dompte ?

Paroissez, Navarrois, Maures et Castillans,

Et tout ce que l'Espagne a nourri de vaillans.

Unissez-vous ensemble et faites une armée,

Pour combattre une main de la sorte animée :

Joignez tous vos efforts contre un espoir si doux ;

Pour en venir à bout c'est trop peu que de vous.

Cela, à la lettre, ne veut rien dire. Ce ne sont que des mots. S'il eût dit : « Don Sanche n'a qu'à bien se tenir », à la bonne heure ; c'était clair, sensé, pratique. Mais Corneille savait ce qu'il faisait, mieux que les plats comédiens qui, du temps de Voltaire, supprimaient le morceau. Que nous importe ce que fera, ce que peut faire le Cid en réalité ? Ce qui nous intéresse, c'est son amour, inépuisable source d'héroïsme, dont cette folle explosion d'espérance nous fait d'un coup mesurer l'énergie. Le défi de Rodrigue, dans son exagération insensée, n'est que la traduction dramatique de ce que Corneille écrit ailleurs d'après l'*Imitation de Jésus-Christ* :

Rien ne pèse à l'amour, rien ne peut l'arrêter ;

Il n'est point de travaux qu'il daigne supputer ;

Il veut plus que sa force ; et quoi qui se présente,

L'impossibilité jamais ne l'épouvante :

Le zèle qui l'emporte au bien qu'il s'est promis

Lui montre tout possible, et lui peint tout permis.

Ainsi qui sait aimer se rend de tout capable :

Il réduit à l'effet ce qui semble incroyable.

Mais le manque d'amour fait le manque de cœur.

Le Cid sent ce que Corneille décrit, et ses paroles insensées sont dans la circonstance l'expression propre du sentiment.

Mais lorsqu'il s'agit de parler à l'intelligence, de lui découvrir une vérité théorique ou pratique, il faut se défier de ce langage figuré, qu'une certaine chaleur de sentiment, uni à une certaine paresse d'esprit, produit. Il est plus facile de dire ce qu'on désire, que le moyen d'obtenir ce qu'on désire, de rendre l'impression confuse qu'on ressent en présence d'un objet, que de faire connaître l'objet lui-même. Et si l'on songe aux facilités qu'offre une langue déjà vieille par la multitude des phrases toutes faites et des figures ajustées d'avance, on concevra comment tant de métaphores ou d'hyperboles, qui naissent spontanément au premier effort de la pensée, ne sont que de vains échappatoires par lesquels on se dispense de faire acte de réflexion en donnant une espèce de satisfaction à la sensibilité. L'homme irrité parle de tout briser, de tout réduire en poudre : on serait bien embarrassé de trouver dans ce langage l'indication de la conduite qu'il peut ou veut tenir. Il est plus facile à un orateur politique d'*écraser* ses ennemis, de *conjurer des spectres*, de *contenir des torrents*, de *figurer* vivement le mal que fera le parti contraire, et le bien que son parti fera, que d'indiquer en termes propres un seul moyen d'écarter le moindre des dangers et de produire le plus léger des biens : on manque d'ordinaire à la transformation des métaphores en idées. Et dans la critique littéraire, quand on a comparé ses auteurs aux aigles, aux lions, aux papillons, aux abeilles, aux prairies émaillées de fleurs, aux montagnes abruptes, aux clairs ruisseaux, aux torrents furieux, quelle idée a-t-on donné aux lecteurs de leur talent et de leurs œuvres ? Tout au plus a-t-on lié en eux le nom de chaque écrivain à une certaine impression vague et confuse : mais on ne leur a mis dans l'esprit aucune véritable connaissance.

Il y a plus : on se dupe soi-même par l'abus des métaphores et des figures, qu'on accepte avec trop d'indulgence. On se cache la vérité des choses, et l'on entretient en soi l'ignorance ou l'amour-propre. Le Matamore de Corneille ne dit jamais qu'il va pourfendre Adraste, son rival : la chose est pratique cependant et de son intérêt. Mais il menace toujours de détrôner Jupiter ou d'enflammer le monde aux éclairs de son épée, et, par ces hyperboles que son imagination enfante, il conserve son amour-propre dans la douce persuasion de son invincible vaillance : il ne peut être mis à l'épreuve sur de tels desseins ; s'il parlait terre à terre, il perdrait l'illusion de son héroïsme au premier choc de la réalité. Les figures sont ainsi bien souvent des consolations que l'impuissance offre à la vanité, et que les grands mots déguisent à nos yeux. Les joueurs aiment à appeler une partie du nom de *bataille*, ils livrent *combat* au hasard ; un coup heureux est une *victoire* ; un coup malheureux est une *défaite*, et quand ils ont *tenu* longtemps, quand ils se sont obstinément, stupidement acharnés à se ruiner, ils se donnent le mérite d'une héroïque *résistance* et ne sont pas bien sûrs de n'avoir pas déployé la même espèce de courage que Wellington à Waterloo : s'ils nommaient les choses par les mots propres, peut-être auraient-ils moins de complaisance pour leur passion ; du moins elle ne se colorerait pas à leurs yeux d'une telle beauté ; ils céderaient peut-être autant, ils s'en feraient moins honneur.

La conclusion de tout ceci, c'est qu'il faut se proposer de parler proprement et justement ;qu'il ne suffit pas même que les figures soient le produit spontané de l'esprit ; qu'il faut encore exercer sur ce que l'on écrit un contrôle sévère, et ne recevoir aucune métaphore, aucune figure d'aucune sorte, que lorsqu'on sent qu'elle est dans la circonstance l'expression propre, adéquate de la pensée, lorsqu'elle apparaît comme véritablement et rigoureusement nécessaire. Il faut que la réduction de la figure au mot propre soit une véritable amputation qui laisse la phrase, l'idée, l'émotion incomplètes et mutilées. Chez tous nos grands écrivains, dans leurs œuvres les plus parfaites, les figures ont bien ce caractère. Lisez et relisez Bossuet, ce maître incomparable : jamais son style n'a une plus exacte propriété que dans ces métaphores, ces hyperboles, ces mouvements et ces figures qui se pressent sur ses lèvres. Il n'est point une image, point une exclamation, une apostrophe, une prosopopée qu'on en puisse faire disparaître sans dommage : ce n'est pas la forme qui en souffrirait dans son élégance ou sa beauté, c'est surtout le fond, qui ne serait plus suffisamment exprimé, et quelque chose manquerait à la clarté lumineuse ou à l'énergie persuasive du discours.

Au reste, on sera peut-être moins tenté de rechercher ou d'accueillir les figures sans nécessité ou pour le pur ornement, si l'on remarque d'abord que l'emploi des figures inutiles est un des caractères de la préciosité, ensuite que le style peut être expressif, éclatant, émouvant, presque sans figures. Pourquoi est-il ridicule d'appeler un fauteuil la *commodité de la conversation*, et un miroir le *conseiller des grâces* ? Simplement parce que cela ne sert à rien, et qu'on ne décrit pas à ses gens les objets qu'on demande, dès qu'on en sait le nom. C'est de l'esprit gaspillé par ostentation. En second lieu, des termes simples, exacts, nus, peuvent former un style expressif et plein, par la précision même et la netteté du sens qui résulte de leur juste emploi, quand ils sont maniés par un homme qui pense et qui sait les employer à faire penser. Il n'y aurait point d'images, de métaphores, de grands mouvements de style, qui me donneraient de Turenne une idée plus haute, plus complète, qui me le feraient mieux voir et plus admirer, que le très sobre portrait que Bussy-Rabutin en a tracé : c'est comme une ligne légère et ferme qui, par un léger relief, exprime toute la vie et toute la beauté du modèle. Dans mainte pièce, éclatante et pittoresque, de Victor Hugo, de Leconte de Lisle, même de Lamartine, les figures sont rares, clairsemées, de loin en loin une métaphore perce sous un verbe ou un adjectif : toute la couleur est dans les termes propres. Enfin il y a des pensées et des pages de Pascal, où l'éloquence éclate, où la passion vibre dans des phrases construites avec la précision nue et l'inflexible régularité du langage géométrique.

Chapitre VII.

De la propriété des termes. — Répétition des mots. — Synonymes. — Du langage noble

La propriété des termes est, à vrai dire, l'unique et universelle règle du style : celle où tout se résume et qui contient tout. C'est, comme dit Molière, la *grande règle de toutes les règles*. Quand on a dit tout ce qu'on pensait, comme on le pensait, on a bien dit : le défaut, s'il y en a, est de la pensée. Et l'on se trouve bien de pratiquer ce qui est comme la probité du langage, car on en a plus de facilité pour sentir ce qui manque à l'esprit : on connaît mieux son faible, et il est plus aisé d'y remédier. Vous qui commencez à écrire, ne déguisez pas la platitude de la pensée sous la prétention du style : parlez platement, tant que vous ne penserez pas mieux. Mais, insensiblement, le dégoût de la platitude obligera votre esprit à faire effort, à mieux diriger son activité, et l'amènera à tirer de soi quelque chose qui sera moins plat. La condition de tout progrès, c'est de toujours mesurer son langage à sa pensée, et de ne viser qu'à parler avec propriété. De même, en matière de morale, pour se corriger, il faut dépouiller tout amour-propre, et arracher à ses défauts, à ses vices, les noms spécieux qui les décorent et les déguisent : le péché, nommé de son nom laid et propre de péché, ne tentera plus guère.

Cherchez des noms pour nommer, des éloges pour louer les qualités des grands écrivains, d'un Bossuet, d'un Pascal, d'un La Fontaine, d'une Sévigné : vous ne trouverez rien qui soit plus juste, ni plus flatteur, que de dire de chaque tour, de chaque mot, qu'il est ce qu'il devait être, qu'il est nécessaire, qu'il est propre. Cette propriété, cette équivalence exacte de la pensée et de l'expression, font qu'on ne conçoit point que l'écrivain, pensant ainsi, eût pu s'exprimer différemment, et qu'il semble à tous que, le fond étant tel, la forme devait être telle aussi par une inévitable conséquence. Que Denys d'Halicarnasse, grammairien subtil, signale dans un discours de Démosthène toutes les figures de la rhétorique ; ce qui loue vraiment l'orateur, c'est que l'auditeur ne les aperçoit pas, et n'y fait pas réflexion, et que ce qui est figuré lui paraît propre : il n'imagine point d'autre moyen de dire ce que l'orateur voulait dire.

Si tout se ramène à la propriété du langage, tout doit évidemment s'y subordonner. Ainsi il ne faut pas craindre de répéter un mot, quand le sens le rend deux fois ou plusieurs fois nécessaire. Pascal en a donné le conseil : « Quand dans un discours se trouvent des mots répétés, et qu'essayant de les corriger, on les trouve si propres qu'on gâterait le discours, il faut les laisser, c'en est la marque. » Et la lecture de ses ouvrages montre qu'il a mis en pratique la leçon qu'il donnait. Mais, pour ne point autoriser la négligence, Pascal a grand soin de limiter la liberté qu'il accorde : la répétition est légitime, à condition d'être nécessaire ; il faut que le mot s'impose à l'écrivain, et reste là pour ainsi dire malgré lui.

Ne comptez pas sur les synonymes pour diversifier votre style. Il peut arriver que certains mots aient dans leur sens une partie commune, et qu'on puisse les employer indifféremment, quand on n'a besoin d'exprimer que cette partie commune de leur sens. Mais ces mots mêmes ne sont synonymes que par rencontre : ils n'en ont pas moins, en réalité, des significations différentes et des énergies inégales. On peut dire qu'il n'y a pas de synonymes. Les mots qu'on croit l'être marquent généralement les nuances, les degrés dont une idée, un sentiment sont susceptibles : ils sont entre eux comme les individus d'une espèce, infiniment divers dans l'unité du type. La langue française a le mérite de distinguer les synonymes avec une lumineuse précision : elle le doit en grande partie à ces précieux et à ces premiers académiciens, dont se moquait un peu légèrement Saint-Évremond, et aussi à ce goût d'analyse morale qui a poussé tant d'écrivains, tant de gens du monde même, à étudier le cœur humain dans ses plus délicats mouvements et ses plus imperceptibles ressorts.

Une certaine catégorie de synonymes ne paraît pas présenter cette différence de sens dont je parlais tout à l'heure : un *cour-*

sier n'est ni plus ni moins qu'un *cheval*. Si, pourtant : c'est *un cheval noble*. Les mots ne diffèrent pas par le sens, mais par la dignité. Ainsi la *génisse* avait accès dans les vers où ne pouvait s'aventurer la *vache*. Au temps de la littérature classique, il y avait une langue noble, dont l'emploi s'imposait à la poésie et à l'éloquence. Un certain nombre de mots, réservés à l'usage familier, avaient des équivalents nobles : ainsi se forma la catégorie de synonymes dont je m'occupe. Quand l'équivalent noble n'existait pas, le nom du genre ou de la matière y suppléait, ou bien une périphrase : de là ces termes généraux que recommande Buffon, et ces circonlocutions que Delille fabrique ingénieusement : un *mouchoir* est un *tissu* ; le *soleil* est l'*astre du jour* ; un *glacier*, le *temple des frimas*. Les grands écrivains, et même Boileau, observent sans superstition la loi de la noblesse du langage ; Bossuet fait apparaître une *poule* dans l'oraison *funèbre*, et livre Jésus-Christ aux *crachats de la canaille*. Le XVIIIe siècle, faussement classique, obéit à la lettre, méconnaissant l'esprit de la loi ; il outra la pruderie, et finit par soupçonner de trivialité tout ce qui gardait de la vérité. Le faux seul fut noble. Victor Hugo a peint cet abus dans des vers pittoresques :

> La langue était l'état avant quatre-vingt-neuf :
>
> Les mots, bien ou mal nés, vivaient parqués en castes ;
>
> Les uns, nobles, hantant les Phèdres, les Jocastes,
>
> Les Méropes, ayant le décorum pour loi,
>
> Et montant à Versailles aux carrosses du roi ;
>
> Les autres, tas de gueux, drôles patibulaires.
>
> Habitant les patois ; quelques-uns aux galères
>
> Dans l'argot ; dévoués à tous les genres bas ;
>
> Déchirés en haillons dans les halles ; sans bas,
>
> Sans perruque ; créés pour la prose et la farce ;

Populace du style au fond de l'ombre éparse ; …

N'exprimant que la vie abjecte et familière,

Vils, dégradés, flétris, bourgeois, bons pour Molière.

Un des bienfaits les moins contestés du romantisme fut de rompre ces entraves de la pensée, et de mettre à la disposition de l'écrivain tout ce que contenait la langue : on comprit que proscrire des mots, c'était proscrire des idées.

Je fis souffler un vent révolutionnaire, …

Et déclarai les mots égaux, libres, majeurs

J'ôtai du cou du chien stupéfait son collier

D'épithètes ; dans l'herbe, à l'ombre du hallier,

Je fis fraterniser la vache et la génisse…

Jean l'ânier épousa la bergère Myrtil.

On entendit un roi dire : Quelle heure est-il ?

Je massacrai l'albâtre, et la neige, et l'ivoire ;

Je retirai le jais de la prunelle noire,

Et j'ose dire au bras : sois blanc, tout simplement…

J'ai de la périphrase écrasé les spirales ;

Et mêlé, confondu, nivelé sous le ciel

L'alphabet, sombre tour qui naquit de Babel ;

Et je n'ignorais pas que la main courroucée

Qui délivre le mot, délivre la pensée…

Oui, vous tous, comprenez que les mots sont des choses…

Tel mot est un sourire et tel autre un regard…

Ce qu'un mot ne sait pas, un autre le révèle.

Les mots heurtent le front comme l'eau le récif :

Ils fourmillent, ouvrant dans votre esprit pensif

Des griffes ou des mains, et quelques-uns des ailes ;

Comme en un âtre noir errent des étincelles,

Rêveurs, tristes, joyeux, amers, sinistres, doux,

Sombre peuple, les mots vont et viennent en nous :

Les mots sont les passants mystérieux de l'âme…

Et de même que l'homme est l'animal où vit

L'âme, clarté d'en haut par le corps possédée,

C'est que Dieu fait du mot la bête de l'idée.

Cette révolution, où périt le langage noble, mit naturellement hors d'usage le terme noble de chaque couple de synonymes : qui parle de *coursiers* aujourd'hui ? Ceux de ces mots qui ont survécu n'ont pas été gardés comme nobles, mais comme propres à certains objets : on parle de *guerriers germains* ou de *guerriers indiens*, faute d'autre terme et parce que le nom de soldat implique une organisation et une hiérarchie militaires qui ne se rencontrent pas chez les tribus barbares ou sauvages. En somme, on peut, et même on doit appeler les choses par leur nom, précisément comme faisait le vieux Boileau si exécré des romantiques.

La liberté du mot propre n'a pas été une facilité offerte à la médiocrité : la tâche de l'écrivain n'en a pas été simplifiée, et l'art n'a pas été par-là mis à la portée de tous. Comme l'égalité sociale et politique n'a pas aboli l'inégalité de beauté, de force, de vertu, d'intelligence entre les hommes, ainsi les mots, égaux devant le besoin de l'écrivain, ont gardé leur physionomie propre, leur couleur, leur élégance, leur dignité, leur richesse. Ils ne se valent pas tous, mais chacun d'eux vaut par son mérite in-

time. Il y a encore des mots nobles et grands ; il y en a de familiers, de bas, de dégradés : leur sens, leurs affinités, leur usage
ordinaire mettent des différences entre eux, et il y en a toujours
devant lesquels hésiteront les gens et les écrivains de bonne
compagnie. Mais il n'en est point dont on ne puisse faire un bon
emploi : c'est à vous qui écrivez de les bien choisir, de bien les
tourner, de bien les entourer, et, déterminés dans leur sens, limités dans les idées et les images qu'ils évoquent, ils vaudront en
somme ce que vaudra votre pensée. Haute et sérieuse, elle formera à sa ressemblance les termes qui la peignent ; elle pourra
appeler à soi les mots du peuple, et même de la populace : elle
leur ôtera par cette élection leur grossièreté en leur laissant leur
énergie. Mais la chose est délicate, et il faut être bien maître de
la langue pour réduire chaque mot à l'emploi qu'on lui assigne :
autrement l'expression rebelle lâche au travers de la phrase et
de l'idée des sens inattendus, des images déplacées, et, man-
quant le sublime, on tombe dans le grotesque : au lieu d'étonner,
on dégoûte.

Chapitre VIII

De la clarté et des termes techniques

On peut nommer chaque chose par le terme qui lui convient exactement, garder d'un bout à l'autre du discours la plus rigoureuse propriété d'expression : cela ne fera pas nécessairement qu'on soit compris. Il y a une autre sorte de propriété du langage qui consiste non plus dans le rapport en quelque sorte théorique de l'idée et du mot, mais dans le rapport du mot à l'intelligence des gens auxquels on s'adresse. Si votre lecteur ignore le sens du mot dont vous vous servez, si ce mot n'évoque pas en autrui l'idée qui pour vous lui tient par un rapport nécessaire et universel, la propriété de votre expression ne lui donne pas la clarté, et dans ce cas, trop de justesse nuit : on se fait mieux entendre en parlant improprement,

Ovide exilé parmi les Scythes disait : « C'est moi qui suis le barbare ici, puisque je ne me fais pas comprendre. » La plus belle harangue en beau langage latin ne valait pas alors pour lui trois mots de jargon scythe tant bien que mal assemblés, plus ou moins écorchés. De même, dans toute langue, et dans notre français, à côté des mots de l'usage commun et que tout le monde comprend à peu près, il y a des mots *techniques*, des termes de sciences, d'arts, de métiers, qui sont comme autant de langues dans la langue, et qui font aux profanes le même effet que le latin d'Ovide à ses voisins scythes. Là, il n'y a pas de propriété qui tienne : comme il faut être compris avant tout, l'expression ne peut être choisie que parmi les mots connus et compris du public auquel on s'adresse. La propriété du langage n'est plus absolue alors : elle est relative ; le mot propre est celui qui éveille le mieux dans l'esprit du lecteur l'idée de l'objet que l'écrivain veut désigner, et un à peu près que tout le monde entend, vaut mieux alors qu'un terme exact, que nul ne saisit.

Si la propriété du langage est si fortement recommandée, c'est que par définition, et généralement, le mot propre est celui qui montre le mieux l'objet : là où il cesse de faire son office, où même il voile l'objet qu'il devrait montrer, au nom de cette même loi de propriété, il doit être repoussé : il cesse d'être, dans la circonstance, l'expression vraiment propre de l'objet.

Si l'on méconnaissait ce caractère nécessaire du mot propre, qui est d'être clairement intelligible, à quels excès n'arriverait-on pas ? On écrirait pour soi, au risque de n'être compris que de soi. Que dire de ces phrases, qu'on lit dans des romans contemporains ? « Dans la quatrième *dilochie* de la douzième *syntagme*, trois *phalangites* se tuèrent à coups de couteau. » Ou bien : « La *chola* chante une *zamacueca* en s'accompagnant sur sa *diguhela*[16]. » Le lecteur reste rêveur : ce sont pourtant les noms mêmes des choses. Il faut songer toujours pour quel lecteur on écrit, ou, ce qui revient au même, dans quel genre on écrit. Car on n'a pas à rechercher toujours la même sorte de clarté : chaque sujet a sa clarté propre, réglée par sa destination qui l'adresse à tel ou tel public. Un philosophe écrivant pour des philosophes, un archéologue écrivant pour des archéologues, un savant écrivant pour des savants, n'ont qu'à appliquer aux choses les termes techniques de leur science spéciale : ils ne veulent pas être compris de tout le monde, et il leur suffit d'être entendus de ceux qui connaissent ces vocabulaires particuliers, et plus ils mettront de rigueur dans cet emploi des mots techniques, plus ils préciseront leur pensée et éclairciront leur sujet. Tous les ouvrages faits pour une classe spéciale de lecteurs, traités de science, d'art, d'industrie, peuvent et doivent ainsi être rédigés dans la langue spéciale de ces lecteurs, et donner à chaque objet le nom exact qui l'y désigne pour eux. Il n'importe que le médecin ne comprenne pas un traité de métallurgie, que l'architecte n'entende rien à un traité de médecine, et que les termes de métallurgie, de médecine et d'architecture soient du grec pour l'homme du monde.

Mais dans les occasions où l'on veut être lu de tous, où l'on n'exclut d'avance aucune catégorie d'esprits de l'intelligence de ce qu'on écrit, cette clarté spéciale ne suffit plus. Alors, de quoi que l'on parle, science, art, industrie, il faut employer les mots de tout le monde. Il ne s'agit plus de parler en homme de métier, puisqu'on ne parle plus à des gens de métier. Les mots techniques ne servent plus qu'à dérouter le lecteur : ils l'arrêtent, l'épouvantent, font de la lecture un labeur et un ennui. Comme Ronsard disait que, pour lire sa *Franciade*, il fallait être Grec et Latin, de même, par l'abus des mots spéciaux, il faut être charpentier, mineur, ou maçon, pour entendre certains chapitres de romans contemporains.

On doit s'efforcer de rendre sa pensée avec toute l'exactitude possible, au moyen des mots de la langue commune à tous les métiers, à toutes les classes. La précision vient ici non pas de ce que l'auteur emploie, mais de ce qu'il connaît les termes techniques, et, les ayant dans la pensée, leur choisit des équivalents intelligibles à tous, qui ne laissent rien perdre de leur sens. La besogne est délicate, et plus le sujet est spécial, plus le problème se complique. Mais avec du talent, de la conscience, une connaissance solide de la langue, on se tire avec honneur de la difficulté. Pascal a su faire entendre les plus fines subtilités de la théologie à des gens du monde, ignorants de la théologie, et qu'aurait épouvantés la barbarie de la langue théologique. Fontenelle disait de ses *Entretiens sur la pluralité des mondes* : « Je ne demande aux dames, pour tout ce système de philosophie, que la même application qu'il faut donner à la *Princesse de Clèves*, si on veut en suivre bien l'intrigue, et en connaître toute la beauté. » Dans un dialogue de Diderot, le philosophe Crudeli, au moment d'entamer une discussion sur les matières les plus ardues avec la Maréchale, *qui n'avait jamais lu que ses heures*, répond à ses inquiétudes en disant : « Si vous ne m'entendiez pas, ce serait bien ma faute » ; et il fait toute sa démonstration en transposant dans le langage d'une femme ignorante les idées des plus obscurs métaphysiciens, sans que, dans cette conversion, la profondeur perde ce que gagne la clarté. N'avons-nous pas vu M. Sully-Prudhomme expliquer, mieux que dans la langue commune, dans la langue de la poésie, certaines doctrines philosophiques, avec autant de rigueur qu'eût pu le faire un docteur allemand, devant quelques disciples initiés, dans un langage hérissé de locutions scolastiques ?

La langue que tout le monde parle emprunte aux langues spéciales des sciences et des métiers un certain nombre de termes techniques qui correspondent aux objets les plus usuels et les plus connus. Ceux-là d'abord s'offrent à l'écrivain qui traite un sujet spécial. Mais l'écrivain peut en outre en évoquer d'autres, purement techniques, s'il le juge nécessaire à la précision de sa pensée. Il le fera souvent avec bonheur et avec succès, s'il a soin de le faire discrètement et adroitement, et de ne pas abasourdir le lecteur sous une avalanche de mots baroques et incompris, d'encadrer le terme spécial entre des expressions vulgaires, qui l'enserrent et en expriment pour ainsi dire le contenu, de le déterminer si bien par cet entourage que le sens en jaillisse aussitôt, et qu'il ait la clarté d'un mot vulgaire. Par cette opération, faite avec tact, le langage prend une propriété rigoureuse, une précision énergique, sans devenir obscur ni âpre.

Mais le procédé ne vaut que par la rareté de son emploi : s'il tourne en habitude, il perd son efficacité, il nuit au lieu de servir. C'est en somme au langage de tout le monde qu'il faut recourir, quand on s'adresse à tout le monde. Et de fait, que peuvent nous faire, à nous, lecteurs ignorants, des mots que nous ne connaissons pas, que nous n'avons jamais vus ? Ce sont comme des visages inconnus, indifférents, s'ils ne sont pas étranges, qui arrêtent l'œil un moment par l'étrangeté, mais ne parlent pas à l'âme. Au lieu que ces bons vieux mots qu'on connaît depuis l'enfance, et qui font encore leur service tous les jours, ces mots nous vont au cœur, trouvent de l'écho dans notre plus intime expérience. « *Connaissant tous ces mots*, dit très bien M. Brunetière, après avoir cité une description d'un romancier contemporain, *je puis voir effectivement toutes ces choses... Ce sont des tableaux... dont nous n'avons pas besoin d'avoir vu les modèles, pour louer la ressemblance, puisqu'ils ne sont, après tout, que des associations nouvelles d'éléments anciens, de formes familières et de couleurs accoutumées... Nous sommes rentrés ici dans la vérité de l'art, qui consiste à décrire les choses les plus particulières par les termes les plus généraux, et d'autant plus généraux, qu'il s'agit de nous communiquer l'impression de choses plus particulières.* »

Il semble que nous soyons ramenés au fameux précepte de Buffon, qui recommande d'avoir *attention à ne nommer les cho-*

ses que par les termes les plus généraux. Cependant la différence est grande : Buffon prescrit le mot propre partout et toujours en vue de la noblesse du style, et sa doctrine mène à la métonymie inexacte et à la périphrase énigmatique. Au contraire, il ne s'agit ici que des *choses les plus* particulières, qui ne peuvent être rendues que par des *vocables exotiques* ou *techniques*, incompris de la foule des lecteurs : c'est qu'alors, et ce n'est qu'alors, que les termes généraux, clairs et intelligibles, seront préférables aux termes propres, prétentieusement obscurs.

Chapitre IX.
Précision, brièveté, netteté

La propriété des termes est le fondement de la précision. Mais il y a une certaine propriété des phrases comme des mots, qui fait que certain groupe de mots correspond exactement à l'idée, et y correspond seul. Faute de l'avoir trouvé, on ne croit pas son sentiment suffisamment expliqué : on ajoute un mot dans la proposition, une proposition dans la phrase, pour mettre en lumière un détail ou une partie de l'idée. On trouve la phrase qu'on vient d'écrire incomplète et inexacte : on la fait suivre d'une autre qui le sera moins, et l'on avancera ainsi péniblement et tortueusement vers l'objet qu'on a en vue, par une fastidieuse suite de tâtonnements et d'approximations. Mais les surcharges et les redites ne servent qu'à émousser, qu'à brouiller la pensée, qu'à énerver la force des termes propres par le fâcheux cortège qu'on leur fait traîner. Il faut saisir quel assemblage des mots fait connaître tout ce qu'il faut et rien que ce qu'il faut connaître de l'idée, clans quel cercle elle peut être enfermée sans étouffer ni flotter.

Rien n'éloigne plus de la précision, que le désir de tout dire : le secret de la diffusion, c'est le parti pris de ne rien omettre. Car la chose est impossible, et quand on y prétend, on n'arrive qu'à tout noyer dans la prolixité, à délayer sa pensée comme une matière pâteuse et sans consistance. Le style, comme l'art, vit de sacrifices. Dans l'expression de chaque idée, comme dans l'explication de tout sujet, il y a un point où il faut s'arrêter. Il est important de bien placer cette limite, de sorte qu'on montre tout ce qui est nécessaire, et qu'on fasse imaginer ce qu'on ne montre pas. Le mérite d'un écrivain ne consiste pas à tout dire, mais à dire l'essentiel, le décisif, et à suggérer le reste. Il faut compter avec et sur l'intelligence du lecteur, outre que rien ne fait trouver de l'intérêt à une lecture, comme le témoignage qu'on se rend d'être allé plus loin que l'auteur : mais c'est à lui de préparer à notre amour-propre l'innocent triomphe de ces découvertes.

Nous retrouvons donc ici cette loi que nous avons déjà aperçue tant de fois : dans toutes les parties de la tâche de l'écrivain, la marque éminente de la bonté et de la beauté des choses, c'est la nécessité. La précision emporte avec elle la concision. Il faut économiser les mots, et faire tenir le plus de pensée qu'on peut dans la plus courte phrase. Sans doute, il n'y faut pas d'excès, et c'est un défaut qu'un style trop compact, où les idées sont si bien tassées et pressées qu'on ne peut les examiner une à une. On se fatigue d'un style uniformément éclatant, où les images se joignent et éblouissent l'œil comme des éclairs continus. Il faut que l'air y circule et que les ombres adoucissent et accusent à la fois la lumière. Mais ce n'est pas l'excès où les écoliers versent d'ordinaire, et il faut les garder plutôt de la diffusion et des longueurs. Surtout que l'on se défie des adjectifs, quand on commence à écrire. Ces mots qui font saillir les qualités des choses sont précieux, et les maîtres écrivains en tirent de merveilleux effets ; mais un débutant allonge son discours plutôt qu'il ne le fortifie par les épithètes, qu'il reçoit souvent vagues et banales. Aussi peut-on dire qu'en général, dans un exercice d'élève, chaque adjectif retranché est un gain pour la phrase.

La concision peut être plus ou moins apparente : il y a une façon nerveuse, un peu brusque, de tourner les pensées, de les ramasser en antithèses ou en formules, de les frapper comme des médailles, qui rend la brièveté visible, mais qui parfois aussi n'en est que l'illusion et le mensonge. Au reste, un style doux, facile, élégant peut être bref : Racine est concis, malgré l'ampleur de ses périodes. Cette qualité ne se mesure ni au nombre des mots ni à la longueur des phrases, pas plus qu'au nombre des lettres ou des syllabes : elle est toute dans le rapport des mots et des choses, lorsqu'il n'y a rien de trop dans l'expression, et qu'on n'y peut rien retrancher sans enlever aussi de l'idée.

L'affectation de la brièveté n'est pas sans danger. Ces petites phrases aux facettes bien taillées, aux arêtes droites, où la pensée est comme cristallisée, s'incrustent dans la mémoire au lieu de se fondre et de s'assimiler dans l'esprit. Il n'y a que les écrivains supérieurs qui sachent être brefs, sans être secs, et faire tenir un sens infini dans une étroite formule. Et puis chaque phrase ayant son éclat indépendant, brillant de tous les côtés sans tenir à rien, les idées ne s'enchaînent plus, ne s'engrènent plus les unes aux autres, et le discours perd sa cohésion. C'est, comme le disait Caligula du style de Sénèque, du *gravier sans ciment*. Il est difficile que ce décousu aille sans incohérence et laisse subsister une netteté parfaite.

Le style est net, d'abord si la conception est nette, si l'écrivain a bien déterminé la qualité, l'étendue et le rapport de ses pensées, s'il a pleine conscience, en un mot, de ce qu'il pense et sent, ensuite s'il donne à chaque idée l'expression propre qui la découvre tout entière et clairement. Mais il y a de plus une sorte de netteté qui est toute dans l'arrangement des mots et l'ordonnance des phrases, qui peut manquer où existe la netteté de la pensée, et se trouver là où celle-ci n'est pas. Elle peut être dans chaque phrase isolément, sans que l'ensemble soit net. Cela se rencontre dans Fénelon, qui a le style net, et la pensée souvent flottante, se dérobant dans des hésitations ou des contradictions intéressantes. Cela se voit aussi dans les ouvrages des femmes, parce qu'elles ont plutôt la justesse naturelle des expressions, le courant aisé et limpide de la phrase, que l'unité et la précision des idées.

Cette netteté est une sorte de transparence lumineuse du style, qui l'efface complètement et découvre le sens sans ombre et sans nuages. Rien ne paraît s'interposer entre l'esprit du lecteur et celui de l'écrivain, pour en gêner ou en rompre la communication ; il semble qu'on voie les choses mêmes, et non par l'intermédiaire des mots. Les phrases ont une allure aisée, légère, dégagée, qui porte le lecteur paisiblement et insensiblement, sans heurt, sans secousse, sans chute, à travers les pensées de l'auteur ; elles se déroulent aux yeux dans une pure lumière, sans brume ni fumée qui déforme ou offusque les objets. César, dans ses *Commentaires*, Voltaire, dans sa prose, La Fontaine, dans ses *Fables*, nous offrent de merveilleux exemples de ce mérite, qu'ils ont possédé tous les trois dans un degré éminent.

L'ordre des mots et des propositions, la construction des phrases et des périodes contribuent pour beaucoup à la netteté : elle s'affaiblit, si les rapports grammaticaux des mots ne sont pas apparents, si les propositions incidentes et subordonnées s'enchevêtrent et se contrarient, ou s'accrochent avec peine aux principales, enfin si l'on oblige le lecteur à débrouiller son texte comme un écolier sa version. Les phrases longues peuvent être parfaitement nettes, et il n'est pas besoin d'écrire d'un style haché, ni d'éviter les *qui* et les *que* : mais il faut ménager la peine de son lecteur, lui offrir, comme disait Pascal, des *reposoirs*, pratiquer des jours, et ne pas l'essouffler à travers d'interminables périodes, inégales, tortueuses et mal éclairées.

Il est nécessaire aussi que le discours ait de l'enchaînement et de la cohésion. Sans doute l'essentiel est que les idées se lient, mais c'est au langage à manifester cette liaison. Or le style a l'air souvent morcelé, incohérent, quoique les choses aient de l'unité et de la suite : le lecteur a besoin de faire effort pour découvrir les points de contact des idées, que les mots n'indiquent pas assez précisément. « Il y a dans la langue française, dit très bien Joubert, de petits mots dont presque personne ne sait rien faire. » C'est tantôt une conjonction, tantôt un pronom démonstratif, tantôt un adverbe, tantôt une locution composée, une courte proposition. Mais comme l'abus de ces termes de liaison donne au discours un air pesant et pédant, et comme d'autre part il paraît facile de s'en passer, on ne se donne pas la peine d'en connaître l'énergie et les propriétés. Le préjugé est établi, qu'en français on ne lie pas les phrases, et l'on trouve aujourd'hui bien peu de gens qui sachent bien user de ces petits mots en parlant et en écrivant : le plus grand nombre en use mal ou n'en use pas. Chaque phrase tombe isolée, détachée, indépendante, comme un axiome ou un oracle : l'abus de l'alinéa achève de donner à ce style son relief propre, et complète un nouveau genre de pédantisme, contraire au pédantisme raisonneur, aussi insupportable dans sa légèreté tranchante que l'autre dans sa raisonneuse gravité.

Les débutants qui ont quelque vivacité d'esprit manquent souvent de précision ; ils écrivent facilement avec prolixité et éteignent la propriété des termes dans une abondance un peu trop fluide de paroles : la phrase n'est pas liée, ni arrêtée ; le dessin en est mou et le contour indécis. Cependant ce n'est pas là le défaut le plus commun dans les écoles et dans les lycées : les élèves, en général, y développent leur esprit en sens contraire de la nature ; ils y prennent des défauts qui ne sont pas de leur âge. On ne voit presque rien percer dans leurs écrits du feu et de l'emportement de la jeunesse : la plupart d'entre eux font terne et vieux. Ils ont le style très décidé, bien que toujours diffus ; ils ont l'expression sèche, absolue, carrée, parce qu'ils disent tout ce qu'ils savent, sont détachés de ce qu'ils disent, et ne soupçonnent pas ce qu'ils ignorent. C'est une peinture qui n'a pas de dessous, ni de profondeur : c'est une route droite, dans un pays plat, sans soleil.

Chapitre X.

De la simplicité du style

Entre toutes les sortes d'affectation, il en est une qui a été très en faveur de nos jours. C'est une prétention d'user des mots en artiste, non pour penser et sentir, ni pour provoquer des pensées et des sentiments, mais pour produire les impressions les plus spéciales qui appartiennent aux autres arts, à la musique, à la peinture, à la sculpture, des impressions de son, de couleur et de forme. Sous prétexte que toucher ou convaincre son lecteur, c'est sacrifier l'art en le subordonnant à une autre fin que lui-même, on vide son discours de toute vérité, que la raison, la conscience ou le cœur pourraient saisir : on poursuit une beauté toute matérielle et physique, que nul mélange du vrai, du bien, du beau moral même ne vient corrompre, et l'on travaille son style pour l'œil et l'oreille du public : on se fait ciseleur, coloriste ; on sculpte des phrases marmoréennes, on exécute d'étourdis-santes variations ; on a une riche palette, un clavier étendu. De la pensée, il n'en est pas question, et autant le peintre, le sculp-teur, le musicien se piquent d'être des penseurs, autant l'artiste en fait de mots, le *styliste* s'offenserait qu'on lui prêtât le vulgaire dessein de faire servir les mots à traduire des pensées. Cette indifférence a été favorisée par le progrès de l'analyse et de la critique, qui ont montré l'erreur au sein de toute vérité, la vérité mêlée encore à toute erreur : si rien n'est absolument, éternel-lement vrai ou faux, bon ou mauvais, si rien de ce que nous voyons n'est tel que nous le voyons, si même rien peut-être n'est, à quoi bon se peiner pour chercher le vrai, pour l'expri-mer ? Tout ce qu'on pense est vrai ; la première pensée venue en vaut une autre ; ce que les mots se trouvent signifier n'est ni mauvais ni pire que ce que d'autres mots signifieraient : il ne reste donc de sûr, de solide, que l'apparence, la beauté même des mots, harmonie, couleur, forme, ce qui enivre ou charme les sens. Il n'y a pas d'idées, de sentiments qui vaillent la peine d'être préférés : il y a des phrases qui méritent d'être écrites, des phrases belles, des phrases bien faites.

Heureusement cette prétention ne se rencontre guère chez nos élèves. Ils échappent à la séduction de l'art pur dans le style, peut-être faute de pouvoir comprendre ce que c'est, plutôt que par la résistance d'un goût sûr et du bon sens. Ils ne conçoivent guère en effet et ne sentent que ce qui intéresse leur esprit et leur cœur. Ils croient au vrai et au bien, ils les cherchent partout : la pure beauté, toute formelle, purement sensible, sans mélange d'éléments intellectuels ou pathétiques, leur est incompréhensible.

En revanche, les âmes jeunes ou naïves sont très facilement touchées par la rhétorique, et elles en font elles-mêmes très facilement usage. Il est des jeunes gens qui écrivent d'un style naturel et simple, quand ils s'abandonnent, et ne songent pas à ce qu'ils font : quand ils croient penser, quand ils veulent *écrire*, arrivent les grands mots et les belles phrases, le style drapé, guindé, important, à moins que ce ne soit le langage maniéré, alambiqué, quintessencié, qui coupe les idées en quatre, et danse sur les pointes d'aiguilles.

Il est facile de vérifier cette remarque par des exemples choisis dans notre littérature. Les premières œuvres de nos grands écrivains, quand ils les ont écrites en pleine jeunesse, sont rarement exemptes de rhétorique. Il en est quelques-uns, morts jeunes, qui n'ont pas eu le temps de mûrir, et dont tous les écrits le laissent apercevoir : mais un certain charme de fraîcheur et de naïveté y compense les défauts, qui sont imputables à l'âge plutôt qu'au talent de l'homme. Ils en sont embellis, et on les préfère parfois à la sévère perfection de la maturité. Tel est Vauvenargues. Les femmes qui *pensent* ou qui *font du style* ressemblent fort aux écoliers : et de là vient que, dans notre littérature, celles qui n'ont pas cru faire œuvre d'écrivains, se sont mises au-dessus des autres.

Il arrive aussi que, chez les débutants, dans leurs travaux littéraires, l'émotion sincère ne se traduit pas par l'expression naïve, et qu'ils poussent parfois le pathétique jusqu'à l'emphase du mélodrame. Il y a là ce respect des grands mots, des mots hors de l'usage commun, qu'on retrouve chez tous les hommes médiocrement lettrés et médiocrement artistes. Mais, de plus, j'y vois une compensation cherchée à la diffusion et à la mollesse du style. Comme une partie de l'énergie des mots s'écoule et s'évapore par l'indécision de la phrase, lâche, coupée de mots inutiles, il faut forcer les termes, en choisir qui aillent au-delà du sentiment, afin qu'ils ne tombent pas en deçà. Quand on sait grouper les mots de façon que chacun d'eux prenne toute la valeur dont il est susceptible, on peut les rendre moins gros et les ajuster davantage à sa pensée. Aussi la précision et la simplicité vont-elles le plus souvent d'accord.

L'ignorance de la langue est une des causes les plus communes de l'affectation et de l'emphase du langage.

Faute de connaître l'étendue et l'énergie d'un mot, on s'imagine que l'usage domestique et quotidien qu'on en fait le rend incapable de tout autre emploi, et dès qu'on quitte les pensées vulgaires et terre à terre, on cherche des mots relevés et extraordinaires. Cependant ces mêmes expressions, qui servent aux besoins les plus familiers de l'existence, que les plus grossières intelligences ravalent au niveau de leurs mesquines pensées, ont en elles-mêmes assez de sens et de vertu pour devenir égales sans effort aux plus hautes idées, aux plus nobles sentiments des grands esprits et des cœurs généreux. Et de même que l'ignorance de la langue éloigne de la simplicité, de même l'élévation ordinaire des pensées en rapproche, en sorte que l'emploi des grands mots marque souvent un esprit peu accoutumé aux grandes pensées. Joubert a fort bien expliqué la force des mots familiers. « Ces mots, dit-il, font le style franc. Ils annoncent que l'auteur s'est depuis longtemps nourri de la pensée ou du sentiment exprimé, qu'il se les est tellement appropriés et rendus habituels, que les expressions les plus communes lui suffisent pour exprimer des idées devenues vulgaires en lui par une longue conception. » En effet, de ce que l'homme emploie les mots de tous les jours, on en conclut qu'il exprime ses pensées de tous les jours. Les discours simples se trouvent être ainsi les plus forts, les plus expressifs, les plus persuasifs.

On s'est plu longtemps à distinguer divers genres de style : *style simple* ou *familier, style tempéré, style sublime.* Distinction chimérique, qui met dans les mots ce qui doit être dans les choses. Ce sont les pensées qui sont basses, communes, hautes, sensées, touchantes, terribles, et qui font le. style à leur image. Les mots n'ont qu'un mérite : la simplicité, qui vient de leur propriété. Ils doivent s'adapter aux idées, et les rendre exactement, par conséquent simplement. Nulle éloquence, nulle poésie ne peut se passer de simplicité, puisqu'en somme la simplicité n'est que l'équivalence rigoureuse du mot et de l'idée, la parfaite convenance de la forme et du fond. Au reste, il est évident que la simplicité d'une oraison funèbre n'est pas la même que celle d'un traité de géométrie ; que Racine peut être simple autrement que Molière ; qu'une page de Lamartine ou de Victor Hugo peut être plus simple qu'une page de Delille ou de Saint-Lambert, infiniment plus plate et plus prosaïque. Même si l'idée est fine, subtile, le style sera fin et subtil, en restant simple : Marivaux même, en dépit de sa réputation, parle souvent avec simplicité, parce qu'il rend de la seule façon possible, par les termes les plus exacts et les plus nécessaires, des pensées infiniment délicates et complexes.

La simplicité n'exclut donc ni la grandeur ni la finesse du style ; elle permet les plus sublimes élans et les délicatesses les plus raffinées : mais elle veut que l'on mesure tout à la pensée et au sentiment qu'il s'agit de rendre. Elle ne proscrit que la rhétorique, la déclamation, la préciosité, tout ce qui surcharge les mots d'ornements et de broderies inutiles.

Elle exige un sens délicat des convenances, qui sache estimer la valeur des mots, non plus dans leur rapport avec les choses, mais dans leur rapport avec mille circonstances variables de temps et de lieu. Il y a des mots qui doivent être parlés, d'autres criés, d'autres écrits ; il y en a même qui conviennent moins au manuscrit qu'à l'impression. « Il faut, dit Joubert, assortir les phrases et les mots à la voix, et la voix aux lieux. Les mots propres à être ouïs de tous, et les phrases propres à ces mots, sont ridicules, lorsqu'on ne doit parler qu'aux yeux et pour ainsi dire à l'oreille de son lecteur. » On ne parle pas devant cent personnes comme devant une seule ; le choix de mots, la correction de phrases, qui sont nécessaires, quand on écrit, deviennent ridicules quand on cause ; et je ne sais pas de gens plus fastidieux que ceux qui, dans la conversation, *parlent comme un livre*.

Chapitre XI.

De l'ignorance de la langue. — Nécessité d'étendre le vocabulaire dont on dispose. — Constructions insolites et néologismes

J'ai eu déjà plusieurs fois occasion de parler d'une des causes les plus actives du mauvais style, l'ignorance de la langue. Je ne sais s'il y a aucun obstacle qui s'oppose autant au progrès, quand on essaye d'apprendre à penser et à écrire. Cette ignorance va à un degré incroyable, que ceux-là seuls qui ont interrogé des candidats aux examens peuvent soupçonner.

Jeunes gens et jeunes filles ne peuvent expliquer les mots les plus usuels : la lecture d'une page de français leur laisse une vague et indécise idée dans l'esprit, et s'ils n'en gardent pas un souvenir précis, s'ils ne peuvent à l'instant même la résumer en substance, c'est moins faiblesse de réflexion, légèreté d'attention, gaucherie d'intelligence, l'ignorance du sens des mots qu'ils ont lus.

Et des mots qu'ils comprennent tant mal que bien, combien y en a-t-il qui soient à leur usage ? Le mot leur donne une idée plus ou moins ressemblante de la chose : mais la chose évoquera-t-elle le mot ? Le plus souvent, non. L'association qui lie une idée et une expression ne se fait chez eux que dans un sens, et comprendre l'expression n'entraîne pas la capacité d'exprimer l'idée. Enfermée dans un cercle étroit de mots, l'intelligence est à la gêne, ne peut pas développer ses pensées, et se trouve réduite à de vagues appréhensions, d'indécises tendances, qui ne se précisent pas faute de mots, et qui s'accrochent au hasard aux premières formules que la mémoire fournit.

De là la monotonie et la sécheresse du style, lorsqu'on veut mettre ses idées par écrit ; de là, lorsqu'on veut faire un effort de pensée, de sentiment, d'expression, l'emploi de tours incorrects, de mots barbares ; de là la création de tours et de mots nouveaux, que l'usage n'autorise pas. Soit qu'on ne sache pas faire usage des mots qu'on connaît, soit qu'on n'ait pas les mots eux-mêmes à sa disposition, on se laisse aller à croire que la langue ne peut pas rendre ce qu'on ne sait pas lui faire dire, et l'on crée des tours de phrases et des termes pour le besoin de sa pensée.

Le néologisme, la plupart du temps, ne prouve que l'ignorance de celui qui s'en sert. Je ne parle pas de ces néologismes nécessaires, qui manifestent la vie même de la langue et lui font suivre par son incessante transformation l'évolution de la pensée : si le progrès des sciences et de l'industrie, les révolutions politiques, sociales, religieuses, économiques, ont fait éclore des idées nouvelles dans le cerveau de l'homme, ont revêtu les idées anciennes d'une forme nouvelle, il est inévitable que bien des choses ne puissent être désignées par les mots anciens, et il serait absurde de s'opposer à l'admission dans le langage de ce qu'on admet dans la pensée. Ce serait un labeur insensé et inutile que de prétendre penser en homme du XIXe siècle et parler en homme du XVIIe.

Mais il faut être très attentif à ne recevoir que les nouveautés nécessaires en fait de langage. Et d'abord, pour ce qui est de la forme des phrases et des lois qui président au groupement des mots, on ne saurait trop respecter la grammaire. On croit trop aisément qu'une incorrection est expressive, parce qu'elle surprend, qu'un barbarisme est pittoresque, parce qu'il arrête l'œil. Sans doute les grammairiens ont compliqué la grammaire ; ils ont inventé mille subtilités, mille chicanes, tout un réseau de lois capricieuses et rigides où l'esprit s'empêtre et qui doublent sans nécessité la difficulté déjà si grande de bien écrire. Mais s'il convient de desserrer un peu ces liens qui étranglent arbitrairement la pensée, on ne doit pas confondra la tyrannie des grammairiens avec l'autorité de la grammaire. Il faut rechercher la correction sans exagération, sans minutie, sans puérilité, respecter ces bonnes et larges règles de la syntaxe qui ont servi, non gêné nos grands écrivains, et qui sont l'image sensible du génie même de la langue. On aime aujourd'hui à défaire ses phrases, à ne plus les construire, à braver l'antique et régulière structure des propositions, à jeter les sujets sans verbes au milieu d'une mer d'épithètes et de compléments, à greffer d'étranges et singulières incidentes sur le tronc des phrases, à faire chevaucher les prépositions les unes sur les autres, à supprimer toutes les articulations des périodes, tous les mots qui liaient les termes expressifs, et les assemblaient selon les exigences de la syntaxe, pour ne laisser subsister que ces termes expressifs, dépositaires de l'impression et du sentiment, qu'on plaque les uns à côté des autres comme des couleurs sur la toile, sans rien qui les assemble ou les sépare, que les seules lois de l'accord et de l'opposition des tons. Ce style plaît, et touche fortement, parce qu'il est à la mode, et parce qu'on sort à peine de la grande rhétorique, des périodes artistement combinées, majestueusement développées, de la phrase ample et oratoire que Rousseau et Chateaubriand avaient su plier à l'expression du pathétique et du pittoresque, et que les plus illustres romantiques ont si adroitement, si puissamment maniée. Il viendra peut-être un jour où nous serons si ignorants de la syntaxe et de la rhétorique, si blasés sur tous les effets du style disloqué et de la phrase *impressionniste*, qu'un écrivain qui reviendra à la stricte observance des lois grammaticales, qui s'avisera de faire suivre un sujet de son verbe et le verbe de son complément, qui saura employer d'autres temps que l'imparfait, qui donnera un régime direct aux verbes actifs, indirect aux intransitifs, qui se servira des conjonctions et des relatifs, qui renverra les participes et les prépositions à leur ancien office, cet écrivain-là, honnête disciple de Dumarsais et de Marmontel, charmera tout le public par l'éclatante originalité de sa tentative. Et s'il fait correctement une période à deux ou à quatre membres, il étonnera le monde !

Quant au vocabulaire, il faut distinguer entre les sens et les mots nouveaux que la mode met en vogue, qui tiennent à ce qu'il y a de plus fugitif, de plus léger dans les mœurs et les idées d'une époque, et les acquisitions définitives du langage, qui répondent aux mouvements décisifs de l'esprit, et aux transformations réelles de la société. On doit être très économe de ces expressions de circonstance, destinées à vivre un jour ou un an, que Joubert appelait *langue historique*, qui cessent d'être entendues dès qu'elles ne sont plus employées et qui souvent ne perdent la vogue que pour tomber dans le ridicule. « Quiconque veut se faire un style durable, disait très bien Joubert, ne doit en user qu'avec une extrême sobriété. » C'est dans la langue commune, héréditaire, vraiment nationale, langue de nos pères qui sera la langue de nos fils, dans cette partie immuable du vocabulaire que Pascal a transmise à Racine et que Voltaire a livrée à Chateaubriand, qu'il faut chercher les expressions qui rendent nos idées. Il ne faut recevoir les mots du jour que pour parler des choses du jour ; les faits, les sentiments, les pensées qui n'ont pas de date, doivent se revêtir de mots qui soient de toutes les époques. Mais il faudrait la connaître, cette langue permanente et nationale, pour s'en servir, et ce n'est que par ignorance, non par théorie, qu'on préfère souvent l'argot des salons, des boulevards et des journaux, à la langue de La Bruyère et de Mme de Sévigné.

Une classe de néologismes qu'on doit proscrire, ce sont les termes qu'on forge pour remplacer les locutions composées dont la langue autrefois se contentait. La recherche d'une brièveté télégraphique, qui compte les lettres et les syllabes, et qui en craint la dépense, a introduit en français beaucoup de barbarismes. *Démissionner* est venu remplacer *donner sa démission* ; *impressionner* a chassé *faire impression*. En même temps, par un effet contraire, beaucoup de mots s'allongeaient, comme si l'ancien mot, par l'usure et le frottement des siècles, n'avait plus assez de corps, et avait besoin d'être renforcé, ou remplacé par d'autres plus étoffés, plus tangibles. *Affectionner* quittait son vieux sens de *donner de l'affection*, pour venir remplacer *aimer*. Autant que possible, sans trop de pruderie, sans excès de *purisme*, sans tapage, avec une constante et modeste fermeté, il faut lutter contre ces influences corruptrices de la langue ; il faut tâcher de la conserver, par un emploi judicieux, éclairé, des mots que le XVIIe siècle et le XVIIIe vous ont légués, et si parfois la pensée se trouve à l'étroit dans leur vocabulaire, rafraîchir un vieux mot plutôt que d'en fabriquer un tout neuf, recourir à l'archaïsme plutôt qu'au néologisme ; mais, dans l'un et l'autre procédé, user toujours d'une extrême discrétion.

La conclusion de tout ce que je viens de dire est que l'étude de la langue, du vocabulaire est une partie essentielle de l'art d'écrire. C'en doit être la préparation et la base. Et il faut diriger les études de telle sorte que le vocabulaire dont on disposera le jour où l'on aura besoin d'exprimer sa pensée soit aussi ample, aussi riche que possible : l'intelligence même y trouvera son compte. La pensée en sera plus à l'aise pour se mouvoir ; elle aura plus d'agilité, plus de précision, plus d'étendue : tout mot est le signe d'une idée ; apprendre un mot, c'est acquérir la possibilité d'une idée.

La lecture est le meilleur exercice par lequel on puisse enrichir son vocabulaire. Mais il ne suffit plus ici de lire des yeux, ni même de repasser des mots aux choses, des signes aux objets, il faut étudier les mots dans leurs rapports entre eux, dans leurs sens, voir ce qu'ils pourraient exprimer autant que ce qu'ils expriment, rechercher leurs origines et leurs variations, sonder leur profondeur, mesurer leur étendue, profiter en un mot de la rencontre qu'on en fait une fois, pour les connaître intimement, à fond, pour jamais.

L'étude des écrivains du XVIIe siècle est extrêmement féconde en résultats, pour cette connaissance de la langue que je veux aussi approfondie, aussi vaste que possible. Elle demande beaucoup de délicatesse et d'attention ; car les mots qu'on entend du premier coup, qui sont familiers à première vue, ont eu souvent des sens et des emplois qui diffèrent de leurs sens et de leurs emplois actuels par des nuances fines et presque imperceptibles : rien ne fait mieux connaître la langue française que la comparaison scrupuleuse et le discernement exact de ces différences.

Pour s'habituer à trouver vite et facilement les mots dont on a besoin, pour acquérir la facilité de parler avec propriété, il sera excellent de traduire, par écrit quelquefois, souvent de vive voix, des morceaux d'auteurs anglais ou allemands. En recherchant les termes les plus justes qui répondent aux mots étrangers et aux idées des écrivains, on pénètre plus avant dans le sens des mots français, on en mesure mieux l'énergie et la vertu, et l'on en fait provision en même temps pour le jour où l'on devra exprimer ses propres pensées.

Il faut posséder assez bien sa langue, avoir dans le cerveau un dictionnaire assez complet, pour que l'intelligence puisse concevoir toutes les idées et profiter de l'expérience des siècles, accumulée et déposée dans les mots, sans être obligée de refaire pour son compte l'œuvre des sociétés primitives, où chaque pensée, lentement, péniblement conçue, aboutissait à créer son expression.

Chapitre XII.

Dernière et nécessaire opération, qui consiste à corriger ce que l'on a écrit

Quand on a longuement médité un sujet, et qu'on a reconnu les idées qui lui appartiennent, quand on a distribué ces idées selon leur importance particulière et leurs rapports mutuels, quand enfin on a mis par écrit tout ce qu'on avait conçu, et bien exécuté le plan qu'on avait arrêté, a-t-on fini sa tâche, et ne reste-t-il qu'à se reposer dans la joie de l'effort qui vient d'aboutir ? Non ; il reste une dernière partie du travail, non la moins nécessaire et la moins délicate, mais dont on se dispense souvent, parce qu'elle est moins matériellement indispensable, parce qu'on est las de l'activité dépensée, parce que ce travail est minutieux, ennuyeux, parce que l'on n'est plus soutenu par le plaisir d'inventer, de créer, et qu'enfin l'œuvre étant si avancée, vivant par elle-même, l'auteur s'en détache et n'y prend plus le même intérêt.

Cependant, si fastidieux qu'il soit d'insister encore, et de repasser par toute la route déjà faite, la perfection est à ce prix : il faut reprendre son travail phrase par phrase, mot par mot, juger l'ensemble et scruter le détail, pour redresser tout ce qui serait mal venu, et y apporter la correction nécessaire. Si nette ou si puissante que soit l'intelligence, on ne peut si bien concevoir son plan, qu'il n'y ait quelque chose à rectifier, quand l'œuvre sera construite, un peu plus de justesse à donner aux proportions, une partie à resserrer, une autre à faire saillir, une qu'on avait crue nécessaire, à retrancher comme une superfétation, un intervalle parfois à combler, un trou à boucher. Et pour l'expression, quelque attention qu'on ait donnée à choisir les termes propres, expressifs, simples, il restera toujours quelque chose à rhabiller, a éclaircir, à préciser, à détendre, à fortifier, à raccourcir.

Il y aura presque toujours plus à retrancher qu'à ajouter, et l'on doit avoir toujours en mémoire le précepte de Boileau :

Ajoutez quelquefois et souvent effacez.

Pour faire cette opération d'une main plus sûre, pour que l'œil ne soit pas troublé et prenne une vue exacte des choses, il sera bon d'attendre, après avoir écrit, que l'effervescence de la composition soit calmée, que l'esprit soit reposé, que d'autres occupations aient rafraîchi les idées et changé leur cours. Quand la prévention qu'on ne saurait manquer d'avoir pour ce qu'on fait, au moment où on le fait, est passée, quand la joie de produire, qui aveugle si facilement l'amour-propre, est apaisée, et qu'on peut regarder son travail avec le même détachement qu'on ferait celui d'un étranger, alors on peut se faire avec fruit le critique de soi-même : le moment est venu de corriger son œuvre.

Après cela, quand on a fait tout ce qu'on pouvait, qu'on ne poursuive pas une perfection impossible ; qu'on laisse les vaines inquiétudes ; qu'on ne s'abîme pas dans la vague appréhension de fautes possibles qu'on ne voit pas. Qu'on laisse l'ouvrage sortir de ses mains, sans angoisse ainsi que sans orgueil, et que, dominant les craintes comme les espérances de l'amour-propre, on se résigne à la pensée de n'avoir pas fait un chef-d'œuvre, malgré tant de soins et de peines, et de ne forcer l'admiration de personne : faire de son mieux, sans défaillance, quand on ne se flatte pas de faire mieux que personne, n'est pas un mérite mince ; du moins ce n'est pas banal.

FIN

SOMMAIRE

PREMIÈRE PARTIE : PRÉPARATION GÉNÉRALE / 7

DEUXIÈME PARTIE : INVENTION / 45

TROISIÈME PARTIE : DISPOSITION / 113

QUATRIÈME PARTIE: ÉLOCUTION / 167

NOTES

1 Histoire et littérature, t. I, p. 30, « Théorie du lieu commun ».

2 M. Eug. Manuel.

3 M. J. Lemaître, Revue Bleue, 13 nov. 1886.

4 Revue Bleue : M. Richet, « Les conseils d'un Allemand à la France »,
30 nov. 1886.

5 Discours sur le style.

6 P. Loti,Pêcheur d'Islande.

7 La Fontaine et ses Fables. — Cf. surtout le chapitre ide la 3e partie,
« de l'Action », p. 227-287.

8 Taine,Essai sur La Fontaine, p. 288. Ce chapitre, « de l'Expression »,
est tout entier à lire ainsi que le précédent, « de l'Action ». C'est de la
rhétorique appliquée, et de la meilleure, dans le meilleur sens du mot.

9 Taine, La Fontaine, p. 70.

10 Voix intérieures.

11 Ironie ; hyperbole ; litote ; euphémisme.

12 C'est la figure qu'on appelle catachrèse.

13 Métonymie, synecdoche, antonomase.

14 Comme lorsqu'on dit : Ce sabre ne s'inquiétait pas :il y a là 1º une
métonymie, le sabre pour Napoléon ; 2º une autre figure qui personnifie
le sabre, l'anime et le dote d'intelligence et de passion.

15 Litote ; hyperbole ; euphémisme ; ironie.

16 Phrases citées par M. Brunetière, Histoire et littérature, II, 315.

www.ingramcontent.com/pod-product-compliance
Lightning Source LLC
Chambersburg PA
CBHW050906260726
48660CB00001B/53